本书获得教育部哲学社会科学研究后期资助一般项目"赋权、限权到再赋权：中国农地收益分配制度变革的历史钟摆"（项目批准号：23JHQ078）、2023年度华中科技大学文科学术著作出版基金等资助。

陈颀 著

HISTORICAL PENDULUM: RESEARCH ON THE REFORM OF CHINA'S AGRICULTURAL LAND INCOME DISTRIBUTION SYSTEM (1978-2022)

历史钟摆

中国农地增值收益分配制度变革研究（1978~2022）

社会科学文献出版社
SOCIAL SCIENCES ACADEMIC PRESS (CHINA)

目 录

第一章 导 论 …………………………………………………… 1
一 问题的提出 ………………………………………………… 1
二 研究回顾 …………………………………………………… 4
三 研究视角和材料说明 ……………………………………… 25
四 核心概念 …………………………………………………… 28
五 章节安排 …………………………………………………… 31

第二章 土地发展权与农地增值收益分配制度的
境外经验 ……………………………………………… 33
一 农地增值收益分配问题衍生的历史背景 ………………… 34
二 国有模式的历史演变：英国经验的启示 ………………… 36
三 私有产权主导的分配制度：土地发展权转移的
美国经验的启示 …………………………………………… 44
四 公私统筹制度的理论与实践经验 ………………………… 49
五 小结 ………………………………………………………… 54

第三章 计划经济时期的土地公有制和管理体制 ……………… 57
一 新中国成立后土地制度的发展线索 ……………………… 58
二 二元地权结构和"蜂巢型"管理体制 …………………… 60

三 征收体制的起源、发展和实践机制 …………………… 65
四 对改革开放后土地增值收益分配制度改革的
延续性影响 …………………………………………… 71

第四章 赋权："共享型"农地增值收益分配制度的建构（1978~1993年） …………………………… 73
一 历史背景：农村改革与"乡村工业化" …………… 74
二 农村土地发展权的赋予 …………………………… 77
三 "共享型"农地增值收益分配制度 ………………… 85
四 效益与局限 …………………………………………… 92

第五章 限权："城占乡利"的农地增值收益分配制度及其困境（1993~2013年） ……………………… 97
一 历史背景：从"乡村工业化"向"城市化"的
转型 …………………………………………………… 98
二 限权：土地出让制度与管理制度的改革 ………… 100
三 实践机制：地权的差序配置与时空切割 ………… 112
四 一体两面："城市化奇迹"与制度困境 …………… 127

第六章 再赋权：农地新政与农地增值收益分配制度改革的前景（2013~2022年） ……………………… 135
一 新政背景：从"土地城市化"到"人的城市化"
……………………………………………………… 136
二 再赋权：农地新政的推进 ………………………… 140
三 改革的前景与局限 ………………………………… 152

第七章 结论与讨论 ………………………………………… 161
一 赋权、限权与再赋权：改革的制度钟摆 ………… 162
二 制度钟摆何以可能 ………………………………… 163

三　制度变迁的时序、路径依赖与改革困境 …………… 166

参考文献 ………………………………………………… 171

附录一　新中国成立以来重要土地政策、法规
　　　　编目和释义 ……………………………………… 194

附录二　《中华人民共和国土地管理法》（1998年）………… 203

附录三　《中华人民共和国土地管理法》（2019年）………… 219

第一章

导 论

一 问题的提出

自20世纪80年代以来，中国农村历经"乡村工业化"和"全面城市化"等不同时期的重大进程，其经济基础和社会结构发生了翻天覆地的变化。其中，农村土地的形态和功能的转变极为显著，其从支撑农村社会经济基础的发展资源，迅速转变为推动工业化和城市化进程的关键要素。例如，20世纪80年代，乡村工业之所以得以蓬勃发展，离不开乡镇企业使用集体土地和借土地无偿使用来吸引投资的制度便利（裴小林，2003），以及由此形塑的地方政府"以地兴企"模式（杨帅、温铁军，2010）。当国家于90年代全面推进城市化进程时，土地之于城市化的意义就更为突出了。在以土地为资源杠杆的基础上，地方政府逐渐发展出"土地-金融-财政"三位一体的城市化发展模式，并将此模式不断复制和扩散，造就了不断繁荣的城市经济（周飞舟，2012）。由此，学界通常认为，政府经营城市的核心即获取"土地财政"，并将中国的城市化模式归纳为"土地城市化"（文贯中，2014；周飞舟等，2018）。

在上述背景下，农村土地历经工业化、城市化所产生的巨大增值收益①如何分配的议题一直是学界关注的焦点。早在1982年《中华人民共和国宪法》（以下简称《宪法》）修订时，由于各地推动城市建设的过程中时有矛盾出现，政府部门就围绕着如何确定农村土地产权的问题，提出"国家所有"和"集体所有"的政策主张。这些主张已触及农地增值收益分配是应当以国家为先还是以农民为先的问题，从而为后续的讨论埋下了伏笔。②随着20世纪90年代中国城市化运动的全面启动，在"国有土地有偿使用"和"土地用途管制"等政策陆续被推行的背景下，地方政府通过低价征收和高价出让的形式获取了土地增值的大部分收益，而农民和村集体组织则只能获得小部分收益。以上制度实践引发了矛盾，由此，农地增值收益分配到底应该归农民所有还是归国家所有，引发了热烈讨论。周诚、周其仁、文贯中、张曙光、华生、贺雪峰等学者围绕着该议题展开了持续的争论，提出"涨价归公"、"涨价归农"和"公私兼顾"等不同的理论主张。"涨价归公"论者认为，国家应优于农民享有土地发展权，他们主张维持我国征地制度和土地财政模式，以推进城市化的高速发展，保障土地发展增值收益归全民共享（贺雪峰，2010，2013；陈柏峰，2012；桂华、贺雪峰，2014；贾康、梁季，2015）。"涨价归农"论者则认为，农村土地应享有与城市土地一样的进入市场的权利。他们指出，1998年修订后的《中华人民共和国土地管理法》（以下简称《土地管理法》）规定农地不能转让是对农民土地发展权的约束，有违《宪法》规定，因而主张改革我国征地制度，推进农村土地和城市土地的"同地同权"（周其仁，2004；文贯中，2014；张曙光，2007；秦晖，2007）。"公私兼顾"论则是前面两类观点的折中，主张者力图提出更具可行性、更能兼容各方利益的理论模式（周诚，2006；华生，

---

① 据国家统计局网站以及各年度《中国国土资源公报》（后改为《中国自然资源公报》）的相关数据统计，十多年来，有十余万个村庄、数千万亩农村土地被纳入各地城市化的发展版图内。这些农村土地的价值通过市场和行政的双重机制被激活。单单从2003~2015年的数据来看，国有土地出让收入就达到了251100.05亿元，此外，由政府经营土地带来的财税收益和金融融资的体量更是难以计数。

② 1982年修宪时，一些人主张土地一律国有化，原因是"防止国家在征收农村土地进行国防建设和经济建设时，遭遇土地所有者的漫天要价"；另一些人则主张，农村和城市郊区的土地仍归集体所有，理由是担心给农民造成心理上的不良影响，而且认为"将农村土地国有化后，国家也得不到多少实惠，土地还要农民耕种"。他们还指出"土地要价高的问题"可以通过制定征用条例解决（参见肖蔚云，1986：42）。

2013，2015）。从三种理论主张所涉及的议题以及其讨论的深度来看，最近十年论战的影响力远远超过20世纪80年代的论战，且自党的十八届三中全会之后，相关论争恰逢国家启动土地制度改革，引发了更大范围的争议和政府部门的关注。由此，现行的农地增值收益分配制度孰优孰劣，与该制度相关的《土地管理法》应当局部调整还是全面修订，成为当前学界最为关心的公共议题之一。

在中国正面临城市化转型的背景下，与农地增值收益分配制度相关的学术研究具有相当重要的意义。尤其近年来的研究不但有细致深入的法理分析，而且借鉴了英国、美国、中国台湾等其他国家和地区的经验（陈柏峰，2012；程雪阳，2014；彭錞，2016b；华生，2013：159~172）。这为明晰中国农地增值收益分配制度的内涵、特征及其所处的时代环境，确立下一步的土地改革路径，提供了相当重要的知识贡献。然而，仔细考察既有研究以及与制度改革相关的理论主张，可以发现其对制度变迁的历史逻辑缺乏系统、深入的研究。虽然学界对各时期相关制度的形成过程进行过颇为细致的研究（彭錞，2016b；程雪阳，2013a；赵燕菁，2014），但是这类研究多是短时段、就事论事的分析，而且主要是为了给不同理论主张提供证据支持，不免存在以价值偏好来裁剪历史事实的问题。由此，学界局限于争辩不同制度主张的优劣，造成相关研究在很大程度上脱离了这一制度设计的历史时空环境，且因缺乏长时段、整体连贯的历史分析思路，使得我们对农地增值收益分配制度从何而来、具有怎样的路径依赖、在新时期又面临怎样的问题，缺乏清晰的认识，以至于面对学界对现行制度的改革方案，我们依然难以辨明这些主张的可行性如何，而未来改革将怎样发展，与理论方案具有怎样的张力，更是既有研究无法完全解答的议题。

实际上，如果从农地增值收益分配制度所经历的40余年的改革路径来看，其在"乡村工业化"和"全面城市化"时期既存在不同的制度设计，又因中国渐进式改革的特性而存在制度演进的路径依赖。由此，对这一长时段制度变迁的支配逻辑的考察和归纳不但有助于明晰当前改革在40余年制度变迁的历史链条中的方位，确认改革所处的具体时空环境，而且可辨明其在未来的路径下会产生怎样的影响（吴毅，2009）。有鉴于此，本书不拟争论不同制度主张孰优孰劣，而是力图回溯中国农地增值收益分配制度的演进路径，从 40 多年的制度变迁过程中归纳支配制度变迁的核心机制，从而为当前新一轮的改革提供理论启示。围绕这一中心思路，本书将探讨以下问题：（1）在 20 世纪 90 年代城市化全面启动的前夜，80 年代农村土地制度改革具有怎样的实践效应？它塑造了怎样的农地增值收益分配制度模式？（2）在城市化全面启动后，市场经济建设时期的农地增值收益分配制度是如何建构的？在城市化带来巨额土地增值以及城乡资源分配不均衡的背景下，此时期制度建构所面临的挑战是什么？（3）党的十八届三中全会召开至今，在国家面临城市化转型并推动农地新政的背景下，农地增值收益分配制度的改革面临怎样的现实困境？当前的改革困境对于理解农地增值收益分配制度的未来走向又具有怎样的启示？

二 研究回顾

农地增值收益分配制度的核心是村集体、农民和国家谁更应获得土地开发的自主权，谁应享有更多的收益分成，即"土地发展权"问题。在这里，所谓"土地发展权"[①]，即在土地利用形态从收益较低的产业向收益较高的产业转变的过程中，相关方对于其中的土地增值收益所享有的权利（陈柏峰，2012；程雪阳，2014）。需要指出的是，由于中国的社会产权并不具有排他性，且在土地公有制的基础上，地方政府具有垄断土地发展权的制度优势，因此，土地发展权的相关方既包括作为集体土地产权所有者的村集体和作为土地使用权拥有者的农民，也包括作为国有土地实际代理人的各级地方政府。其中，农民和村集体实施土地发展权的权利大小取决于国家是否给予相应的制度空间，且依附于地方政府的权力实践。回顾相关研究，农地增值收益分配制度问题可分为土地发展权的社会建构、政治建构和法律建构等不同视角的研究，三类研究既具有独特、鲜明的分析框架，又涉及相互涵盖的议题，由此构成了较为

[①] 在中文语境中，"土地发展权"与"土地开发权"含义所指不同，前者适用于分析民众，后者则常用于分析政府和具有大规模投资能力的企业。不过，鉴于"土地发展权"和"土地开发权"具有同样的英文翻译（land development right），且均指相关方在土地利用形态从价值较低的产业向价值较高的产业转变的过程中所享有的权力或权利，因而为了分析便利，本书统一使用"土地发展权"概念。

丰富的知识谱系。

（一）土地发展权的社会建构

"产权的社会建构"是社会学界关于产权研究所发展的理论脉络，其关注农村土地的使用权、承包经营权和收益处置权等如何被社会规范、民众认知和行动建构（曹正汉，2008b）。其中，土地承包经营权在乡村社会逻辑下如何实践和配置一直是传统议题。在工业化、城市化进程中，随着农地增值收益分配的矛盾凸显，土地发展权[①]作为"权利束"的一部分如何在社会情境中被建构和实践，成为研究的新焦点。沿用"社会建构"的考察视角可以发现，有关研究不仅聚焦经济学中的产权理论在分析社会生活时存在的盲点，从而推进了产权经济学研究（曹正汉，2008b），而且更为强调在土地增值收益过程中，社会情理和价值规范具有的主导作用。本书认为，这一理论脉络凸显了社会合法性在土地发展权建构过程中的中心意义和实践机制，可以为理解既有的土地发展权争议提供启示。[②] 前文提及，土地发展权的国有化与民有化之争具有共同前提，即为协调国家和农民利益谋求最优方案。只不过研究者基于不同的偏好而选择了不同的论证路径，很难避免以理念切割社会事实的问题，尤其因理念偏好的遮蔽而对农民的行动逻辑缺乏足够的洞察。社会学研究不但回答了"农民土地发展权在中国改革时期如何发育和发展"的问题，而且揭示了农民与国家互动模式下的经验"黑箱"，这为探索土地发展权的社会实践逻辑提供了线索。

众所周知，在计划经济时期，土地出让是被禁止的。这一规定自改革开放之后才逐步被突破，以此推动的土地改革进而为中国的市场化改革提供了激励。土地发展权是土地制度改革的实践成果，其发源于乡村

[①] "土地发展权"可被理解为由使用权和收益处置权构成的复合权利，既包括土地作为非农用途的使用权，也包括权利所有者对于农用途转换所产生的收益的处置权。

[②] 这是以往学界在梳理"产权的社会建构"文献时虽有所聚焦但未曾延伸思考的理论议题。"产权的社会建构"对影响产权实践的社会逻辑的分析进行了更为综合的考察，其包括乡土社会的关系网络（周雪光，2005；臧得顺，2012）、相关方的社会地位和博弈能力（张静，2003）、乡土社会的社会规则（申静、王汉生，2005；折晓叶、陈婴婴，2005）。这一视角确实提及社会规范在产权实践中的作用和意义，但没有单独讨论社会规范对于建构土地发展权的理论意义以及研究者潜在的价值诉求。

工业化时期，发展于城市化全面启动时期，经由国家和乡村社会的互构而形成。社会学界一直保持着对这一历史进程的关注，一系列研究呈现了土地发展权的历史演变和实践逻辑。

改革开放后，与土地发展权相关的制度实践可追溯至乡村工业化时期。此时兴起的乡镇企业是农村集体土地作为工业化用途的一种形式。以村集体支配权为中心的、强调人人共享的产权模式是此时期土地发展权的基本特征，这被称为"社区性集体产权"。这一概念表明，乡镇企业的经济活动实际上深深嵌入了一种"社会性合约"中：其以"土地集体所有"为基础，依托集体成员及其连带的关系网络而运作，强调"公平互惠、人人平等、共享发展"等理念（折晓叶、陈婴婴，2005）。"社区性集体产权"在多重制度逻辑下交互形塑而成。延续自计划经济时期的土地无偿划拨制度、国家对集体土地出让的许可、国家对土地管理实施的分级审批制、从人民公社时期流传下来的乡村"成员权"制度为此种特殊的土地产权模式提供了根基（陈颀，2021）。国家放权让利的改革激活了乡村社会的活动空间，这让社会学者获得发现社会自主性的机遇。围绕着集体产权如何协调不同主体间利益关系的问题，他们展现了由社会自主实践的场域以及其中的社会规范制度。

首先是以成员权为中心的村庄福利制度，其保障每名村民享有维持基本生计的权利，以实现村庄的底线公平。成员权制度延续了人民公社体制的"村庄份地制"惯例，强化了集体产权的"平均主义"底色和村庄管理者的社会义务（曹正汉，2007）。在市场转型的背景下，成员权制度还确立了具有排他性的身份机制。折晓叶（1996）发现，为了防止村庄利益外流，那些集体产权发育较好的村庄确立了严格的入籍制度，强调"村内人"相对于"村外人"的优先地位，区分了村籍成员、"空挂户"、外来商户、外聘人员、外来打工者等在享有村庄公共福利方面的差异。此种"先确定排他性身份再分配福利"的形式延续至今，成为成员权制度影响集体产权的核心机制（申静、王汉生，2005）。

其次是激励原则（或称为"谁投资谁受益"），即承认企业经营者、投资者的收益和资产控制权，激励他们将集体产权做大做强。研究指出，产权改革在绕开集体所有的基础上，以切分企业经营权和土地资产收益权的方式，来实现激励企业经营者的目的（渠敬东，2013）。在此激励下，企业经营者充分利用人际关系资源，构筑特殊的保护圈，由此实现对企业的排他性占有（刘世定，2006）。这种方式获得社会认可。折晓叶、陈婴婴（2005）发现，乡村精英对村庄的贡献，不仅让他们享有较高声望，还让他们在企业的"社会性合约"中获得了对企业的控制权，用村民的话说就是"谁办的厂谁说了算"。这种权利在社区内部是公认的，且自始至终都界定清晰。

再次是协调原则，即通过协商乃至诉诸强制力等方法来处理土地资产占有和收益分配方面的矛盾。协调原则常凸显于不同村庄的土地边界纠纷，以及集体经济内部的经营权和资产、收益分配的纠纷。张静（2003）指出，在土地纠纷中，存在法律政策、集体意愿、精英权威、个人约定等多种规则，纠纷协调更多依赖情境中的各方势力对比和关系博弈。研究还揭示，法律资源并非主要的协调资源，乡村社会的情理资源和产权惯例——如"沙骨权"和"祖业权"——都可发挥作用（曹正汉，2008b；陈柏峰，2020）；当纠纷相持不下时，相关方通过关系资源乃至诉诸强制力的方式来解决问题（申静、王汉生，2005）。

最后是分成合约原则，涉及村集体或企业承包者与政府协调企业经营和土地开发的收益分成。研究表明，分成合约是社会关系网络生成的产物。刘世定（1999）发现，乡村社会中长时间积淀下来的依附－庇护关系造就了合同约束软化的现象：乡镇政府或村领导单方面修改合同规定的经营指标，不兑现承包方要求的利润，却在企业亏损时不责罚承包方。依附－庇护关系还塑造了如下现象：权力地位高的一方允许权力地位低的一方享有企业经营和土地开发的自主权，前提是后者承担社会公共品供给职能，并给上级提交部分收益（白苏珊，2009：62~64）。总之，嵌入关系网络中的分成合约强调不同主体权利－义务的相对平衡，其常经由村集体、企业承包者与上级政府的互动而发生变化。

以上社会学者的探索工作具有共同点：他们试图说明，在集体产权界定中，自发的社会行动及乡村内生的社会规范机制发挥了主要作用（曹正汉，2008a）。产权实践逻辑形塑了多重合约关系——农民、村集体组织、基层政权等均包括在内。不同主体间订立的合约并非具有清晰产权边界的法律合约，而是一种"社会性合约"：其契合了人人共享和公平互惠的社会观念，建构在政府对企业、集体对农民的庇护之上（折晓叶、陈婴婴，2005）。借此合约，集体产权在社会公平、乡村经济发展以及协调国家与农民关系等多重目标中实现均衡，因而在产权主体未清晰化的情况下获得了政学两界预期外的发展。

在此意义上，产权社会学与主流的产权理论形成对话。后者认为，集体产权存在无法清晰界定权利主体的弊端，一方面不能形成有效激励，存在效率难题（李稻葵，1995）；另一方面无法说明村集体、农民个体享有怎样的权利，引发权利不平等和冲突，即存在公平难题（吴介民，2000；皮特，2008）。在此认识下，乡镇企业不具有存在基础。社会学者指出，这一有悖于主流理论的现象之所以存在，是因为集体产权存在相应的社会机制来解决效率难题和公平难题。其中，通过激励机制——承认企业投资者和管理者的资产收益权，并向政府让渡产权以获取政治庇护（刘世定，1999；周雪光，2005），来取得经营绩效；通过社会规范机制——以土地收益划归社会公益的分配原则夯实集体产权的社会基础，以成员权制度保障每个个体的基本生计和社区公共品（折晓叶、陈婴婴，2005；申静、王汉生，2005；白苏珊，2009）——来弥合集体产权潜在的社会矛盾。总之，社会学通过分析集体产权的内部运作逻辑和社会规范机制，摆脱了"产权模糊必然导致其失败"的理论迷信，为理解集体产权为何得以实践提供了答案。

历史充满了悖论。在乡镇企业勃兴时，国家模糊产权的制度安排（皮特，2008）未引发大的矛盾；当乡镇企业逐渐衰败，集体产权的效益无从持续，国家实施产权清晰化改革即推动企业改制时，反而带来了一系列矛盾。[①] 通过观察发现，尽管产权清晰化是国家目标，但改制的

[①] 研究表明，集体产权的社会效用在国家推动的改制浪潮面前完全被消解了。在国家力量推动下，乡镇企业经由"股份制"、"公司制"以及产权出让等一系列改革，演变为私人主导的治理结构，绝大部分集体资产在无形中流失乃至被侵占（折晓叶、陈婴婴，2005）。集体产权无法保障农民产权的问题由此凸显（尤其是土地发展权）：虽然在改制过程中，农村土地集体所有制在形式上未发生本质变化，"但自土地被企业征用，并用个体就业权和集体公益权来换取农民的土地使用权后，乡镇企业逐步转向私有化，仿佛是一个幽灵，蚕食了农民的土地，最终只剩下没有土地的土地集体所有权，难以再进行多次博弈"（渠敬东，2013）。这是集体产权被资本和权力侵入所导致的产权"空置"的困境，当集体产权不能给农民个体提供任何资源（这些资源本应在工业化、城市化背景下不断积累，进而夯实农民集体产权）时，农民的产权亦没有任何意义。这恰恰是城市化中暴露得更为突出的问题。所以，虽然乡镇企业改制主要发生于世纪之交，但此时学界对集体产权"空置"的揭示与他们在城市化背景下讨论集体产权的失效具有共通性。

经验呈现了产权主体难以界定的图景。乡村社会的成员权制度，投资人对于村庄的贡献及主导能力，普通村民、村干部、企业经营者的博弈能力等多重机制的存在，让企业的改制过程颇为繁复。其中，各方的收益并不是由产权归谁的制度规范决定的，而是取决于实践中的讨价还价过程（张建君，2005；折晓叶、陈婴婴，2005；申静、王汉生，2005）。有趣的是，即使乡镇企业最终实现私有化或者通过限定股权身份来圈划收益享有的主体，被排除在外的农民也仍强调自己在集体经济中的成员权地位或对于土地等资产的收益权，向新的经营者或政府索要土地收益。这种现象自乡镇企业改制之后一直延续，且在东部地区极为普遍（柏兰芝，2013；折晓叶，2018；管兵，2019）。由此可以发现，作为农民土地发展权的发源载体——乡镇企业在面临企业改制浪潮时，并不是在国家规划的、产权主体明晰化的轨道上运行的，而是如其发轫之始那样纠缠于国家与农民之间复杂的关系实践中。在国家权力面前，乡村社会的实践"韧性"是乡镇企业改制的遗产，亦影响了后来的城市化运动。

几乎与乡镇企业改制同时，城市化运动在20世纪90年代中期全面启动。农民的土地发展权因国家改革而失去了正规的制度空间。1998年《土地管理法》修订后，新实施的土地用途管制制度限制了农村集体土地的市场出让权利，由此，集体所有制下的农村土地与国有制下的城市土地在市场准入方面差别较大，这不但让农民对土地享有的用益物权戛然而止，而且使农民无法分享城市化带来的土地增值收益（吴毅、陈颀，2015；刘守英，2014）。在城市化的不利制度环境下，农民占有土地收益的行动处于灰色空间，例如，在征地时"种房"并"漫天要价"，突破国家法律关于土地补偿价格的规定；在政府无从监督时，农民、村级组织等违规建房、占地开发小产权房、以租代征、非法流转集体建设用地……上述行动在一些地区颇为盛行，甚至愈演愈烈，影响地方土地秩序的维持。

为何在国家制度约束土地发展权的背景下，农民诉诸土地收益的行动愈演愈烈？主流学界强调市场经济带来的利益显化以及由此引发的激励效应（周其仁，2004；刘永湘、杨明洪，2003；刘守英，2014），但这种解释预设了农民对产权排他性的偏好，并将农民行动想象为从"权力嵌入的集体产权"到追求"排他性的私有产权"的递进链条（周其仁，2004）。然而，如果农民注重产权的排他性，为何却没有反对国家对产权的嵌入？这虽可从国家权力太强获得解释，但衍生了另一大问题：为何同时农民却常常无惧权力，而锱铢必较地与基层的政策执行者讨价还价？社会学界的发现对于回应上述悖论现象颇具启发性。

一方面，父爱主义文化强调的国家权威形塑了农民的产权认知。此种文化源自社会主义国家的德治传统，强调国家拥有如父亲一般的权威（狄金华，2015）。在此文化形塑下，农民遵循"土地是国家的"的产权认知，服从国家安排（张浩，2013）。这种产权认知认可国家的所有者身份，表明农民并不追求产权的排他性，与学界一般强调的产权认知不同，其更为契合转型期中国国家－社会关系格局下的宏观背景。

另一方面，父爱主义下的国家庇护责任也影响了农民的产权认知（折晓叶，2008），这让农民虽敬畏国家（中央政府），却不畏惧地方政府。他们倾向于将"国家"（包括中央政府、国家领导人）的角色形象道德化和神圣化，将国家的基层代理人作为讨价还价、履行父爱主义道义契约的对象（朱晓阳，2011：100～104）。由此，农民虽不追求产权的排他性，却依附于权力网络，积极扩展土地收益。研究表明，在围绕土地收益展开的博弈行动中，农民发挥了"非凡"的智慧，采取了各种行动，如征地中积极索取补偿乃至漫天要价、私自从事农地开发、建设小产权房等。这些行动或充分利用国家政策话语、社会舆论以及地方关系网络，或利用地方政府实施监控的资源不足以及土地治理体制的空隙，总之给地方政府造成麻烦，使它们陷入要么面对冲突、要么让渡部分利益的两难境地（吴毅、陈颀，2015；折晓叶，2008；陈柏峰，2016）。在父爱主义文化的激励下，农民行动能够发挥效用。有案例表明，在农民长时间向政府追索土地收益的行动中，原有的土地产权分配格局发生了变化，农民享有的权利从因征地而享有的"合法补偿权"转为具有分享土地增值机会的"权利转换权"，以及对追索收益的"再分配权"，乃至对新增资产收益的"追索权"，由此不断拓展土地发展权的实现链条（折晓叶，2018）。此外，在经济发达地区，农民、村集体组织以租代征、违规开发等大多"木已成舟"，迫使地方政府不得不默许此类现象的存在。

因地方社会基础的不同，农民获得收益的能力存在差异。例如，在中西部农村地区，乡村产业衰败、社会动员能力相对孱弱，一般发生的是小规模且难以持续的社会行动，有时还出现"钉子户"现象（陈柏峰，2016；Deng，2017），此种方式获得收益的空间相对有限。在东部发达地区，许多农村地区在乡村工业化时期就大规模开发土地，夯实了集体经济基础，在城市化全面启动时，这些农村地区具有极强的集体动员和谈判能力，极大地压缩了地方政府城市开发的获益空间（曹正汉、史晋川，2008），也相应拓展了农民的获益空间。空间区位的差异也带来农民表达方式的差异。例如，偏远农村地区常常呈现"空心化"现象，由此塑造了具有"原子化"特征的利益表达模式；城郊农村地区人口相对集中，形成了具有"团结主义"特征的利益表达模式（Hsing，2010）。上述发现无法涵盖各地的案例经验，但可说明：农民的获益能力因其博弈能力大小、土地占有空间大小、乡村产业是否发育、地方政府控制土地的资源条件及受约束程度而不同，且在不同地方的经验中，官民博弈的结果会因时因地存在差异。这启示我们，在实践中，决定产权收益的是地方社会情境下国家与农民的互动及博弈；且可能因地方社会基础的不同，而分化出多样的收益分配形态，其复杂性远超主流的国有或民有理论的想象。

总结前文，社会学研究表明，在改革开放初期，农民通过自主实践初步夯实土地发展权的基础；在市场经济建设以及城市化建设全面推进的背景下，农民则依附于权力网络来拓展收益。自改革开放以来，土地发展权从起源到发展的历程并不是由国家或社会预设某种产权理念主导的，其更有赖于农民等相关方具有的实践能动性。上述发现突破了土地发展权的主流理论，建立了产权实践逻辑的初步基础。由此，社会学界的贡献在于，其揭示了在城乡二元地权结构所造就的不均衡格局下，农民的土地发展权如何在乡村社会的行动逻辑和观念制度下被建构和夯实。在此基础上，我们才能认识到，国家在建构与土地发展权相关的分配秩序时，应建构城乡平等的分配格局，遵循乡村社会的公平观念和民意基础。就此而言，从"土地发展权的社会建构"角度所做的文献追溯，并不是为了弥补产权经济学在理解复杂社会生活问题方面存在的不足，而是为农民土地发展权的赋予提供依据，乃至为反思"涨价归公"这一近年来具有较大影响力的理论观点（贺雪峰，2010，2013）提供理据。同时，社会学界的观察对于当前农地新政推行的"同地同权"改革具有启示意义。

不过，如果就产权实践视角的整体建构而言，社会建构视角对权力的影响欠缺足够的想象力。农民的产权认知和行动逻辑只是国家权力影响个体的客观反映，据此无法推演权力如何生成和运作。一个突出的问题是：既然社会学发现农民实践产权的能动性，何以城市化运动仍导致城乡分化？由此，土地发展权的实践逻辑仍需在权力运作的视角下深化。只有对照权力嵌入的发现之后，才能看清社会建构视角的效度和限度，才能在国家与农民的关系互构视角下丰富产权实践的理论想象。

（二）土地发展权的政治建构

在有关土地发展权的研究中，社会学者存在的不足是他们对土地发展权嵌入[①]的政治环境及权力运作机制缺乏足够的洞察力。然而，在中国的经验背景下，产权是否受到保护以及产权的实施程度均取决于地方政府的行为选择（曹正汉、冯国强，2016）。换言之，土地发展权本身受到高度的政治"嵌入"。有关此议题的学术研究已有不少积累，本书从"土地发展权的政治建构"视角对这些研究进行梳理。

"土地发展权的政治建构"是指农民的土地发展权被国家权力控制或受到国家制度/政策实践的影响。[②] 在借鉴诺斯的"国家与产权关系悖

[①] "嵌入"源自经济社会学的理论命题——"经济体系嵌入社会关系"，其指某一体系通过实体化的方式进入其他领域并融合乃至替代后者的运作机制（符平，2009）。本书指的是，政府权力进入农村社会后，土地的政府资产属性替代其原有的社会属性，称为产权的政治嵌入。

[②] 这是由中国政府的属性特征以及土地公有的产权属性共同决定的。一方面，在中央集权体制下，中央政府具有不可僭越的权威，其以"行政发包"机制推动地方政府完成治理事务，同时也具有调整、收回某项地方权力的能力，并通过"运动式治理"、对某些事务进行"集权化"改革的方式强化中央政府的权威（周雪光，2011；周黎安，2014），其中，土地规划、管理、收储、征收等是国家控制土地发展权的重要政策工具，决定农民土地权益的边界（陈颀，2021）；另一方面，在土地公有制下，国家是土地所有权的拥有者，其决定社会中的土地使用权者的产权实施程度，也具有调整产权配置和利益分配秩序的权威和能力。在上述背景下，中国的地权实际上是由中央政府、各级地方政府、村集体、农民个体等多方的权力或权利所构成的"连续统"。其中，中央相对于地方、上级相对于下级、政府相对于民众均具有优先地位。

论"和登姆塞茨的"所有权残缺"理论的基础上，周其仁（1995，2004）提出了"国家控制的集体产权"的概念，用于分析中国从农业集体化时代至今的农地产权制度，由此开启了城市化背景下"农民产权如何遭遇政治嵌入"议题的研究脉络。不过，与"社会建构"视角深入的理论分析不同，"政治嵌入"研究尚处于理论拓展阶段，更多的是就事论事的分析。总体来看，该领域的研究表明：其一，"土地发展权的政治嵌入"是在中国启动全面城市化后的一系列制度变革下发生的，其中，分税制、国有土地有偿使用、土地用途管制等是形塑地方政府经营土地并影响农民土地产权的制度因素，这改变了乡村工业化时期地方政府与农民共享土地开发收益的制度环境，形塑了地方政府与农民之间具有零和性质的博弈模式；其二，地方政府借改革的机会空间发展出了一系列机制来获取和控制土地发展权，由此详尽地说明了政治嵌入的实践逻辑。总体来看，建构土地发展权的政治环境不仅取决于中央对地方政府的权力配置，还取决于地方政府的地权实践，[①] 由此引发以下两条重要的文献追溯线索。

第一条线索是关于中央与地方政府的地权配置议题。既有研究发现，20世纪90年代启动的分税制以及土地制度改革是与"中央政府－地方政府"地权配置相关的现实背景。一方面，分税制是国家为了克服地方"诸侯经济"的挑战并增强宏观调控能力而实施的改革。改革后，中央政府占有地方增值税和消费税的大部分，强化了国家财政的支配权，并以上收企业税的形式让地方政府失去了经营企业的动力，由此后者不得不谋求新的发展模式（周飞舟，2012）。另一方面，土地制度改革是为了推动"国家垄断城镇一级市场"和"实行最严格的耕地保护制度"。[②] 其中，90年代开始推广的国有土地有偿使用制度、自1998年《土地管理法》修订后实施的土地用途管制构成"严控与激励"并存的治理结构

[①] 例如，中央政府赋予地方政府在土地开发中的建设规划权、土地指标分配权以及收益分配权，使后者具有相当大的垄断土地增值收益分配过程的权力，在此背景下的地方政府权力实践又决定了村集体组织和农民分享土地增值收益的空间和可能性。
[②] "国家垄断城镇一级市场"是在党的十四届三中全会通过的《中共中央关于建立社会主义市场经济体制若干问题的决定》（1993）中提出来的。"实行最严格的耕地保护制度"的提法则出自党的十六届三中全会通过的《中共中央关于完善社会主义市场经济体制若干问题的决定》（2003）。

(谭明智，2014；吴毅、陈颀，2015）。这是国家在经济发展和土地资源利用的多目标之间维持平衡的制度工具。

学界关注两项改革之间的交互效应。他们发现，本来处于不同场域、目标各异的两项改革，却在同一时点的交汇下发生了意外后果。其中的关键是，两项改革的中心皆在于地方政府（市/县政府），这让它们得以借激励性制度来突破约束性制度。也就是说，在分税制改革以及土地用途管制的双重约束下，地方政府借助土地制度改革被赋予垄断土地一级市场的能力，大规模经营土地，以获得不受新体制约束的资源（周飞舟，2012；吴毅、陈颀，2015；Xu，2019）。地方政府经营土地由此被视作制度改革的产物。从谋求土地出让金到推动土地金融化，再到经营城市化项目（折晓叶，2014），这一系列运政行为突破了分税制和土地制度改革的原初目标，至今仍在深刻地影响着地方经济和社会。

当学界聚焦地方政府经营土地时，地方政府如何垄断农村土地被视为关键一环。曹正汉、史晋川（2009）以"经营辖区经济"概念说明地方政府把所辖区域当作一家"企业"来经营的现象，其中，能否控制农村土地的开发权决定政府经营目标能否实现。折晓叶（2014）提出"行政－政治－公司"的统合机制来分析地方政府经营城市化项目。她指出，在公司化模式下，地方政府通过抵押土地来实现融资目标，由此积极控制农村土地。周飞舟等人发现，地方政府借助"土地－金融－财政"模式来经营城市，不但将城市的土地资源盘活，而且借助"增减挂钩"[①]政策和"农民上楼"，将经营之手伸向了广袤的农村地区，使"经营村庄"成为"经营城市"的延伸。在经营村庄模式下，市/县政府发现了建设用地指标的新来源（整理"农民上楼"遗留的宅基地来置换"增减挂钩"政策允许的建设用地指标），垄断农村土地成为必要环节（周飞舟、王绍琛，2015；焦长权、周飞舟，2016）。

---

① "增减挂钩"全称为"城镇建设用地增加与农村建设用地减少相挂钩"。其操作原理是：依据土地利用总体规划，将若干拟整理复垦为耕地的农村建设用地地块（拆旧地块）和拟用于城镇建设的地块（建新地块）等共同组成建新拆旧项目区，通过建新拆旧和土地整理复垦等措施，在保证项目区内各类土地面积平衡的基础上，最终实现建设用地总量不增加，耕地面积不减少、质量不降低，城乡用地布局更合理的目标。2004年，国土资源部开始推动"增减挂钩"的政策试点工作，之后该政策在全国推广（谭明智，2014）。

第二条线索是关于地方政府具体的地权实践问题。在前述以制度改革为中心的研究中，学者回答了"政治嵌入在怎样的时空背景下发生"的问题，他们提炼的地方政府行为机制凸显了政府控制农村土地的重要性，但是这还不足以完全夯实政治嵌入的经验基础。还有一类文献虽没有提出类似于"土地－金融－财政"这样的理论概念，但其分析的经验现象仍极大地丰富了有关地方政府如何借用权力控制土地发展权的理论想象。这些研究有的侧重于地方政府的城市规划和土地管理，有的研究地方政府的土地征收，有的聚焦地方政府治理违法占地行为。本书将其中呈现的嵌入机制进行分类归纳，以呈现政治嵌入的整体图景。主要类型包括话语权力实践和技术权力实践。

话语权力实践聚焦权力实施者如何论证嵌入行为的合法性。其中，权力者建构合法性所依托的话语体系是关键所在。张小军（2004）提出的"象征地权"表明：地权意义的解释权力常常被国家或者地方精英所掌控，后者将产权的转移、收益的归属等权力嵌入的过程纳入具有普遍合法性的话语阐释系统之中。一些研究考察地方政府对政治话语的借用，即对市场化改革中地方发展话语及其彰显的绩效合法性逻辑的借用（杨宏星、赵鼎新，2013）。研究发现，地方政府将"发展""城市建设""公共利益"等地方话语与国家话语建构关联，并将"地方经济增长"化约为"国家利益"。如此，在政治话语的包装下，民众土地发展权的让渡和牺牲契合了地方政府强化公益的行政伦理以及国家的发展话语（施芸卿，2014；陈映芳，2008）。有的研究则考察地方政府对法律[①]话语的借用。学界发现，法律中的"公共利益"成为地方政府扩张征地权力的话语工具。由于法律未详细规定公共利益的具体内涵以及其适用边界，地方政府常常借助公共利益的名义大规模向农民征地，甚至出现将经营性项目包装为公益项目，或以修建铁路、公路等大型公益设施的名义圈地，随后又将土地改变为经营用途等现象（周其仁，2004；朱晓阳，2016；陈柏峰，2016）。由此，以"公共利益"名义扩张的征地行为实

---

① 自改革开放后，国家通过出台、修正和修订《宪法》《土地管理法》《物权法》等，建构了与土地发展权相关的法律体系。然而，由于地方政府主导着法律的解释和执行过程，乃至将法律话语作为嵌入土地发展权的合法性话语，因此土地发展权仍受到显著的结构约束。

际上是一种公权力的异化（吴光荣，2011），其侵犯了农民的土地发展权，进而引发矛盾纠纷，影响地方治理的稳定性。还有的研究聚焦地方政府对治理话语的借用。治理话语是在中央授权地方的激励模式下形成的（周雪光，2011），地方政府被赋予维护公共秩序的职责，拥有制定具体的治理制度的权力。从理论上讲，地方治理制度应契合民意，保证客观、公正。然而，地方政府常以治理话语的合法性嵌入对土地市场和产权秩序的控制逻辑中。研究表明，地方政府禁建住房是借着节约土地资源的名义将集体所有、个人私用的宅基地产权排除在市场之外，此项行动背后的逻辑是地方政府垄断房地产市场（陈颀、燕红亮，2021）。在拆违行动中，地方政府以维护用地秩序为名将占地者驱逐出场，重建由政府和资本联合主导的空间秩序（项飙，2018：339～393；刘景琦，2018）。

技术权力实践研究地方政府如何借精细的程序设计或科学技术来垄断土地产权。[①] 有趣的是，一般研究关注地方政府的征地拆迁现象，其建构的是一种外显、公开乃至"粗暴"（就强征强拆现象而言）的权力想象。与之不同，技术权力隐秘、无形而细致，且比权力的公开运作更有"效率"，构成政治嵌入的新视角。这一视角主要聚焦土地规划[②]、土地储备和"增减挂钩"政策。邢佑田指出，在城市化中，地方政府尤为看重空间规划权力，发展出"领域化"（territoriality）策略来控制辖区土地资源（Hsing，2010），由此引出重要发现：尽管地方政府受到国家土地用途管制尤其是建设用地指标和耕地保有指标的限制，不能随意地开发农用地，但其借助规划权力的组合实践

[①] 技术权力指国家借助现代科技或引入精密化、规范化的程序来完成治理的权力，其目标是让治理对象更为清晰化，或让治理过程更具可控性（渠敬东等，2009；黄晓春，2010；彭亚平，2020）。在土地资源管理领域，技术权力的发展尤为迅猛，不但土地管理部门的组织体系越发完善和专业化，而且土地资源管理应用了红外卫星遥感、GIS等科学技术。在城市化背景下，地方政府在不断向农村地区扩张权力边界时也面临农村集体产权相关方的挑战（Hsing，2010；Rithmire，2013）。技术权力在嵌入土地发展权的过程中发挥了重要作用。

[②] 规划权力本质上是空间权力，分属于不同部门——发展改革委负责地方总体规划，土地资源管理部门负责土地利用规划，建设规划部门负责城市建设规划（张益峰，2015：197）。

来突破上述限制。① 土地储备②的相关研究表明，地方政府普遍突破了"收储的土地必须是国有建设用地"的规定，大规模储备农村土地（熊晖，2006；陈晓芳，2011；蒋省三等，2010：154）。以公益项目为名为工业园和房地产业储备农村土地是各地城市开发惯用的策略（陈晓芳，2011）；地方政府还借助"包干制"下的剩余收益激励和风险下移机制来保障征地收益和风险的可控化，并变通发明了"预征地""先储后征"等程序来规避上级治理（郭亮，2015；谢志岿，2015）。"增减挂钩"政策相关研究表明，地方政府扩展了该制度的应用范围，建构了各种政策变体。例如，新村建设、村庄合并、土地整治、"农民上楼"等涉及地权边界调整的政策，就普遍与"增减挂钩"相捆绑。在一些地方政府推行的"地票"制度中，"增减挂钩"置换的建设用地指标被作为地票卖给企业，催生了更大的利益空间（谭明智，2014；周飞舟、王绍琛，2015；孙建伟，2018a）。地方政府借"增减挂钩"发展出了抢占农村集体土地收益的新机制。这是通过比较"增减挂钩"与传统的征地制度而得出的认识。在征地模式下，市/县政府受制于建设用地的指标限制，只能征收离城市更近的农村土地；"增减挂钩"让地方政府无须征地就能控制偏远农村地区的土地（周飞舟、王绍琛，2015；陈颀、燕红亮，

---

① 研究表明，基于总体规划，地方政府设置若干新城区或重点发展区域来落实城市发展规划，基于建设规划，地方政府推动"撤村并居""新村建设"等，这两种规划权力的组合实践使地方政府可自主决定农村土地的开发范围，从而绕开土地用途管制的约束。此外，地方政府将允许建设区、一般性农田和建设用地集中布局在具有开发潜力的地区，将限制区布局在不具备开发潜力的地区，将基本农田布局在质量欠佳的坡地、河滩等，以迎合"占补平衡"政策并在土地用途管制框架下最大限度地实现土地利用的空间效益，进而借助现行制度的优势来"低成本"乃至"零成本"地大规模吸纳农村土地。其中，低成本源自征地补偿不得超过若干年土地产值上限的规定；零成本则源自《中华人民共和国土地管理法实施条例》（1998年）第二条第五项规定——"农村集体经济组织全部成员转为城镇居民的，原属于其成员集体所有的土地属于全民所有即国家所有"。这激励地方政府大规模推动"村改居"来改变土地产权的属性，从而将大部分的农村土地无偿地国有化（陈甦，2000；程雪阳，2018：166~168）。

② 土地储备制度最初是为了让部分地方政府解决城市土地利用主体的分散化、协调成本高且国企改革遗留了大部分闲置用地等问题（王小映，2003），但在全国普及后，土地储备已演变为以收益最大化为中心的技术制度。其中，土地财政及金融化带来的巨额收益是此种演变的激励因素（折晓叶，2014），"收购—储备—出让"等严密的操作流程、科层化的运作机制以及项目制设定的"成本－收益"体系则是此种演变的技术支持（曹正汉、史晋川，2009；陈晓芳，2011；蒋省三等，2010：154~157）。

2021)。在该模式下，对农村土地的整理是为了置换城镇建设区的建设用地指标，这被学界称为"土地发展权的转移机制"（汪晖等，2011）。借助转移机制，地方政府绕开传统征地模式的时空约束，更快更广地占有偏远农村地区土地的开发权（郑雄飞，2017）。

总结前文，"土地发展权的政治建构"告诉我们，土地发展权既包括地方政府（通常是直接从事土地开发的市、县、乡镇）从事土地开发的权力，也包括村集体、农民参与土地开发过程获得增值收益分配的权利。两种土地发展权是相互连带的（前者决定后者的实施程度），且受到中国政府体制和土地公有制度的共同塑造。联系全面城市化时期的分税制、土地用途管制等改革，本书还发现，政治嵌入不仅与分税制改革、土地制度改革诱发地方经营土地行为相关，而且地方政府以隐性而有效的机制嵌入地权界定和收益分配之中，在悄无声息中完成了垄断。此种机制之所以发展，是因为地方政府不但具有再生产国家话语的能力，而且地方政府借助土地规划、土地收储以及"增减挂钩"等发展出强大技术权力。由此，与土地发展权相关的政治制度环境不仅包括了中央政府对地方政府的权力配置，还包括了地方政府在此基础上的地权实践逻辑，而农民对于土地发展权的实施程度、权利是否能够得到保障，实际取决于以上政治机制。这是探讨与土地发展权相关的制度设计不能脱离的研究前提。

（三）土地发展权的法律建构

有关土地发展权的法律研究建立在中国建构土地法律体系的大背景下。一方面，这一法律概念的引入源自国外城市化经验和西方法律界、实务界的研究；另一方面，也是更为重要的，即中国学界应对市场经济建设背景下的诸多法律的出台和修订。自20世纪80年代以来，我国的《宪法》经历了1982年、1988年、1993年、1999年、2004年等五次修订或修正，其中涉及"农村土地的产权性质""农村集体土地是否能够出让"等与土地发展权相关问题的法律解释。《土地管理法》是我国首部关于土地管理的法律，该法对农村土地的资源利用、用途变更以及各级政府的权力配置等事项进行了详细说明，于1986年首次出台，历经1988年、1998年（修订）、2004年和2019年三次修正、一次修订。《农村土地承包法》于2002年出台，是我国首部关于农村土地承包经营问题的法律。2009年和2018年，该法历经两次修正。《物权法》于2007年出台，首次明确将农民土地承包经营权、宅基地使用权归为"用益物权"范畴。《城乡规划法》于2007年出台，其涉及城市和农村的土地用途规划与建设规划相关的法律制度，历经2015年、2019年两次修正。以上法律构成了市场经济时期中国土地管理体制的核心。

我们先追溯土地发展权的概念渊源。在20世纪中后期，英美学界提出了"土地发展权"概念，意指相关方提高土地开发强度或改变土地用途并分配增值收益的权利（Kaplowitz et al.，2008）。在西方学界，产权一般被视为集所有权、使用权、收益权、处置权于一身的"权利束"（Demsetsz，1967）。显然，在这一理论认识的延续下，"土地发展权"被视为"权利束"的一部分。从历史背景来看，土地发展权的概念生发于英美等国家的城市化经验。学界一般将土地发展权的起源追溯至1947年的英国《城乡规划法》。当时，执政的英国工党通过《城乡规划法》将未开发土地的开发权收归国家，并设立公共基金补偿受损的民众。在五六十年代，英国政府通过以市场价格补偿民众和征收土地增值税的方式改革原有方案，但强调国家主导和实现"土地增值返还社会"的思路大体未变（卡林沃思、纳丁，2011；程雪阳，2014）。与英国不同，在20世纪60年代，美国通过私有产权主导的"土地发展权转移"模式推动农地开发。这是依据分区规划而实践的。政府设立土地开发的"保护区"和"接受区"。其中，"保护区"的农地不能开发，"接受区"的用地企业则以向保护区产权方购买发展权的形式补偿后者因承担农地保护义务而付出的代价（卡林沃思、凯夫斯，2016：193~194）。由此，英国的国有模式和美国的私有模式一般被视作土地发展权制度的两种范本（陈柏峰，2012）。

需要指出的是，西方学界的土地发展权理论承袭了私有产权优先的思想传统，并不符合我国的公有制背景，但其保障个人产权的主张仍值得借鉴。尽管土地发展权凸显了国家管制权与私有产权的矛盾，但西方学界仍强调国家管制权的介入应建立在充分保障产权所有者权益的基础上。例如，在英国模式下，尽管土地发展权被收归国有，但如何让产权所有者获得公平合理的赔偿一直是争论焦点。这种理论倡导影响了国家的政策模式。由此，土地补偿制度才从"土地原有用途价格"提高到"公平的市场价格"；针对土地所有者的开发收益收取的开发费和增值税也在实施了一段时间后被废除（卡林沃思、纳丁，2011：214~217；彭錞，2016b）。在美国的土地发展权转移模式中，私有产权具有更为优先的地位，国家的管制权只在私有产权影响土地利用的公共秩序时才发挥作用。有学者因而总结道："在美国，从来没有任何一个地方采用过'土地发展权国有化'这一策略，分区规划仅仅是一项限制私人土地发展权的管制性措施。"（Ziegler，1996）

大概从20世纪90年代开始，中国学界注意到英美学界的土地发展权理论，并将其引入对土地产权的研究脉络中（柴强，1993；沈守愚，1998；胡兰玲，2002）。理论引介工作具有如下背景：其一，90年代初中国全面启动市场经济建设后，大规模的城市化运动相应展开，其中土地增值产生的巨额收益如何分配、民众是否具有享有收益和参与开发的权利成为亟待解答的议题；其二，同时期国家推动土地使用权有偿出让改革，借用传统的马克思主义地租理论为改革正名，突破了计划经济时期不允许土地出让的制度禁区（王先进，2008）。由此，作为一项因土地出让而必然衍生的权利，土地发展权进入学术研究的合法性空间得以展开。自2000年以来，《土地管理法》《物权法》等法律纷纷出台或修订/修正，其均聚焦如何协调国家与民众的权益配置问题。在此背景下，有关土地发展权的争议逐渐白热化，并因应党的十八届三中全会推动农地新政的时势，成为近年来的公共焦点（周其仁，2004；文贯中，2014；贺雪峰，2010，2013；华生，2015）。

在此介绍主流学界——主要是经济学界和法学界的研究工作。本书注意到，与西方学界深受自由主义思潮影响的知识传统不同，中国学界受到两种不同的意识形态理论的影响。一种源自传统社会主义公有制下强调国家权力优先的理论；另一种则出于中国改革后逐渐强调保护社会产权的制度理念。在既强调对农民赋权又强调以国家权力圈定农民权利边界的改革思路下（吴毅、陈颀，2015），两种意识形态理论有其发展的制度空间，由此引发学界关于土地发展权问题的争议。此外，自改革开放以来，我国的《宪法》《土地管理法》等尽管经历了数次修订或修正，但仍相对滞后于飞速发展的城市化进程，存在制度规定不明晰乃至相互抵牾的问题，这让学界在论证不同主张时皆可找到法理依据，进一步强化了法律建构背后的意识形态争议特色。

两种理论争议的核心是土地发展权的权属问题。一派认为土地发展权是国家公共财产分配权和国家管制权的具体范畴，即国家限制私人土地开发、维持土地利用的公共秩序以及进行土地增值收益分配的权力（贺雪峰，2010，2013；华生，2015；沈守愚，1998），由此他们支持"土地发展权国有化"。另一派认为土地发展权是所有权自然派生出来的权利，即所有权人在土地用途改变或是开发强度加大后而相应被赋予的新的权利。他们认为土地发展权并非国家的公有财产权或管制权范畴（程雪阳，2014；孙弘，2004：11；胡兰玲，2002；刘国臻，2005；孙建伟，2018b）。此派学说还指出现行土地管理制度以国家管制权来限制农民的土地开发权，有滥用"警察权"之嫌（刘明明，2008a）；提出征地制度以行政定价作为农民的土地补偿有违公平原则，限制了后者的议价权利，且剥夺了农民的否决权，是公权对私权的限制（叶必丰，2014）。总之，主张"国有化"的学者与支持"民有化"的论者形成了分庭抗礼之势。

土地发展权的权属争议是在中国启动城市化进程的制度环境下发生的。其中的焦点是1998年《土地管理法》修订后在实践层面形成的国家（由地方政府代表）垄断土地收益的模式。与英国的国有化模式不同，中国的国有化模式将土地增值收益主要用于城市开发，而较少返还给农村社区和农民（程雪阳，2014）。由此，建构该模式的土地管理制度（1998年修订的《土地管理法》）是否符合《宪法》规定成为重要问题。值得注意的是，鉴于《宪法》未对土地发展权做出明确的定义，[①] 为了坚持各自的主张，研究者借助《宪法》的相关表述来探究土地管理制度是否合宪。"违宪论"者认为，1998年修订的《土地管理法》造成城市国有土地和农村集体土地"同地不同权"的问题，不仅违背了《宪法》的权利平等原则，还违背了《宪法修正案》（1988年）条款——"土地的使用权可以依照法律的规定转让"，造成自1998年之后《宪法》与

[①] 《宪法》第十条规定：城市的土地属于国家所有。农村和城市郊区的土地，除由法律规定属于国家所有的以外，属于集体所有；宅基地和自留地、自留山，也属于集体所有。这不能推演出农村土地转为国有土地后的收益处置权属于国家（张千帆，2012）。《宪法》定义的模糊给学界的争议留下了空间。

《土地管理法》之间的矛盾（程雪阳，2014，2015；周其仁，2004；李忠夏，2015；黄小虎，2017）。"合宪论"者指出，《宪法》第十条规定"城市的土地属于国家所有。农村和城市郊区的土地，除由法律规定属于国家所有的以外，属于集体所有；宅基地和自留地、自留山，也属于集体所有"，此规定属于生产资料所有制范畴。在所有制层面上，国家与集体处于不对等的关系格局下。《土地管理法》通过征收将集体所有的土地变为国家所有的土地，本质上是两种主体间不对等关系的展现，其合法性源自我国以社会主义公有制为主体的《宪法》规定。他们提出了"中国土地制度的宪法秩序"概念，其要义是"土地公有，地利共享，消灭土地食利者"，并认为1998年修订后的《土地管理法》尤其是第四十三条和第四十七条的规定符合上述宪法秩序的要义，因而具有合宪性（桂华、贺雪峰，2014；桂华，2017；贺雪峰，2013）。

以上争议凸显了学界在现行土地制度合宪性议题上的分歧，映射出中国改革兼容不同观点学说所存在的张力。在《宪法》没有专门解释土地发展权含义的情况下，学者们可借助不同的理论学说来论证"该项权利应该属于谁"的问题，由此造成法理解释的混乱。从理论上讲，制度的建构可绕开这种意识形态的争议，即在不触动《宪法》基本框架但改革土地增值收益分配制度的前提下，尽可能解决现行土地发展权制度的弊端（彭錞，2016a）。换言之，土地增值收益分配制度完全可以绕开土地发展权的权属问题，进而建构可兼容国家与社会利益的分配方案。然而，土地增值收益分配制度议题在意识形态形塑下而形成的二元对立特征仍然凸显。人们多是从国家和民众非此即彼的理念中探索具体的分配方案。典型表现为关于"涨价归公"理论的争论。这一理论出自17世纪的英国经济学家亨利·乔治，后经马克思主义地租理论的发展、孙中山在中国民主革命中的引入以及中国共产党将土地公有制作为社会主义国家基础制度的实践，迄今仍影响着当代中国的城市化转型（程雪阳，2018：102~110；汪晖、陶然，2013：63~66；郭亮，2021）。

"涨价归公"的支持者的依据是建基于马克思主义地租理论的土地增值学说。此学说认为，城市化、工业化背景下的土地增值包含自力增值和外力增值等部分。自力增值（或"自然增值"）即土地权利人改善土地的物理、化学、地质性状，改善基础设施、增加附属物，由此带来的增值。外力增值是由于城市基础设施的改善、二/三产业的发展等社会性投资所产生的增值。两种不同的土地增值机制建构了相应的收益模式：个体享有自力增值部分，国家代表社会公众享有外力增值部分（周诚，2003：345~354；陈柏峰，2012）。[①] 由此，此派学者认为以农用地原用途价格补偿农民具有合理性，它更有利于将外力带来的土地增值收益掌控在国家手中，为更大范围的社会群体提供公共品，从而更公平合理地分配收益。据此，此派学者主张"初次分配土地发展权国有、二次分配国家以财政转移支付反哺农村"的收益分配方案（陈柏峰，2012）。

"涨价归农"的支持者反对"涨价归公"理论对农民土地收益权利的切割，他们认为，土地增值的收益权是所有权派生的权利链条不可或缺的一部分（程雪阳，2014；孙建伟，2018b）。周其仁（2004）指出，农民之所以应获得分享土地增值收益的权利，是因为他们放弃了农地的使用权。这种放弃亦有代价，农民由此应获得公平合理的市价补偿，而不是政府的行政定价补偿。郑振源（2007）批判"涨价归公"理论依据的"外力增值说"。他认为，农地增值在城市化向农村扩张带来区位改善时就已发生，而非农地转非农地后发生，鉴于农民和村集体对于区位改善也有贡献，他们理应属于享有土地增值收益的群体。由此，他建议实施"涨价归农"，即以合理的市价作为征地补偿。此外，研究者还认为农村土地应享有与城市土地平等的权利，由此主张赋予农民和村集体等集体土地产权的相关方直接进入市场的权利（刘守英，2018；文贯中，2014；张曙光，2007）。此观点涉及农民能否自主获取土地发展权的问题，比"以市价补偿农民"的主张更具进取性。不过，学者并非强调农民独占土地收益，而主张"初次分配土地发展权民有、二次分配以国家征税进行调节"的方案（程雪阳，2014）。

总的来看，"土地发展权的法律建构"视角可归纳为上述理论谱系（见表1-1），具有以下理论启示：其一，它明确了土地发展权的法学意涵，揭示这一法律概念受到不同意识形态理论的影响，因而其在不同理

[①] 周诚的"公私兼顾"主张与"涨价归公"理论一致。（1）他主张农民的补偿包括原值和安置性补偿两部分，类似于"涨价归公"的行政定价补偿原理，而区别于"以市场价格补偿农民""土地开发自主权归农民"等"涨价归农"主张。（2）他的土地增值学说是"涨价归公"的理论根据。

论主张中蕴含的意义存在差异（如学界对土地发展权是否由所有权派生、发展权是国家所有还是农民所有等问题的争议）；其二，它提供有关当前农地新政改革路径的启示。从相关研究的争议焦点来看，近年来，有关土地发展权如何进行制度改革的议题正逐渐集中于这样的议题——如何在现行"土地发展权国有化"模式的基础上，赋予农民更多的权利，从而为当前乡村振兴战略和城市化转型等国家工程提供制度红利。只不过学界对于如何赋权、是总体延续现行制度还是彻底改革制度等问题存在分歧。

表1-1 主流土地发展权研究的理论谱系

理论主张	权属理念	合法性争议	收益分配方案
土地发展权国有	国家公共财产分配权或管制权优先	1998年修订的《土地管理法》合宪	涨价归公：初次分配土地发展权国有、二次分配国家以财政转移支付反哺农村
土地发展权民有	社会产权优先	1998年修订的《土地管理法》违宪	涨价归农：初次分配土地发展权民有、二次分配以国家征税进行调节

（四）小结

以上三类研究文献分别从社会学、政治学以及法学等不同学科角度为"土地发展权"的概念提供了独特的知识贡献。统合三类研究，恰好为我们理解土地发展权及其涉及的农地增值收益分配制度的改革路径提供了整体、全面的知识图谱。其中，法学研究揭示，土地发展权的核心在于如何权衡国家与农民在土地增值收益分配中的利益配置问题，并提供了"地权归国家"和"地权归农民"两种制度改革方案。社会学和政治学研究则分别表明农民建构土地发展权的认知和行动逻辑、地方政府控制土地发展权的行为逻辑是决定上述制度方案能否落实的因素。由此，三类研究分别从改革方案如何设计以及改革方案将怎样运作（"应然"与"实然"）等方面论证了改革农地增值收益分配制度的整体逻辑。

不过，正如笔者在导论中提及的那样，由于现有研究缺乏对农地增值收益分配制度的历史线索的考察，我们依然对这一重要制度在不同时期发生的形态改变以及相应产生的路径依赖缺乏直观认识，以至于对当前改革如何受到历史的影响和牵绊的问题也难以获得翔实的答案。尤其上述三类研究多是在不同学科的分析逻辑中打转，更使得相关研究不能从学科化的局限中抽离出来，从更为宏观的角度去思考问题。由此，既有研究虽深化了我们对土地发展权的规范意涵和实践逻辑的认识，但并未深入探讨农地增值收益分配制度的历史逻辑问题。这就为本书的研究提供了拓展方向。

三 研究视角和材料说明

（一）研究视角：历史制度主义

本书借用"历史制度主义"的研究视角来解答农地增值收益分配制度的历史变迁逻辑问题。所谓"历史制度主义"，即认为制度受到其本身经历的历史过程的塑造，原初的制度选择将在很大程度上决定后来的制度变迁轨迹，并影响当前的制度路径（彼得斯，2011：69）。历史制度主义视角提供如下分析思路。

首先，它强调制度变迁过程受到不同事件发生的时序和特定事件的发生时点的影响，即认为"时间机制"形塑了制度变迁的政治过程（皮尔逊，2014）。研究者认识到，历史路径如何开展，跟社会过程是通过什么样的顺序联结密切相关。如果试图解析其中的因果关系，更重要的是厘清不同事件发生的先后顺序。即使是同样的事件，发生的时序不同，对路径依赖产生的作用也可能各异（Pierson & Skcopl，2002）。研究者尤为关注对制度变迁具有重要影响力的事件发生的时间点，即所谓"时机"问题。其中，重要的不是发生何种事件，而是"何时发生"，且初始发生的事件比后来发生的事件对最终结果产生的影响更大（河连燮，2014：93；皮尔逊，2014：53）。总结起来，不难发现，"时机"与"时序"存在有机联系："时机"即特定事件的发生时间，其建构了特定的时态顺序，从而影响了后来的制度变迁逻辑。

其次，它认为制度变迁过程存在"路径依赖"，即制度变迁的路径常常遵循原初选择形成的利益结构和惯性，而不会发生大的改变（彼得斯，2011：71）。这一概念尤为强调制度改革和转型的困难，因为"特定制度安排所筑起的壁垒将阻碍初始选择中原本容易的转换"（Levi，1997）。值得注意的是，"路径依赖"对于由权力主导的所谓"规划性制度变迁"具有独特的解释力。该概念表明，一旦国家或地区通过强制力推行和实施特定制度的时候，对此制度进行改革将面临相当大的困难，因为原初的制度选择可能强化了特定的权力和利益结构，且形成了意识形态的合法性约束，让后来的改革者很难改变原有的制度轨道（林毅夫，1994；吴毅，2009；高王凌，2013）。

借鉴"历史制度主义"的思路，本书将进行以下操作。首先，将 40多年的农地增值收益分配制度的变迁轨迹分为三个时段："乡村工业化"时期（1978~1993 年）、"土地城市化"时期（1993~2013 年）以及国家推动新型城镇化战略的转型时期（2013 年至今）[①]。在这三个时段内，国家基于特定的目标对土地制度进行了不同制度安排，从而塑造了不同类型的农地增值收益分配制度。由此，对于三个时段的分析，将有助于更为全面地把握 40 多年制度变迁的核心逻辑和支配机制。其次，按照历史制度主义理论，寻找影响当前制度改革的因素的关键在于定位制度变迁相关的重要事件发生的"关键时间点"。由于当前的制度改革聚焦的是在城市化时期形成的土地制度，因此本书将 1993 年《中共中央关于建立社会主义市场经济体制若干问题的决定》提出"国家垄断城镇一级市场"的思路以及在此思路下修订《土地管理法》（1998 年）作为"关键时间点"。其中，上述法律如何建构"城乡不均衡"的农地增值收益分配制度，其与乡村工业化时期的相关制度设计具有怎样的关联，其对城市化中地方政府与农民、城市与农村产生怎样的影响，并形成怎样的"路径依赖"，给当前改革带来怎样的影响，均是本书的中心议题。最后，对于当前制度改革的难题，笔者将借鉴路径依赖理论强调的权力－利益结构制约改革的思路，探讨权力结构制约农地增值收益分配制度改革的具体表现。同时，还引入"时间机制"分析思路，探讨从乡村工业化到土地城市化的时期内，农地增值收益分配的制度安排时序是

[①] 以本书完成主要资料收集工作的 2022 年为时点。

怎样形成的,[①] 其产生了怎样的历史效应,乃至可能让当前改革重建农民土地发展权的制度意图遭遇难题。

(二) 材料说明

本书在资料准备方面工作量大,资料准备、归类和分析工作十分繁复,所使用的材料包括以下类型。

第一类是20世纪80年代至今历次农地制度立法的官方解释、政策文件、参与立法的官员回忆录、二手研究、参与历次改革的官员和专家学者的访谈材料。一手材料有《土地法全书》(国家土地管理局原局长王先进主编)、《当代中国土地管理》(上)、《当代中国土地管理》(下)、《当代中国土地管理》(国家土地管理局原局长邹玉川主编)、《中华人民共和国土地法律法规全书》、《中华人民共和国土地管理法释义》、《中华人民共和国城市房地产管理法释义》等;还有王先进、邹玉川、甘藏春等参与立法的国土资源局/部[②]的官员访谈、回忆录或所著/主编的文献,如王先进的《城镇土地使用制度改革回顾》、甘藏春的《重温〈土地管理法〉的全面修订》、黄小虎主编的《新时期中国土地管理研究》、卞耀武和李元主编的《中华人民共和国土地管理法释义》、魏莉华的《新〈土地管理法实施条例〉释义》等。其他文献材料还包括学界、政界的权威学者关于土地制度变革的著述和文献,如刘正山的《当代中国土地制度史》,郑振源(国家土地管理局规划司原副司长)主编的《郑振源土地利用文集》,《中国土地》(国家土地管理局/国土资源部主管)编辑部刊登的关于法律、政策报告的全文和官方说明,等等。其他涉及法律政策文本材料的研究论文就很多了,在此不一一冗述。

第二类是改革开放以来经济学、法学、政治学、社会学、城市规划等学科关于土地制度不同议题的研究文献。本书引用的研究专著和论文

[①] 在下文中,笔者将揭示在乡村工业化时期,国家给予农民、村集体的土地发展权相当大的制度激励,但在全面城市化时期,这一制度激励不复存在,取而代之的是城乡不均衡的农地增值收益分配制度,以及农民土地发展权的"缺失"。这一制度过程典型反映了从激励农民土地发展权到约束土地发展权的制度安排时序。本书认为,这种制度演变的时序安排形成新的结构阻力,进而让当前国家改革农地制度并重建农民土地发展权的意图遭遇难题。

[②] 1986年,国家土地管理局成立,1998年,国家土地管理局改为国土资源部。

300余篇，包含法理性的规范研究、调查类的实证研究、文献回顾类研究、历史制度分析研究等不同研究类型。需要指出的是，由于不同学科的研究视角的差异，土地问题的研究一直被区隔在学科内部（吴毅，2009；吴毅、陈颀，2015）。如经济学、法学多强调土地的产权模式的效益和规范基础，政治学侧重于政府权力运作对土地制度的影响，社会学考察社会行动者和社会规范的意义，城市规划学科关注规划作为一项技术工具如何影响土地资源管理，等等。每一个学科关于土地问题都有其独特的关注点和知识术语，造成土地制度和政策的专业门槛较高，很难被整合在一项研究里。由此，本书对不同学科文献和议题的打通，也在材料收集以及土地问题的公共性聚焦方面做出学术贡献。

第三类是计划经济时期土地制度特别是土地管理制度的材料。这方面的议题在资料收集方面的难度超过20世纪80年代后期，主要是因为我国系统性、专业性的土地制度研究多启动于改革开放之后，很多之前的档案和学术研究的积累较弱。为了解决这个问题，本书尽可能收集和参考了如下收录新中国成立以来重要法律政策全文的大部头材料，包括《中国土地管理总览》《土地法全书》《当代中国土地管理》（上）等，也参考了《新中国的土地立法》等学术研究论文。

值得提及的是，本书在完成不同时段土地增值收益分配制度变迁的论证工作的基础上，还特别完成"新中国成立以来重要土地政策、法规编目和释义"（附录一）的整理工作。尽管有关土地制度变迁的大部分文献和档案材料是公开的，但相关研究缺少贯穿计划经济和市场经济时期、长时段的政策法律文献编目，学界很难直观把握制度变迁的主线和变化机制。本书试图通过编目来为以后的研究作为参考和索引，并结合权威分析和本书的观点，对列出的每一个法律、政策文本进行简要释义，以此更为清晰地呈现制度变迁的线索和机制。

四 核心概念

"历史钟摆"是本书的核心概念。在制度变迁的研究语境中，"历史钟摆"指的是，一项制度在经历较长时期的变迁过程中未能有效解决历史遗留问题，这促使制度制定者采取变革措施，从而让制度轨道回到原初的路径之中，由此制度变迁在长时期历史过程中呈现"钟摆"轨迹。

需要指出的是，中国政府体制改革或治理行为领域常见相似的"收放或摇摆"的现象。例如，财政改革常陷入"权力上收和权力下放"循环（周飞舟，2012），金融体制也在集权规制和授权激励中兜兜转转（洪正、胡勇锋，2017），土地违法治理领域也有一时趋严、一时放松的"执法摇摆"状态（何艳玲，2013）。但上述研究聚焦的"收放或摇摆"现象主要涉及政府体制领域，源自不同中央-地方、"条条与块块"在权力配置和利益目标兼容方面的矛盾，即使涉及社会领域，也是将社会主体作为政府治理对象来考量，而不是将社会权利实践作为主位考察。① 质言之，以政府行为或国家治理为中心的思维仍可能流于表层，或容易自我设限。而本书聚焦的"历史钟摆"涉及国家权力-社会权利如何配置的问题，特别是土地产权涉及的财产权问题，其变革历程所呈现的"钟摆"现象，反映了国家在基础性制度建构方面的不同考虑。在土地产权领域，体制场域内部的主体间博弈关系也会影响"钟摆"现象（陈颀，2021），如中央对地方政府的赋权会构成对农民的限权（吴毅、陈颀，2015）；但更为根本的是，在渐进式改革既要保留土地公有制又要赋予农民权利的根本性张力下，"钟摆"现象存在刚性基础，它不会消解于国家治理能否优化或改善的制度框架下，因为国家制度始终在国家权力集中与社会权利赋予这两个端点中摇摆不定。由此，本书实际上涉及的是一个基本的政治社会学问题：如何从权力资源高度集中的计划经济体制向既保持国家权力集中的优势又能明晰和保障社会权利边界的体制转型。

巴林顿·摩尔（2013）很早就提出现代政体形成路径与农民地权配置之间关系的经典模型，且聚焦晚清和民国时期的土地问题，但他的研究并未涉及的是：类似中国这样的经典社会主义国家在转型过程中，政体的发展和变革与农民权利配置的具体关系是怎样的？中国在20世纪的发展经验似可提供启示。吴毅（2009）指出，自20世纪初期以来，农村土地制度变迁大体呈现"钟摆"轨迹，即地权配置的重心由20世纪中期

---

① 典型如土地执法领域，"执法摇摆"源自社会民众诉求和应对策略的复杂性及其形成的压力（何艳玲，2013）。

以前的农民个体所有的私有地权，摆向由国家控制的村庄集体地权，到20世纪末又重新回到虽然保留村集体外壳却夯实了农民个体权益的"公有私用"地权结构。上述地权配置过程呈现了从社会主义革命时期追求"理想"社会形态的模式，到改革开放后恢复到常态逻辑的"世纪之摆"（20世纪）。"世纪之摆"与本书的"历史钟摆"的含义相同，只不过指涉的时段不同。本书从"世纪之摆"的概念引申出改革开放后我国社会主义政体与土地制度变革之间关系的特点：以社会主义土地公有制不变为中心，国家通过前后相异却彼此相依的制度设计，来应对不同历史背景下的制度矛盾，典型反映在农地制度在"赋权"和"限权"之间摇摆上（吴毅、陈颀，2015）。

具体而言，一方面，"历史钟摆"的概念贴合对农民赋权、限权和再赋权的制度变迁轨迹。[①] 实际上，自20世纪70年代后期中国启动农村改革以来，农地增值收益分配制度的变迁轨迹也存在类似的钟摆效应。如本书将在下文中指出的那样，在80年代乡村工业快速发展时，农民和村集体因国家的赋权让利一度获得实践土地发展权的机遇，由此建构了具有"共享型"特征的农地增值收益分配制度。但在1990年之后的城市化发展时期，国家进行了土地管理制度改革，农民的地权被限制，"城占乡利"成为此时期农地增值收益分配制度的逻辑。由于此种分配制度引发了社会矛盾和风险，近年来，国家试图通过农地新政来再次赋予农民和村集体组织的收益分享权利，这就回到类似于乡村工业快速发展时期的制度轨道。

对这一"历史钟摆"的形成机制和理论意义的认识，将有助于思考现行农地增值收益分配制度的张力和改革的必要性，亦可深化对制度变革的前景和趋势的认识。更重要的是，"历史钟摆"蕴含着本书的核心立论。本书认为，当前农地增值收益分配制度进行改革面临的首要问题，

[①] 需要说明的是，这一变迁轨迹并非指赋权和限权机制的实施逻辑在不同时期是一致的，实际上，由于现实条件的不同，改革开放后农地改革的赋权机制和党的十八届三中全会后农地新政的赋权机制在具体实施方面是不同的。由此，钟摆指农地制度在改革开放以来的演变过程中，本质上呈现围绕着农民土地权利在收与放、赋与限两个端点中摇摆的状态。而且，由于改革开放以来的法律制度和政策一直没有明确土地发展权的归属问题（程雪阳，2014；陈颀，2021），这种模糊的制度逻辑就给国家提供了在赋权与限权间灵活调整的空间。

并非如何在私有化、公有化或公私兼顾等不同理论主张中取舍和权衡，而是如何让制度轨道在经历了钟摆逻辑后回归原初情境的问题。其中的困境在于，制度变迁在历经不同时期的时序安排和路径依赖后，已经形成了强大的结构性张力，由此未来的改革绩效如何将在很大程度上取决于摆脱制度的"历史钟摆"困境，而不取决于运用怎样的理论方案。

另一方面，钟摆轨迹反映出农地制度变革具有反复摇摆的不稳定特征，还可启发我们思考引发不稳定的深层因素：中国渐进式改革的存量逻辑（土地公有制和城乡二元的土地产权结构）和增量逻辑（国家对于土地使用权和出让权的赋予）的矛盾关系。由此，这一概念还具有延伸分析其他制度变革或实践领域同类现象的意义。如计划生育领域就呈现从计划经济时期相对宽松的生育政策到改革开放初期严格的"一孩政策"再到近年来放宽后的"二孩/三孩政策"的钟摆轨迹。本书认为，"历史钟摆"是可拓展和深入研究中国渐进式改革特征的分析性概念，基于农地制度钟摆逻辑的发现，也可启示其他领域普遍再现的类似现象可能与渐进式改革的内在矛盾相关，从而跳出政策执行或政府治理行为的框架，为类似现象提供新的思路或解释。

五 章节安排

本书共七章。除了交代研究议题、方法和理论视角的第一章外，其他各章节安排如下。

第二章为"土地发展权与农地增值收益分配制度的境外经验"，回顾了学界主要关注的西方土地增值收益分配制度的理论和经验，着重考察典型国家和地区宅基地制度改革的历史经验，分析这些国家和地区面临的基本问题和解决方式，以此归纳土地增值收益分配制度的一般性机制，为理解不同经验在中国改革中的应用及其局限提供启示。

第三章为"计划经济时期的土地公有制和管理体制"，考察了1949年后我国推动社会主义革命和土地公有制的历史过程，聚焦土地管理体制从聚焦所有权关系向治理城乡分化关系的变化过程，着重分析城乡二元地权和具有"蜂巢型"特征的土地管理体制，研究征地体制的起源和发展，由此总结计划经济下土地公有制和土地管理体制对于市场化改革时期的延续性影响。

第四章为"赋权：'共享型'农地增值收益分配制度的建构（1978~1993年）"，根据乡村工业化时期国家对于土地发展权的相关制度激励，归纳出此时期具有"共享型"特征的农地增值收益分配制度，进而分析这项制度对乡村经济社会尤其是对建构村集体土地发展权的意义，由此揭示赋权机制对于制度钟摆起点的影响。最后，此章还结合当时的历史背景，讨论为什么"共享型"分配制度逐渐失去了存在基础，从而为后来市场经济时期的改革埋下了伏笔。

第五章为"限权：'城占乡利'的农地增值收益分配制度及其困境（1993~2013年）"，聚焦城市化进程全面推进时期的土地制度，以1993年《中共中央关于建立社会主义市场经济体制若干问题的决定》提出"国家垄断城镇一级市场"和1998年修订的《土地管理法》为中心事件，围绕此时期一系列制度变革的考察，本书将农地增值收益分配制度的根本逻辑归纳为"城占乡利"。在此基础上，本书详细分析国家建构这一制度模式的法律和政策过程、相关组织模式和实践机制，从而揭示"限权"机制在此时期的核心意义，进而分析这一制度模式面临怎样的困境。

第六章为"再赋权：农地新政与农地增值收益分配制度改革的前景（2013~2022年）"。2013年中央城镇化工作会议提出"走中国特色、科学发展的新型城镇化"道路，并推动以土地制度为中心的一些制度变革，这被视为中国从"土地城市化"向"人的城市化"转型的标志性事件。这一章探讨了城市化转型背景下农地改革的意义，进而聚焦党的十八届三中全会以来国家实施"农地新政"的相关内容，并揭示新政对于建构农民土地发展权，也就是继乡村工业化时期之后国家进行"再赋权"的意义。最后，本章还探讨了农地新政的前景，揭示其面临的挑战。

第七章为"结论与讨论"，结合前文对农地增值收益分配制度经历的40多年变迁轨迹的梳理，从中归纳支配制度变迁的核心机制以及相应的路径依赖，并从制度变迁的"历史钟摆"切入，探讨农地改革面临的困境。

第二章
土地发展权与农地增值收益分配制度的境外经验

农地增值收益分配制度的核心即土地发展权的权属问题,相关研究中,西方国家以及中国台湾地区实践土地发展权的理论学说和经验是一条重要的研究脉络。① 借鉴这些研究,中国学界分析如何协调城市化背景下国家、农民和集体之间的收益分配问题,讨论收益分配制度和土地规划权、财税制度之间的复杂关系,并提出与中国现实基础相匹配的产权主张(陈柏峰,2012;华生,2015;程雪阳,2014;林坚、许超诣,2014)。在国内研究的基本线索的基础上,本章回顾土地增值收益分配制度的境外经验。需要指出的是,本书的梳理并不能完全涵盖所有国家和地区的研究脉络,而聚焦具有典型性且为国内学界所关注的国家和地区(比如英国、美国、法国和中国台湾地区)的发展经验。本书认为,国内学界对境外经验的某种侧重,本身就反映了不同意识形态立场影响下的研究者所建构的理想形态。由此,我们不仅关注境外经验如何被引入和类型化,还希望理解为何人们会将某一类境外经验冠以某类理想模式。本书认为,在此基础上,我们可以初步揭示,在土地制度领域,舶来话语如何被本土的社会舆论建构的知识社会学问题。

---

① 改革开放后,我国政府推动的土地制度改革充分参考了其他国家和地区的经验。20世纪八九十年代国家土地管理局和各地方政府编撰和出版了关于其他国家土地制度的书籍和内部材料。这些资料常常被地方政府借鉴,用于制定与土地流转、出让和管理相关的规章制度。

一 农地增值收益分配问题衍生的历史背景

土地增值收益分配问题[①]在城市化快速发展的背景下产生，且凸显于二战后西方国家复苏经济和推进城市化、工业化的发展进程。一般认为，1947年英国在《城乡规划法》中首次提出了土地发展权的概念，其通常指土地用途的变更或利用强度的加大，以及由此衍生的土地开发自主权和收益分配权如何配置的问题。到了20世纪60年代，美国政界和学界也将土地发展权视作一种权利，并以政府规划制度来协调此权利。典型事件是1968年，纽约市首次在标志性建筑保护法案中引入"密度转让"机制（靳相木、沈子龙，2010）。70年代，欧美学界关于发展权转让（transferable development rights）的研究逐渐兴盛，且开发权的实践从地面转向立体空间，成为各国城市化中政府规划发展和民众权利实践的焦点（刘国臻，2007，2008；程雪阳，2014；靳相木、沈子龙，2010）。

一方面，土地发展权议题成为公共焦点，源于私有产权理论成为社会共识并建构基本法律制度的背景。由此，当土地发展权被作为专门概念的时候，西方学界一般会将其视为财产权私人所有前提下派生出的新型权利（程雪阳，2014；孙弘，2004）。从理论源流来看，土地作为私有产权的主张始于17~18世纪的欧美学界，其主要是为了处理个体和作为财产的"物"的土地之间的关系。洛克主张，自我所有权和每个人对自己劳动力的财产权，是对物和土地的财产权的来源。洛克认为，某人"渗入自己劳动"的东西，某人通过自己的劳动使它脱离或改变了其自然状态的东西，将某物附加其上的东西，这些都成为他的财产，而且排斥其他人的权利。这种观点实质将私有财产作为某人身体和劳动的延伸，将人对于土地产权的占有和排他性关系通过劳动作为自然权利的属性予以确认（转引自伍德，2019：263~264）。据此，我们可以类推，个体对于土地附加的各种劳动（也包括土地发展权所指的加大开发强度的劳动）及其产生的收益，自然在此种产权学说主张中被归为个体私有范畴。

[①] 在城市化背景下，土地增值收益分配问题涉及因投资或开发强度加大而产生收益的农地以及城市土地。

类似地，我们还可以看到，将土地产权或物权的私有作为私法建构的理论基础。例如，休谟在《人性论》中，以财产权为中心，建构了属于私法领域的三条法律规则：稳定财物占有的法则、根据同意转移所有物的法则和履行许诺的法则（休谟，2016）。实际上，"绝对的财产权"概念是 18 世纪后西方民法最核心的内容，它构成西方社会个人主义权利观的价值基础。这一观念给国家规定了处理私人权利的原则，比如政府只有在从公共利益角度来看是合理的时候，才能对个人活动进行约束（唐贤兴，2000）。受此思潮的影响，在美国这样以个体权利①立基的国家发展历史上，不受限制地自由使用自己的土地一直是美国土地法中的主流观点（喻海龙，2020）。质言之，对个体财产权的主张、强调人们具有自由处理财产的权利，与西方民主政体建构自由主义市场经济制度和公民权制度的历史进程相互匹配。

另一方面，随着西方国家城市化引发的公共/个体矛盾现象日益普遍，政府以规制政策协调个体权利的治理行动逐渐成为公共政治生活的一部分。这也在社会观念领域引发微妙变化。20 世纪前后，美国财产法由绝对财产权理念向相对财产权理念转变，财产权的社会义务等理论开始兴起，人们逐渐接受国家出于公共利益的需要可以对土地利用进行一定限制的思想（喻海龙，2020）。各类以规制为核心、致力于协调公民有关土地开发的权利－义务关系的政策工具和立法行动逐渐兴起，典型如土地增值税法案、耕地保护、文物和环境保护、土地用途管制、城乡建设规划、分区和土地发展权转让、土地区段征收等（程雪阳，2014；华生，2015；徐键，2017）。但这些规制政策所衍生的政府权力仍要受到个体权利的限制。例如，在政府的征用权实践中，"公共利益"和"公

---

① 例如，美国政治学家罗伯特·达尔如是论证美国政体和财产权社会观念的关系："在美国社会是什么和应该是什么的问题上，存在着两种冲突的观念。我们美国人在这两种冲突中被撕为两半。如果简要地加以归纳的话，一种观念代表了在整个大陆的范围内实现世界最领先也是最伟大的民主、政治平等和政治自由的努力；另一种观念则试图创造这样一个国家，在那里，人们享受着不受限制的自由以获得无限的财富，创造世界上最为繁荣的社会。就第一种观念来看，美国理想被理解为在一个广阔而多样的领土上实现所有公民的民主、政治平等以及基本的政治权利；而在第二种观念的意义上，美国理想则被理解为对财产权的保护，保护繁荣物产、增加财富的机会"（转引自佟德志，2014）。

共目的"只能做狭义的解释。法院判决征用权不能被用来帮助私人企业，不能为了给一家私人工厂或货栈提供地皮而征用土地。征用权只能用来实现直接的、不特定的个人都可以享受的公共利益，而不是间接地对社会有利（龙文懋，2004）。以上发展线索表明，所谓土地增值收益分配问题，在西方国家的城市化经验中，本质上是协调产权私有制度与财税制度、国土的空间规划、城乡建设规划、土地用途管制等政策规制工具之间的关系，是在私人财产权神圣不可侵犯的理论前提下探索民众权利与国家权力、个体利益与公共利益之间的关系。换言之，民众需要履行的公共义务和政府规制政策的合法性基础，前提仍在于个体私有产权的保护是否被夯实。由此，当我们理解西方国家的土地发展权主张时，要以这些国家的政体和产权私有制度等基础制度为前提，也应警惕那些忽略这些制度文化前提而直接将某种制度主张搬用到中国的做法。

二 国有模式的历史演变：英国经验的启示

在国内研究中，英国模式几乎可以说是讨论最多的西方经验。究其缘由，除了英国一般被认为是土地发展权概念和理论的实践起源之外，更重要的是，英国模式还被视作土地发展权国有化和实践"涨价归公"模式的范例（陈柏峰，2012），这种理论想象与中国以公有制为基础的制度文化具有某种亲和性，因而具有更大的传播效力。由此，英国模式成为国内学者认识国外经验的基础和范本，并引发学界关于中国应当实施土地发展权国有还是民有模式的争议（陈柏峰，2012；程雪阳，2014）。在此，笔者无意参与此议题的争议，而试图还原英国制度的生成场景，尽可能贴近历史场景来理解英国经验，以此归纳一般性的理论逻辑，为中国改革提供智识参考（彭錞，2016b）。

（一）基本框架的确立

1947年，英国工党政府出台《城乡规划法》，一举奠定英国战后至今的土地管理基本制度，其主要内容如下。

第一，规划覆盖英国全境，地方政府有义务制定为期二十年的规划（第5条）；第二，土地发展权国有化，只有经政府颁发许可后，私人所有者才可开发（第12条）；第三，国家设立总额三亿英镑的补偿基金，一次性买断全部发展权，此后政府拒绝开发申请无须再补偿（第55条）；第四，政府有权根据规划购买或征收私人土地，征地补偿标准为土地在规划限制下的现用途价值，排除规划放松后的潜在开发价值（第48条）；第五，申请并获得开发许可的土地所有者须向政府缴纳100%的开发税（development charge），政府收回全部土地涨价。（彭錞，2016b）

此次立法将1947年作为土地发展权国有的重要节点，此后，那些未开发的土地须经政府颁发许可后，私人或企业才可从事开发（第12条）。这是在英国土地私有制的制度基础上嵌入了国家权力的制度框架，最核心的嵌入机制是赎买——国家通过补偿基金一次性买断。此外，开发费①（development charge）成为国家调节个人利益和公共利益关系的政策工具。这初步奠定了土地发展权的英国模式的基本框架——"确认土地发展权所属＋市场价格补偿＋合理征税"（程雪阳，2014）。除了明确产权所属外，土地发展权的基本框架确立，还涉及一整套利益分配方案以及配套的财税、城市建设规划、土地管理等制度，由此才能协调国家与个人、用地方利益和产权拥有者利益、地方的短期开发和长远发展、城市化发展和土地利用的公共秩序等不同层面的复杂关系（汪越、谭纵波，2019；卡林沃思、纳丁，2011）。

要理解英国为何要在此时实践出以国有化为特征的土地发展权，我们还需要从更深层面的政治、社会背景去分析。

首先，英国工党强调公有制的社会主义传统，其执政主张与土地私有制度基础之间存在矛盾。在以两党制政治传统为基础的政体内部，英国工党成为重要政治力量是在19世纪、20世纪之交。1893年独立工党

---

① 目前学界将development charge译为中文时并未统一，包括土地开发费、土地开发金、开发税和土地开发税，本书统一使用"土地开发费"的翻译。

成立。1918年工党提出著名的"公有制"条款。① 到了1945年，工党获得议会绝大多数选票后，才上台开始启动国有化的实践。以首相艾德礼为核心的工党政府实施的是整体国有化的改革战略，涉及煤矿、运输、钢铁、电力等重工业领域以及铁路交通、通信、部分学校、医院和银行等，② 侧重于国家在福利制度建设、资源分配中的核心作用，还在私营企业国有化等事项中采取了与土地国有类似的补偿赎买政策。这一系列举措奠定了英国在二战后实践福利国家模式的典范地位（刘成，2003：6~11、38~47；丁建定，2015；倪学德，2005）。由此不难理解，1947年工党政府出台的《城乡规划法》所推动的土地发展权国有化，实际上是国有化改革战略的一部分。只不过，在战后初期，英国已经奠定了土地私有的制度框架，且自由主义社会文化的根深蒂固以及人们对于"小政府"和市场经济主张自由主义、放任主义的认识，构成推动土地发展权国有化改革的障碍。由此，工党政府出台土地补偿金政策来实现国有化改革与现实基础的折中。1947年《城乡规划法》第55条指出，国家设立总额3亿英镑的补偿基金，一次性买断全部发展权，此后政府拒绝开发申请无须再补偿。设置补偿基金源自英国政界和学界关于土地价值的生成逻辑的认识。在被视为1947年《城乡规划法》的重要蓝本——1942年出台的《厄斯瓦特报告》（*Uthwatt Report*）③ 中，专家委员会提出

---

① 公有制条款即将生产资料公有制作为工党的目标在党章中确定下来："在生产资料公有制和对每一工业或行业所能做到的最佳民众管理和监督的基础上，确保体力劳动者或脑力劳动者获得其辛勤劳动的成果和可行的最公平的分配。"1929年工党党会，对此条款进行了修改，主要将生产资料公有制的意涵进行了拓展——"生产、分配和交换资源公有制"，由此稳定下来，构成工党社会主义属性的重要信仰条款，并成为该党进行政治宣传、动员和成为执政党后的治理方针的核心要旨。在诸多公有制的主张中，土地国有化也是工党党章的核心内容，如工党内部组织费边社的章程的目标："通过把土地和工业资本从个人和资本所有中解放出来以改组社会，并为了全民的利益将其收为社会所有。"（刘成，2003：10、11、16）这一表述几乎完整地呈现于1947年出台的《城乡规划法》中。
② 工党政府执政后，英国议会从1945年开始，先后通过了《英格兰银行法》《煤炭业国有化法》《民航国有化法》《电报和无线电通信业国有化法》《国内运输法》《电力法》《电器法》和《钢铁业国有化法》等八个国有化法案（汪维宏，2016：74）。
③ 《厄斯瓦特报告》全名为《英国建设与规划部补偿与增值专家委员会最终报告》。起草该报告的专家委员会主席是厄斯瓦特法官，故称《厄斯瓦特报告》。其核心议题包括：（1）对土地使用公共控制中的支付补偿和收回增值问题的讨论；（2）战后如何稳定待开发土地的价格以及是否扩张政府权力，以保障社会群体公正使用土地（彭錞，2016b）。

了价值转移（shifting value）和价值漂浮（floating value）的概念，用于论证土地增值收益如何分配的问题。"价值转移"指规划控制或征地会增加某些土地的价值，减少另一些土地的价值，但不会消灭土地价值。但在转移过程中，政府不可避免地会遇到"价值漂浮"的问题。后者指的是，在价值漂浮机制下，各所有者在现阶段分散主张的补偿额加总起来要远大于将来特定时点实际开发所得的收益（彭錞，2016b）。在这一组概念中，[①] 土地价值被视为源自公共投资和政府规划，由此政府代表公众具有主导土地利用和收益分配的合法性（汪越、谭纵波，2019），但考虑到执行土地国有化具有极大难度，报告明确点出土地国有化的两条底线：其一，国有化不能无偿；其二，国有化不能影响私人产权和市场运作的自主性。延续这一思路，1947年的《城乡规划法》吸纳了《厄斯瓦特报告》的意见——国家一次性买断所有未开发土地（农村土地）的发展权，设立3亿英镑的补偿基金对土地所有者进行一次性统一补偿。[②]

其次，城市化、工业化进程中的土地利用带来一系列公共问题，凸显国家/政府规制权的重要性。国家权力介入土地使用不仅是工党上台的结果，更一般性的根源是英国的城市化进程普遍面临土地利用秩序问题。规制权或者是规划权成为新型的政府权力（土地用途管制也是一种），也被称为警察权（程雪阳，2018），其是城市化和工业化等现代化发展进程的产物。一般发达国家的行政管制是沿着自由市场到政府管制、界分国家与社会二元关系的路径发展而来的，在时序上，遵循着土地市场逐渐发达，国家管制权渐次强化的动态轨迹（郭洁，2013）。而正是在面临人口增长和城市化进程的紧张压力中，英国率先探索出了政府通过

[①] 我们还可以看到，价值转移和价值漂浮理论与马克思主义地租理论存在一致性，都强调政府规划、公共投资是导致土地增值的原因，并主张国家应该通过行政机制对土地增值进行符合社会公共利益的分配，由此与国有/公有制度具有亲和性。不同之处在于，价值转移和价值漂浮理论考虑到土地增值转移到国家和公众时的实践困难，由此是对地租理论如何实践的某种妥协（地租理论的具体发展可参见郑雄飞，2017；周诚，2006）。

[②] 之所以设立土地补偿总基金，而不允许所有者单个、分散地主张补偿，为的是绕开价值漂浮机制。之所以不让所有者在开发申请受阻时声索补偿，目的是避免价值转移问题。由此，土地发展权被一次性、整体性买断，规划限制从此不存在补偿潜在增值损失的问题（彭錞，2016b）。

规制权介入土地开发的制度模式。研究指出，在19世纪、20世纪之交，私人主导的土地利用秩序难以通过民法和市场规则来形塑，造成英国各地"城市中大量生产性建筑（各类工厂）和非生产性建筑（住宅、商店、娱乐、行政设施）混杂在一起，公共环境恶化、卫生条件恶劣，同时公用市政设施（给排水）和开放空间等公共物品也严重供给不足"等一系列问题（汪越、谭纵波，2019）。公共卫生、住房建设问题诱生现代意义上的规划权。英国政府于1909年颁布了世界上第一部城市规划法——《住房与城市规划诸法》。该法案管理的是已开发的或有可能开发的土地。1932年颁布的《城乡规划法》提出土地用途管制的思路——任何类型的土地，不论是已开发的还是未开发的，均在其管理范围内，土地用途分区（zoning）是主要管理手段（惠彦、陈雯，2008）。由于只有纳入规划的土地，才可能为其用途奠定基础，如此，1909年、1932年两部规划法律的提出，为工党政府在1947年提出土地发展权国有化奠定了基础。

最后，政府推动城市化需要公共资金，尤其在战后城市重建更是如此，私人主导的土地开发秩序显然难以解决公共资金的募集问题，战后的观念基础和现实环境也为国家推动土地发展权的国有化提供了契机。如著名城市规划学者卡林沃思和纳丁（2011：23）所言，"战后社会重建强化了国家主义的观念共识基础：轰炸所造成的破坏将重建英国从某种幻想的、模糊的社会希望转变为实际的、具有明确必要性的事情"。但战后英国政府不但缺乏资金，而且土地的控制权一直分散在私人手中，在保护私有产权的法律制度已经高度成熟稳定的当时，政府控制开发的目标很难实现。单单在1942年，73%的英国土地和36%的威尔士土地被纳入过渡性开发控制，但实际上只有5%的英格兰土地和1%的威尔士土地进行了实施性的计划，而几个重要的城镇和一些大型乡村，甚至连规划方案的初始阶段都没有进行（卡林沃思、纳丁，2011：24）。经历战争或大规模制度转轨的国家常常借助土地制度的改革来提供复苏经济和发展社会的动力。不难看到，在这方面，英国政府可以说探索了以土地发展权国有化推动经济改革的先行经验。

（二）制度的动态调整

从严格意义上讲，工党政府推动的土地发展权国有化并不顺利，战后英国土地市场一度萎靡不振，"迫切需要使用土地的人，除照黑市低价进行交易外，还须向土地出售人缴付土地发展费，无形中抬高市价，使得土地市场发生闭销作用"（柴强，1993：107）。特别是100%的土地开发费极大抑制了私人的土地开发行为，且因为民众讨价还价，3亿英镑的补偿基金远远不够，[①] 导致政府财政压力巨大。1953年，新上台的保守党政府一度试图彻底废除土地开发费，让买卖双方可以按照反映土地开发潜力的价格交易（彭錞，2016b）。可见，国家权力介入与市场发展始终是一组矛盾，这构成从战后初期到20世纪后期英国土地发展权制度发展的主旋律，其后数十年，历届政府通过调整土地开发费收取份额、寻找替代增值收益的方案以及赋权社区等不同路径去协调政府干预与市场发展的矛盾。需要指出的是，英国1947年《城乡规划法》所奠定的土地发展权国有模式，并非侧重所有权意义上的国有，而更强调管理者意义上的国有，是通过一般性地禁止私人开发来确定国有化的基础，其重点在于：在尊重私有产权和维持市场活力的基础上，国家与社会分享土地增值收益，并让收益复归社区（惠彦、陈雯，2008；彭錞，2016b）。这是英国政府在处理城市化发展议题上的初步探索，且历史表明，完全垄断增值收益的国有化模式并不符合潮流，土地开发还可以有许多灵活性的处理方式。

首先是土地开发费制度的几起几落（见图2-1）。是否收取土地开发费以及如何收取、收取多少和比例大小是协调开发秩序和市场激励的关键。向民众和用地方收取太多土地开发费，乃至如1947年《城乡规划法》规定的那样，达到100%会压抑私人开发土地市场的积极性，甚至引发投机行为，因为"土地所有者无论是否能够获得发展许可，都倾向于保留土地而不是出售土地，等待土地升值"（惠彦、陈雯，2008）。不收或者少收，也可能弱化政府控制土地开发秩序的能力。不同时期的英

[①] 在工党政府推动国有化方案的5年间，政府仅收取土地开发费8600万英镑，其中4900万英镑转入补偿基金，远不足以支付补偿（惠彦、陈雯，2008）。

国政府因应不同时期的现实环境来调整政策。例如，在50年代末至60年代初英国房地产市场盛极一时，但同时房价低价高企，土地投机猖獗，1967年再次执政的工党政府上台，其吸取了20年的教训，放弃了收取100%土地开发费的方式，而主张收40%的土地增值税（田莉，2004）。[①]由此，在两端之间摇摆，构成1947年后土地开发费制度近40年变迁历史的基本线索，直到1985年保守党政府提出《财政法案》才彻底废除了土地开发费制度（汪越、谭纵波，2019）。

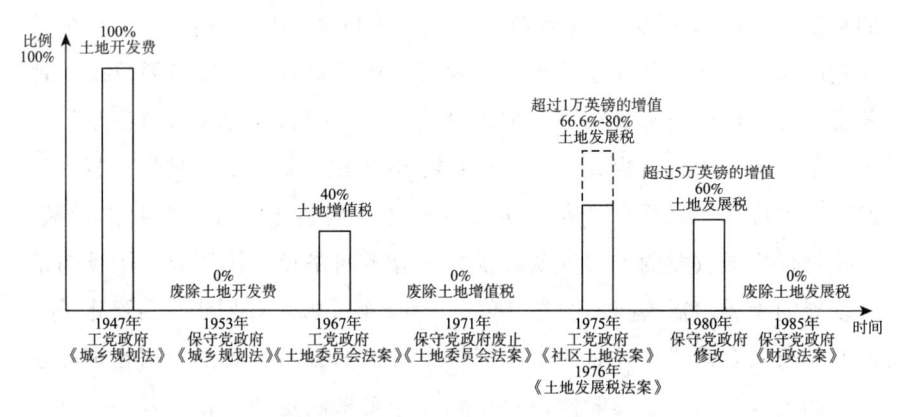

图2-1　战后英国土地开发费制度发展概述

资料来源：转引自汪越、谭纵波（2019）。

其次是收取增值收益的替代方式的探索。英国经验表明，直接向土地开发者收取土地开发费，尽管可以实现增值收益的权力垄断，但制度成本高，且压抑了市场活力，并非国有化的有效方案。战后迄今为止的实践中，英国政府在不同时期颁布了多种多样的法规政策，探索出分配增值收益的替代方案。其中，强化地方规划的主导权，放宽地方政府与企业使用土地的灵活性是重要举措。如卡林沃思、纳丁（2011：1~2）

[①] 1965年，英国议会通过年度财政法案，允许政府开征资本利得税，包括对公民出售或者出租土地的增值收入进行征税。1967年，因对资本利得税不满意，英国议会又代之以土地增值税并建立了专门的委员会负责征收。土地增值税和1947年《城乡规划法》制定的土地开发费制度具有以下不同：（1）征收时点不同，税收在开发价值实现（转让）时征收，而不是在获得开发批准时征收；（2）征收主体不同，由土地权利的转让人缴纳，而不是由受让人缴纳；（3）征收份额比例不同，对土地所有者的激励和负担的影响存在差异。议会要求征收的土地增值税率是40%，而不是土地开发费要求达到的100%，前者让利于民的思路更为显著（李凤章，2018）。

所言，英国规划体系的一个显著特点是其具有非常宽泛的自由裁量权……这使规划能够适应不同的需求以及应对不断变化的问题……有时转变的方向更多地倾向于市场力量；而有时知识局限在一定范围内，公众和政治力量对开发和保护的态度变化会左右规划政策。在强调战略引导的结构规划（structure plan）基础上，1968年颁布的《城乡规划法》提出控制实施的地方规划（local plan）就是一种灵活性的反映。1980年《城乡规划法》进行了修订，设置城市开发区和企业区。1986年该法的修订版提出简化规划区、简化规划审批和控制方式。上述制度设计的主旨是取消中央政府对地方法定规划的审批，强化地方政府开发规划的自主性。另外，为了增加开发控制应对市场的灵活性，英国政府还引入规划义务（planning obligation）制度，允许土地所有者或者开发商和地方政府进行协商，通过现金或者实物（基础设施）的形式承担规划义务从而获得开发许可。以上一系列赋予地方政府自主权的设计，实际上是以灵活、可协调的规划义务制度取代了固定的、全国性的土地开发费，不但降低了政府的执行和管理成本，而且可以规划体系让土地发展权实践与市场环境相适应（汪越、谭纵波，2019）。在此基础上，政府最终实现不收取土地开发费以激励市场主体的目标，并在允许市场主体开发后以其他税种来协调收益分配。1985年，保守党政府出台法令废除土地发展税，此后，政府通过其他分散税种（土地交易税、资本利得税、遗产税以及市政税和营业税等）来实现土地增值的社会返还（程雪阳，2014）。

最后是对民众财产权的尊重和社区发展权的拓展。如前所述，英国最早的规划法律始于1909年，直至1947年才正式提出土地发展权国有化，其间已经获得私有产权的民众被国有化所"剥离"的增值收益权利如何补偿，成为重要问题。1953年，保守党政府废除土地开发费后，英国一度面临与中国推动市场经济建设时期类似的征地双轨制问题。废除土地开发费本是让买卖双方按照反映土地开发潜力的价格进行交易，但1947年《城乡规划法》的出台导致同一块地面临两种不同的价值兑现方式——补偿标准是现用途价值，市场交易则强调潜在用途价值。同地不同价很容易遭遇社会不满。因此，1959年《城乡规划法》修改征收补偿标准，恢复了1919年《住房与城市规划法》确定的市场价值标准，并沿用至今（彭錞，2016b）。这种做法与中国在党的十八届三中全会后取消征地补偿按照原产值若干倍的限制、以符合市场价值特点的区域综合地价进行补偿的方式具有相似性（见第六章）。这个比较的启示意义在于：它告诉我们，在面临政府管制和社会公平的压力下，市场化的土地补偿制度是普遍采取的折中策略。

给社区赋权大体是在21世纪前后，2004年、2011年和2016年英国政府相继颁布法律，调整1990年《城乡规划法》确立的规划框架，试图引入社会力量、市场力量进行多方参与，核心特征是将土地开发的管控权力交由地方和社区，采取如下举措：（1）正式设立社区规划（neighborhood plan）制度，并简化国家规划政策，取消法定的区域规划战略（regional spatial strategy），从而将涉及土地发展权具体配置的规划权力①充分赋予邻里社区，构建由社区内部团体决策的规划模式；（2）在土地开发权的利益兑现方面，改革规划义务制度，以社区基础设施税（community infrastructure levy）的形式实现土地开发利益的社区分享。同时，社区基础设施税由社区自行征收并完全用于社区或一定区域内的基础设施建设，如学校医院建设等公共服务资源、公共空间、社区设施、交通设施等，与原有全国统一的土地开发（增值）费相比，能够更加直接有效地与土地开发所在社区共享开发权的利益（汪越、谭纵波，2019）。从1947年《城乡规划法》强调国有化的原初制度框架，到21世纪后复归社区的发展权制度，可以看到，原初的绝对国有化和国家垄断增值收益的制度框架，最后发展为适应基层市场发展和民众权益的共享方式。这条线索虽然具有国情和现实环境的差异，但其实践的基本逻辑仍可作为对中国经验的启示。

三 私有产权主导的分配制度：土地发展权转移的美国经验的启示

与英国类似，美国的城市化进程在二战后也处于快速推进的高峰期。一般认为，土地增值收益分配的奠基性制度源自20世纪60年代末美国政府仿效英国的做法——设置了土地发展权。关键事件即1968年和1974

---

① 规划权力涉及土地用途安排和管制任务、地方基础设施项目布局等，对于土地发展权具有更深层的影响，也是一般政府影响不同社会主体的发展权配置的重要政策工具（林坚、许超诣，2014；陈颀，2021）。

年美国分别建立起来的土地发展权转移制度和土地发展权征购制度，核心是前者（刘国臻，2007）。与英国不同，美国土地发展权转移制度更强调私有产权主导的模式，民众的土地发展权是从土地所有权中分离出来的，权利仍归属土地所有者。在此基础上，决定土地流转的核心不是国家/政府主导的土地发展权征购制度，而是土地发展权转移制度——通过创造性地设计在区域内不同所有人之间转移发展权的方法（Transferable Development Rights，TDR），让土地得以更高效率地在市场上实现交易（田莉等，2022）。土地发展权转移制度不但延续到当下，成为美国土地制度的核心，而且被其他国家效仿，用于解决森林保护、资源利用和农地开发的协调问题，同时也被处于改革开放后的中国地方政府实践——如重庆、成都的地票制度，由此构成推动土地市场发展和收益分配制度发展的另一种范本（汪晖等，2011）。

（一）土地发展权转移制度的起源和确立

美国土地发展权转移制度的起源可以追溯至20世纪初期土地分区管制制度的形成。

美国的分区管制制度是在城市化发展进程中出现土地所有权者的利益冲突背景下形成的。1916年，纽约市出台了美国第一部《区划条例》，将城市土地分为住宅区、商业区和不受限制地区三类用途分区，规定了不同分区内建筑物的高度、体积和用途。这一借助分区对城市土地利用进行规制的方式很快被其他州市借鉴，到了1930年，已经有35个州依据这一模式进行分区授权立法（赵力，2019：39、41）。然而，美国是实行土地私有制的国家，宪法第五修正案指出——不经过法律程序，没有人能够剥夺生命、自由或者财产；没有公平合理的补偿，私有财产不受侵犯，而由于对待财产的态度的差异，许多国家甚至"没有与此等同的宪法"（卡林沃思、凯夫斯，2016：27）。由此，当时新兴的分区管制制度备受质疑，引发了合宪性争议。焦点事件是1926年的欧几里得诉安伯勒不动产公司案（简称"欧几里得案"）中，美国联邦最高法院肯定了分区管制制度，认为政府可以通过警察权对土地用途、建筑密度进行分区管制而无须进行补偿。但是，这一判例并不能解决不同地区土地利用中的矛盾。由于分区管制因缺乏足够的激励机制，并且让土地所有者无法获得恰当的补偿而背负管制的约束，因此普遍遭遇社会不满和土地所有者的抵制。后来，土地分区和用途管制从原有的城市开发领域扩展到农地资源利用、环境保护、历史建筑和文物保护等领域（喻海龙，2020；卡林沃思、凯夫斯，2016：393~414），政府管制和私有产权的矛盾势必需要制度创新。特别是随着各地城市化边界向农村的大规模扩张，传统的分区管制制度已经很难解决农村土地资源的保护问题。[①] 在此背景下，从20世纪60年代开始，美国在借鉴英国土地发展权经验的基础上发展了适合本土国情的土地发展权制度，核心即"可转移的土地发展权"。

一般认为，1968年美国纽约市的《界标保护法》第一次规定了土地发展权转移的实施细则。该法规定，禁止改变或拆毁具有历史意义的界标，但允许界标土地所有者将界标所在土地的发展权转让给其他人。新泽西州颁布了专门的《土地发展权转移法令》。到2003年12月，美国有160个区域建立了土地发展权转移制度。截至2013年，有25个州在立法中明确规定了土地发展权转移制度（姜楠，2020；刘国臻，2007）。需要指出的是，土地发展权转移制度并非单一的制度形式。实际上，在市场和私有产权主导的实践下，美国各州基于不同分区方式，发展出了多种多样的土地利用管理形式，如环境绩效规划、奖励式规划、规划单元整体开发、组团式规划、形态准则的基本分区原则等（赵力，2019：45）。而开发权转让是其中最为重要的制度实践，甚至被视为美国土地发展权转移制度的核心（陈柏峰，2012；程雪阳，2014）。

（二）土地发展权转移制度的运作机制和演变

从一般性实践机理来看，土地发展权转移制度建基于政府主导的发展权市场，市场主体包括"限制发展地区"的土地所有者和"可发展地区"的土地所有者。[②] 其中，"限制发展地区"又称为发展权"移出区"

[①] 例如，在采取土地分区管制较早也较为严格的新泽西州，每年均有1万亩农地减少，而且"农地的流失不仅仅体现在面积方面，而且体现在农用地越来越多被分割成小块土地和优质耕地的大量减少"（王大鹏、杨佳妮，2019）。

[②] 土地所有者的确权前提是"业主拥有权利束，包括土地使用权、租赁权、销售权、遗赠权、抵押权以及依法在土地上建房和开矿的权利，这些权利的一部分或全部可以转让或出卖给他人"（李晓妹、袭燕燕，2003）。

(sending area)，"可发展地区"又称为发展权"接受区"(receiving area)。发展权"移出区"和发展权"接受区"都由政府根据土地利用规划指定，核心内容是用途、容积率与密度，尤以容积率为主，以便于量化、测算价格和比较。土地发展权转移制度的推进首先要确定规划分区与限制，确定发展权"移出区"和"接受区"；发展权市场建立之后，"接受区"的土地所有者若想对土地进行更进一步的开发，需要向"移出区"的土地所有者以市场价格的方式购买足额的土地发展权，相关机构会对"移出区"土地进行评估，并按照容积率转换标准进行土地发展权的数量计算。"移出区"的土地所有者售出土地发展权之后，便须永久性地保持土地的现状，不得对土地进行更进一步的开发。通过土地发展权的买卖，"移出区"的土地所有者通过市场，获得了利益补偿，消除了"移出区"和"接受区"因为土地用途管制而产生的利益不平衡，由此可以实现区域内土地资源保护、市场开发和土地所有权补偿公平合理等多重目标（高洁、廖长林，2011；刘国臻，2007；田莉等，2022；刘明明，2008b）。

在具体实践中，土地发展权转移制度建立在地方（州）自主实施规制的前提下，兼容了以土地私有产权为主导的自由市场原则。一方面，美国的土地规划制度是在以联邦制为中心的地方自治和司法独立的体制背景下实施的，各州可通过法律[1]授权获得制定土地利用和分区规划的权力（赵力，2019：37~44）。在此背景下，土地发展权转移项目一般由各州自主推动，以遵循地方的政策法令为前提，"移出区"和"接受区"的确定需要符合分区规划以及城市发展规划，并受到市政当局的监管。一般来说，土地发展权转移的应用范围越大，特别是郡县辖区内发展的大型项目，其政策目标的设定就越单一；而一般在市域范围内交易的小型项目，则具有兼容多个公共性目标的灵活性（韩曼曼，2022）。另一

---

[1] 司法独立制度对于美国各州政府的权力实践影响很大。例如，最早的分区管制制度在各地推行时，因涉及保护私有财产的宪法原则问题，各州政府通过授权立法的方式赋予或者追认地方政府制定分区条例，并根据条例实施地管理行为的合法性（赵力，2019：40）。此后，无论是分区管制还是发展权转移的案例，每当涉及侵犯私有产权而引发争议的法律或项目实践时，常常通过州乃至最高法院审判，某一判例会影响其他类似事件的实践合法性。由此，公共争议事件的判例或者州的成文法是土地发展权转移制度确立的关键（姜楠，2020）。

方面，从制度属性来看，有别于英国强调国家/政府管制前提的制度设计，美国土地发展权转移制度是一种激励型政策工具塑造的结果，更多强调私有产权的自主性和土地市场运作的效率，且在管制方式方面具有弹性，实施者具有更大的自由度（郭洁，2013）。在市场原则优先影响下，[①] 各地土地市场繁荣发育，一些地区还嵌入了金融机制——通过创建"开发权银行"，方便土地所有者将可转移的土地开发权卖给银行以换取现金，从而解决投机估价和交易时间难题（喻海龙，2020）。

正如法学界总结的那样，美国土地发展权转移实践是在承认公民土地发展权的基础上，充分发挥市场的决定性作用，并辅以规划管制等方式来实现多重目标（程雪阳，2014）。有学者即认为："在美国，从来没有任何一个地方采用过'土地发展权国有化'这一策略，分区规划仅仅是一项限制私人土地发展权的管制性措施。"（Ziegler，1996）

截至目前，美国的土地发展权转移制度已经历三次升级换代，治理重点也逐渐从城市增长管理转移到生态系统保护。第一代可以追溯到20世纪六七十年代，这一时期具有政策实验性质，主要侧重于该制度设计的有效性；第二代从20世纪80年代开始，侧重于利益相关者角色的重要性，并将他们纳入制度的设计和实施中；第三代则是自21世纪以来，主要强调计划参与者和经济激励措施的作用（Kaplowitz et al.，2008，转引自韩曼曼，2022）。

此外，在20世纪90年代前后，与英国同时期相似的是，美国也出现以社区赋权为主导的发展权实践运动——通过立法行动来赋予社区参

---

① 在美国学界，土地发展权作为所有权派生出的"权利束"一部分的理念是根深蒂固的。以"管制准征收理论"为例，Fishe 认为，土地分区管制制度是为了实现某些公共利益而从土地所有者处剥夺了部分财产权。以农业区为例，分区管制制度禁止该等土地转变成住宅用地，即取走了该部分的财产权。Thorson 认为，社区在指定分区管制的时候必须保持土地权利人对土地的某些使用，由于土地利用分区对土地权利人来说不是最有利的土地使用，对土地权利人应予以补偿（转引自郭洁，2013）。政界和一些法院执行范例的司法解释也遵循上述原则。例如，马里兰州特别上诉法院曾在一份判决书中指出："土地发展权转移这一概念是极为简单和明了的，土地所有权是一个权利束，其包括通过建设改善土地利用的权利。"纽约州政府也曾指出，之所以要设立土地发展权转移制度，主要是因为这项制度"作为一种土地管制技术，可以在确保实现市政当局规划目标的同时，以免给土地所有者带来财政上的（过分的）负担，或者对必需的发展带来不适当限制"（转引自程雪阳，2014）。

与规划制定的权利。该制度来源于1992年克林顿总统提出的"赋权社区"概念，原指企业区的发展应当与社区发展相融合。后来在各地进行住宅用地的开发中，"赋权社区"概念被扩展为：居民有权通过政社合作模式，来参与社区土地利用规划等公共政策的制定。也就是说，通过社区的公共参与来改善社区生活品质与环境，构建企业、政府与居民和谐互动的关系。近年来，强调社区参与的规划运动越来越多地实践于提高下层群体居住质量、保护历史文物等社区公益项目中（郭洁，2013；卡林沃思、凯夫斯，2016）。这也表明，只要在合适的配套制度引导下，以民有产权为中心的土地发展权转移制度就可以直接反哺社会公众。

四 公私统筹制度的理论与实践经验

实现土地增值收益分配制度的兼容性是不同国家和地区推动土地发展权制度建设的核心目标。从理想类型来看，除国有化（英国）和私有化（美国）之外的其他境外实践经验可被统一称为"公私统筹制度"。这些经验模式的一大特点是模糊和淡化土地发展权的归属问题，没有类似于英国1947年《城乡规划法》提出的国有化方案，也较少如美国那样，以保护私有产权的宪法规定为基础来对争议案例进行合宪性审查和法律判定。除此之外，各国或地区的实践模式存在更多的共性。从历史趋势来看，淡化或者模糊产权归属方式、通过规划和财税等政策工具进行灵活调节、赋予社区自主权是各国制度实践和调整的基本线索。如前所述，即使强调土地发展权国有的英国模式和强调土地发展权私有的美国模式也呈现类似的发展特征。本节简要介绍法国和中国台湾地区的实践模式。这些经验模式一方面被政界和学界广为引介，另一方面还在改革开放后被我国的一些地方政府作为制度创新的模板使用，由此本书将其作为"公私统筹制度"的范例。

（一）法国的"法定上限密度"限制模式

从二战后至今，法国政府没有直接颁布确定土地发展权归属的法律或政策，而是通过规划制度来强化国家或政府的干预能力，核心领域是对城市房地产进行宏观调控，防止地价过高和囤积土地或违规建设等投机行为。"法定上限密度"限制模式源自1975年颁布的《改革土地政策的法律》。该法提出的"法定上限密度"以及配套的土地干预区制度构成基本框架。所谓法定上限密度，即土地所有者的建筑权有开发的上限，通常采用建筑面积和占地面积之比（容积率）作为上限的测量指标，超过此上限的建筑权和开发权属于地方政府①所有，不超过的部分及相应收益则归属于土地所有者（柴强，1993：108）。我们可以将此制度的设计原理归纳为：国家/政府与民众在空间层面共享土地开发收益。共享的空间边界即容积率，② 建设开发者还可向政府支付一笔费用来购买超过限度标准的部分建筑权或开发权（高洁、廖长林，2011），由此具有灵活性。在一定程度上，围绕着密度上限开发权所保留的灵活空间，也可规避国家直接介入乃至剥夺民众土地产权等方式的冲突和风险。

与"法定上限密度"制度相配套的是土地干预区的制度设计，该制度承认土地所有者拥有开发土地的权利，但国家对需要保护且容易遭受破坏的区域（如有耕地资源、水源、古迹文物设施或其他需要进行环境保护的区域）享有土地的优先购买权，以减少自由开发对公共利益和秩序维护造成的冲击（高洁、廖长林，2011）。这相当于前面介绍的美国实施的土地发展权征购制度（只不过法国没有关于特定的产权归属法律制度），而土地干预区则类似于美国的发展权"移出区"，不同在于，美国由购买发展权的市场主体来进行产权补偿，而法国则是国家或地方政府行使特定区域的发展购买权，来对产权损失者进行补偿。为了保持城乡发展的均衡、稳定土地市场和房地产市场的秩序以及实现公平目标，法国还通过出台或修订行政法、地价法、建筑法、市场法等多种形式，来协调处理农用地转为城市用地过程中出现的各种问题，由此让"法定

---

① 1982年颁布《地方分权法》以来，法国从传统的中央集权单一制国家逐渐过渡成为地方分权单一制国家：地方政府对其权限范围内的事务具有自主权，但同时接受中央政府的"合法性监督"。在此背景下，法国在土地开发、城市建设等重大事项上，也是通过地方政府主导的（杨辰等，2022）。

② 容积率作为重要的限制性指标，是浮动且不同地区因地制宜实施的。例如，在"法定上限密度"刚刚推行时，巴黎市的规定指标是1：1.5，其他地区是1：1，后来随着实际情况调整，如1982年法国将密度限制的标准提高，巴黎市的规定指标是1：1.5至1：3，其他地区是1：1至1：2，在此范围内，各地还可以自由决定辖区内城镇的容积率，但到了1986年后，各地的标准又放宽了（柴强，1993：108）。

上限密度"限制模式发挥更大的作用（吕翾，2013：49~50）。

综上，"法定上限密度"不仅是一项划定容积率的规划制度，还是具有灵活弹性的总体性制度，通过开发密度设置、土地干预区制度配套、政府优先征购权配套以及其他行政工具和政策配套，来适应"公"和"私"：国家、土地所有者及市场主体在市场开发效率、产权保护和市场秩序维护等多方面的诉求，由此具有综合性的制度杠杆效用。近年来，随着土地发展权的"立体"空间意涵越来越凸显，"法定上限密度"限制模式的容积率调整和权益分配机制，越来越多地被用于调节立体空间范畴下的复杂权益体系（孙弘，2004；林坚、许超诣，2014）。

（二）中国台湾地区的"区段征收"

1949年后，我国台湾地区在国民党从大陆撤退后启动了一系列土地制度改革。在农地改革方面，主要实施以"平均地权"为核心的一系列改革——包括"三七五"减租、公地放领、实现"耕者有其田"等步骤；市地改革即农地转非农用方面，采取"涨价归公"方式，力求实现财富分配的社会公平（华生，2013：198）。两条线索大体是并进的，且伴随着二战后工业化、城市化进程的快速发展，后者的影响力越发凸显。

其中，台湾地区的土地征收制度是协调土地增值收益分配制度的核心。最为关键的"区段征收"，原理即台湾当局对特定区域内的土地进行重新整理后再进行征收，并在土地升值的情况下返还部分土地的开发权给土地所有者。这一制度最早可追溯至孙中山于1921年提出的《实业计划》。[①] 1949年后，以其为核心的土地制度开始侧重于台湾当局的主导权力。1954年，台湾当局颁布实施"都市平均地权条例"，引入"区段征收"的制度机制，规定"根据都市建设发展需要而实施区段征收，并将土地转让给需用地人建设，而优先承受权限缩为土地所有权人，且每户承购土地面积上限为3公亩"。1968年，台湾当局修正"都市平均地权条例"。其中，第四十八条规定，区段征收后的土地可分宗公开标售。

---

① 在《实业计划》中，孙中山主张由政府照所定地价收买一定区域全部土地，"私人独占土地与土地之投机赌博，可以预防。如是则不劳而获之利，即自然之土地增价，利可尽归之公家"。这也被视作孙中山实践土地"涨价归公"制度理念的核心文本。

该条例于 1977 年更名为"平均地权条例",并增订第五十四条:原土地所有权人享有以原有土地之价值比例的优先买回权,但优先买回的土地面积有上限标准,即 3 公亩(刘玉姿,2020)。直到 1980 年前,"区段征收"被用于强化台湾当局控制土地并防止土地开发被私人或资本垄断。在某种意义上,我们也可以说,这一时期"区段征收"制度也许践行的是台湾当局承袭的"涨价归公"理念(郭亮,2021;刘玉姿,2020)。

然而,台湾地区早期实施的"区段征收"制度存在不平等问题,征地补偿偏低、民众可以优先买回的土地面积过小、民众权益受到侵犯等问题,频频诱发社会抗争运动和公共争议事件(徐世荣,2016)。台湾当局在巨大的社会压力下,很难落实相关制度。1980 年,台湾"内政部"[①] 发布实施《区段征收改进要点》,提出抵价地替代补偿方式(以土地抵付补偿地价)的新方案,并放宽原土地所有权人领回土地面积的限制,土地所有权人可以在现金补偿与抵价地之间选择,而抵价地比例可达征收总面积的 40%~50%。至此,"区段征收"制度进入所谓"抵价地时期"。"以地抵价"——以留用地作为开发安置方式成为至今"区段征收"制度的核心要旨(刘玉姿,2020)。

我们主要讨论 20 世纪 80 年代以来台湾地区的"区段征收"制度,因为它更好地呈现了公私统筹的方式。如有学者所言台湾地区"时至今日,涨价归公理念已退居其次,原土地所有权人可通过抵价地分享土地增值,形如土地所有权人提供土地,政府提供资金和技术,两者合作并共享开发利益……公私合伙式或公办民营区段征收不断涌现"(刘玉姿,2020;杨松龄,2013);或如黄卓等(2014)指出的那样:"在台湾市地重划与区段征收中,台湾当局主要充当中介服务的角色,旨在公平协调各方利益的分配,而非从中谋取私利,获得超额的增值利润"。在此意义上,台湾地区的制度转变也反映了市场发展、民众权益保护等议题压力下的公权力转型的基本逻辑。

从具体操作来看,"区段征收"由台湾当局将一定范围内的私人土

[①] 台湾地区的土地征收主管机构是"内政部",无论是一般征收还是"区段征收",都必须经过"内政部""土地征收审议小组"的审议,才能做出土地征收的行政决议(徐世荣,2016:124)。

地全部一次性征收,再根据都市计划(城市规划)重新规划整理和分类利用。其中,公共设施用地由台湾当局直接使用,其余可建筑土地,部分由原土地所有者按一定比例申请领回作为补偿或优先买回,部分由台湾当局售予国民住宅或其他需地机关使用,其余土地则公开标售或出租。代替现金补偿返还给原土地所有者的土地被称为"抵价地"。1980年后,相关规定以抵价地作为补偿标准,其面积不得少于征收总面积的40%,且土地所有者可自由选择现金补偿或抵价地补偿(黄卓等,2014)。

"区段征收"的配套制度是"市地重划",其是台湾当局实施征收并能够预留土地来返还给民众的前提。"市地重划"指的是,"依照都市计划规划内容,将都市地区一定范围内之土地,全部重新规划整理,兴办各项公共设施,并于扣除法律规定之公共设施用地及应抵缴之工程费用、重划事业费用、贷款利息等所需抵费地之后,按原有土地相关位次,经交换分合为形状整齐之土地,重新分配予原土地所有权人。经重划后之各宗土地均可直接临路,且立即可供建筑使用"(黄卓等,2014)。"市地重划"的机理类似于大陆的城市更新和大型土地整治项目,需要经历土地用途性质改变、规划改变、公共项目和经营项目的设计、将部分土地返还给原来的土地所有者、确立返还标准等一系列复杂过程。不同之处在于:大陆的地方政府所返还的土地主要归集体所有,或者集体所有土地和国有土地混合在一起,由村集体进行经营,村民以股权来分享集体资产收益(管兵,2019);台湾地区则以私有产权为基础来进行土地返还。

如上可见,"区段征收"在一定程度上增加了土地所有者的利益,将台湾当局角色从原来的直接介入转为资金、政策的引介者,台湾当局通过市地重划——土地性质的改变来扩大土地增值空间,土地所有者通过获得较大份额的、经历重划增值后的土地的开发权来扩展权益,外来资本主导片区的土地开发并承担公共设施建设的责任。这构成台湾地区在人地关系紧张的背景下对原有制度的协调和创新,也可被视作公私统筹下利益均衡经验的实践典型。有研究指出,台湾市地重划的经验表明,重划后地区的平均地价较重划前上涨幅度为2~4倍,按照土地所有者可保留55%的比例计算,其土地财产的价值在重划后不仅没有减少,反而有一定幅度的增加,而台湾当局通过对重划地区的整理建设,在提高地区土地价值的同时也获得了更丰厚的税收(黄卓等,2014)。另外,也有台湾学者批评，"区段征收"仍然存在社会不平等问题，它之所以在20世纪80年代后逐渐增多，主要是因为地方政府没有经费。尽管表面上地方政府没有征收土地的权力（征收权在"内政部"），但可运用"市地重划"的权力，间接推动土地征收。由此，"区段征收"和"市地重划"侧重的台湾当局主导转向土地开发私人主导、台湾当局征收房地合一税是近年来台湾学界的重要主张（徐世荣，2016：125～130）。

值得注意的是，大陆有不少地方也探索了类似于台湾地区"区段征收"的"留用地"制度，普遍见于北京、上海、广东深圳和佛山、浙江台州等沿海和经济发达地区，留用的比例大体从5%到20%不等（张占录，2009）。在此基础上，有学者主张将"留用地"制度推广到城中村改造、城市更新项目以及2019年修正的《土地管理法》所提及的"连片征收"制度当中（陶然、王瑞民，2014；刘玉姿，2020）。

五 小结

不同国家和地区的土地增值收益分配制度实践有很多，但本书的意图并非要追求全面性，而是关注境外经验的一般性逻辑。学界有着借助"他山之石"来观照中国土地制度改革的惯例，但研究常常存在泛意识形态化的特点，由此，本节对土地增值收益分配制度的一般性逻辑的归纳，可为反思不同境外模式在中国改革中的适用性提供启示。

首先，土地增值收益分配制度是一套整体性的复杂制度，涉及产权归属、土地规划、建设规划、与开发收益相关的财税和政策规费制度等。其中，产权归属于谁，是归属于国家（或是地区政府）还是归属于私人，并不是最为核心的议题。因为土地增值收益分配制度并不存在以产权为中心的、一成不变的制度模式。一些凸显产权归属性质的制度实践案例只是少数例外。例如，英国1947年的《城乡规划法》第12条提出"土地发展权国有化"，规定"只有经政府颁发许可后，私人所有者才可开发"。又如，美国以宪法第五修正案——"不经过法律程序，没有人能够剥夺生命、自由或者财产"的私有产权声张来对地方案例进行合宪性审查的惯例。一般来看，大部分国家和地区的相关规定和政策惯例并不会清晰规定产权归属——如前文所提的法国、改革开放后的中国实践经验（程雪阳，2014；陈颀，2021），且会根据现实状况，通过改革土地规划制度、建设规划制度、与开发收益相关的财税和其他政策规费制度来调整收益分配格局。一方面，这是因为土地增值收益分配制度的转型处于不同国家和地区面临工业化/城市化快速发展、利益关系高度复杂的时期，悬置产权归属问题可能是不同国家和地区有意无意或者不得已而为之的选择；另一方面，随着各个国家和地区相关制度、政策规定的完善以及社会文化理念的发展，保障民众的利益和维持土地利用秩序、土地资源保护等公共目标可以兼容，各个国家和地区可以借助土地规划权力、增值税和规费的征收等一系列政策工具来解决公私利益兼容的矛盾。

其次，土地增值收益分配制度具有动态实践和不平衡性特征，一般在"公"和"私"的两端中摇摆不定。有学者指出，在不同国家和地区或同一国家和地区的不同历史阶段，土地增值收益的分配模式不尽相同，不存在明确的、统一的"涨价归公"理念下的制度形态（郭亮，2021）。典型如英国土地开发费制度的起起落落（1947~1985年），而随着1985年该费用的彻底被取消，也意味着土地发展权国有化实践退出了历史舞台。另外，那些将自由市场和私有产权保护作为基本制度的国家，在二战后工业化-城市化快速发展的背景下，也通过强化土地规制权力来协调私权与公权的矛盾。典型如美国的地方规划权力是在保护私有产权作为共识理念的背景下发展起来的（赵力，2019；卡林沃思、凯夫斯，2016）。又如，法国政府在二战后发展的"法定上限密度"制度，通过对容积率上限的控制来调控城市房价和维持土地开发秩序（柴强，1993：108），且保持着上限密度购买权的灵活性。

最后，学界对境外经验的引介和研究，还潜在地反映出学界对农地增值收益分配制度的理念偏向。意识形态和价值理念对于土地制度的选择和影响是非常重要的，因为各国现代化进程中土地问题与各国国体/政体的形成之间的关联密切（摩尔，2013；吴毅，2009）。而且，政党/政府本身的阶级属性及其左/右价值立场的圈定，均会影响特定时期的制度选择。如前文提及的那样，具有左派立场的英国工党执政后于1947年出台《城乡规划法》，并推出土地发展权的国有化模式。而中国自1978年至今推动的土地制度改革也受到意识形态的显著影响。比如，20世纪80

年代至90年代，在启动土地有偿出让制度的改革过程中，体制内和知识界就曾引发土地出让是不是符合社会主义体制的争议（王先进，2008）。至今"土地发展权归属于谁"仍是公共讨论问题。然而，学术研究一旦陷入泛意识形态争论中，就容易将土地制度改革局限在产权归属的"对与错"、何种制度更为先进的争端当中，而无助于深入理解和把握制度演化的复杂特征和可行性路径。本章关于境外经验的考察表明，悬置产权归属而关注制度实践的各方兼容性是各个国家和地区实践经验的一般化逻辑。由是观之，国内学界倾向于从"产权归属于谁"来思考制度改革的可能，倾向于将产权归属的某种理想类型作为对照现实实践的参照物，而忽略了制度实践模糊了产权归属问题的特征，以及土地制度改革需兼容不同制度机制才能获得均衡性的可能。在下面章节的考察中，本书将聚焦中国的经验背景，考察不同时期土地增值收益分配制度演变的过程来寻求答案。

第三章

计划经济时期的土地公有制和管理体制

中国土地制度的起点是1949年前后的社会主义革命，此时期不仅废除了封建地主剥削制和推进农民土地所有制的革命，而且推动了与计划经济体制适配的土地管理制度的建立。其中，土地制度基本框架的核心部分——城乡二元的地权结构、土地征收体制及其嵌入的公共利益/集体利益大于个体利益的理念等，构成了1978年改革开放后土地制度演变的基础。值得注意的是，计划经济体制下土地出让是被禁止的，且由于计划经济时期中国实施约束大中城市发展的模式，城乡开发的速度十分缓慢，[①] 由此不会产生市场经济背景下频繁出现的土地增值收益分配矛盾，但我们仍需认识到，1978年后土地增值收益分配制度变迁的动力基础是计划经济时期形成的土地制度。本章从城乡二元地权结构的形成和土地征收体制等核心线索切入，考察1949~1978年形成的土地制度对改革开放后制度变革的影响。

[①] 我国在计划经济时期大体是实行以生产为中心的城市发展模式，严格约束大中城市的发展和城市化的发展速度（周飞舟等，2018），特别是在"大跃进"运动后，我国对经济发展和城市化建设的规模、速度都进行了严格的控制。据统计，1962~1981年，城市人口增加52%，而城市建成区面积只增加30.4%，人均建成区面积由93.5平方米降为82平方米。1957~1978年，城乡居民点及工矿用地估计由832.7万公顷（12491万亩）增加到1557.2万公顷（23358万亩），占土地总面积比重由0.6%增加为1.6%，其中城市建成区面积估计由59.5万公顷（893万亩）增加为71.4万公顷（1071万亩），增长20%（《当代中国土地管理》编辑委员会，2009：93、95）。相比改革开放后的城市化发展速度，这样的增幅仍然是很小的。

一 新中国成立后土地制度的发展线索

1949年后，新政权一方面延续解放战争时期的做法在全国范围内推动土地改革运动，致力于解决封建土地制度下地主和农民的所有权矛盾，并建构以社会主义公有制为核心的土地所有制；另一方面则在全面接管各大城市和乡村时探索符合社会主义经济建设要求的土地管理制度和组织体制。这两条线索是交汇形塑的，而且在土地公有制奠定后，后一条制度线索仍在逐渐深化发展，乃至1978年后，土地增值收益分配制度仍受到计划经济体制遗留的土地管理制度的显著影响。

第一条线索是地主和农民关系矛盾推动的土地公有制建设。1949年新中国成立后，新政权面临的核心要务是没收官僚买办和地主的土地以及处理城镇房屋产权和无主土地，以摧毁半封建半殖民地的土地私有制，建立社会主义土地公有制。根据土地革命和改革任务的差别，土地公有制建设的进程可分为四个阶段，第一阶段是土地改革时期（1949~1953年），农民土地所有制在此时期初步建立；第二阶段是农业合作化时期（1953~1957年），集体土地所有制得以在此时期确立；第三阶段是人民公社化时期（1958~1962年），此阶段土地所有制由集体所有制向全民所有制过渡；第四阶段是调整阶段（1962~1966年），"三级所有、队为基础"的土地制度在此时期确立（许坚等，2002a）。

以上主要是农村地区土地制度的变化线索。城市土地的情况有所不同。在已经接管的地区，为稳定国民经济，新政权暂时允许土地（房产）私有，后经由社会主义公有制改造，各地城市政府接管撤离大陆的国外资本家或逃往台湾的资本家的土地和房产，赎买、没收大地主和资产阶级的土地和房产，逐步实现土地公有化（张媛媛等，2022；赵志，2020）。1967年，在《国家房管局、财政部、税务总局答复关于城镇土地国有化请示提纲的记录》中，明确中央进一步提出将城市私人宅基地收归国有。随后，"文化大革命"开始，城市私人土地和房屋所有权被作为"资本主义的尾巴"由政府强制收回。[①] 由此,确立了城市土地由国家所有和分配使用权的产权制度(赵志,2020)。

第二条线索是城乡分立格局下的土地管理体制。城乡分立格局与中国革命先从农村地区发轫和发展到高峰的历史背景有关。新中国成立之前,中国共产党推动的土地革命运动和制度实践,并没有区分城市和农村,但从土地革命时期到抗日战争时期的土地政策纲领,再到新民主主义革命时期的《中国土地法大纲》,中国共产党侧重于处理地主和农民之间的土地问题,而没有涉及城市土地问题。这与革命时期中国共产党尚未在各大城市获得有效统治有关(高峥,2019)。新中国成立后,1950年颁布的《土地改革法》第三十五条规定该法适用于一般农村,不适用于大城市的郊区,由此构成城乡分立的土地制度实践起点,且在后来与二元分立的户籍制度交汇,总体形塑了城乡二元结构的体制格局。在新中国成立初期,城市土地国有与私有并存,除了部分被没收和征用的资产阶级的土地和房产实行公有化,大部分城市土地和房产仍维持在私人所有的状态下,直至1956年城市土地全面推进国有化。

在同一时期,城乡分立的空间还衍生出部门分散的土地管理模式。1956年城市土地推进国有化后,原来的城市建设总局扩大为城市建设部,统一管理全国的城市规划和城市建设工作;土地利用总局在原有机构基础上成立农垦部,主管全国所有荒地和国有农场的建设工作,水利部、农业部以及林业部则分别负责水土保持、农地和林地管理。至此,中国政府围绕着不同类型的土地利用形成城乡土地分割、土地资源管理部门分立而无法统一协调的管理体制,并在整个计划经济时期定型(林坚等,2019)。1966~1978年,中央和地方的土地管理和立法机构被解散,土地立法工作基本停滞(许坚等,2002b)。

[①] 不过,城市私有房产的社会主义改造未能实现预期的目标。至1982年《宪法》修订前,城市土地仍然存在不同的所有制,但城市建成区土地基本实现了国家所有(徐键,2017)。有数据表明,1982年,在全国226个城市7438平方公里的城市建成区中,私有土地占城市建成区面积的4.5%(邹玉川,1998:87)。

二 二元地权结构和"蜂巢型"管理体制

城市土地国有、农村土地集体所有是中国社会主义土地公有制的实现形式,它的形成也带来城乡分立的二元地权结构。学界一般将1982年《宪法》第十条关于城乡土地产权所属的规定[①]视为二元地权结构在法律层面得到确认的标志(程雪阳,2018)。从法律认证角度来看,这一看法是正确的。但从政治逻辑来看,新中国成立初期,在完成土地公有的制度改革后,土地制度进一步推送城乡分治,这构成了二元地权结构在计划经济时期发轫并强化的制度基础。

二元地权结构还与计划经济时期的管理体制和组织方式相关。一方面,城乡不同地域由不同机构和部门分管构成土地管理体制的纵向基础,也就是条条部门的分立和博弈关系构成宏观层面土地制度的实践基础;另一方面,在城乡基层,单位制和人民公社作为承接总体性治理模式(渠敬东等,2009)的载体,也是城乡土地利用和权益配置的基本单元,二者在地域上分割独立并自主运作,强化了二元地权结构在地方/基层层面形成的城乡分割特点。

以上从中央部门到基层形成的土地管理制度形成了某种类似于"蜂巢型"的结构,这种被美国著名中国研究专家许慧文(Vivenne Shue)所归纳的国家/社会关系形态(Shue,1988)在土地利用和管理领域凸显,即基层或地方的土地利用虽然受到上级政府和宏观体制的影响,但彼此间缺乏联系而且互不干预。特别是在城乡之间不存在土地流转和统一市场的情况下,土地利用几乎被每一个基层单位自主控制,由此形成"蜂巢型"结构特点(见表3-1)。

[①] 1982年修订的《宪法》第十条规定:"城市的土地属于国家所有。农村和城市郊区的土地,除由法律规定属于国家所有的以外,属于集体所有;宅基地和自留地、自留山,也属于集体所有。

表 3-1 计划经济时期土地管理体制的"蜂巢型"结构

制度逻辑	空间基础	结构基础	表现形式	运作机制
城乡二元地权结构	城乡分立	宏观层面	多头管理体制	以土地类型和功能进行分工完成土地管理；多部门彼此竞争，协调成本高
		基层层面	城市中的单位主导制	依托单位背后的等级地位来获得土地资源；单位之间彼此竞争和联系
			农村中的公社主导制	在不允许市场开发的前提下完成农业生产为主旨的土地管理，具有自主性；公社与公社间彼此无联系

首先，城乡分立的二元地权结构的起源和发展。新中国成立后，1950 年《土地改革法》颁布，其中的第三十五条规定"本法适用于一般农村，不适用于大城市的郊区。大城市郊区的土地改革办法，另定之"。实际上，与《土地改革法》相配套的是 1950 年出台的《城市郊区土地改革条例》。该政策最早提出城市范围内土地和房屋须实行国有化，规定城市郊区所有没收和征收得来的农业土地，一律归国家所有，由市人民政府管理（第九条），没收的土地和房产包括地主在城市郊区的土地及其在农村中多余的房屋（第三条），工商业家在城市郊区的农业土地和荒地及原由农民居住的房屋（第五条）（参见王先进，1990：36）。可见，城市土地国有化源自土地改革废除封建土地所有制和推进公有制的理路。此后，1954 年新中国第一部《宪法》出台，规定土地和房屋均属于生产资料[①]，而不是 1950 年《土地改革法》中的"财产"。这是实践马克思主义基本理论"消灭剥削，实行生产资料公有制，实现土地国有或集体所有"设想的重要环节。此外，1954 年《宪法》第十三条规定的征收条款中，出现了"城乡土地"的用语，这表明我国第一部《宪法》是把城市和农村的土地给划分开的（赵志，2020）。与此同时，伴随着统购统销制度的推动，新政权开始探索城乡二元分立的总体性管理体制，土地制度和户籍制度等其他制度被捆绑在内（王海光，2003）。1955 年 11 月 7 日，国务院颁布《关于城乡划分标准的规定》，规定按农业人口

[①] 需要指出的是，1954 年《宪法》确立生产资料所有制主要有下列类型：国家所有制，即全民所有制；合作社所有制，即劳动群众集体所有制；个体劳动者所有制；资本家所有制（第五条）。后两者的法律认定，仍保留生产资料私有制的合法空间。

的比例确定重新划分标准，以便各部门在区别城乡的不同性质来进行计划、统计和开展其他业务工作的时候有统一的依据。这从人口上确定了城乡标准，与土地城乡划分制度相呼应，构成城乡划分的基础标准。1956年，中共中央批转了中央书记处第二办公室提出的《关于目前城市私有房产基本情况及进行社会主义改造的意见》，规定城市的空地和街基地都归国家所有，土地、房屋交易不被允许。1958年8月，中央政治局扩大会议在北戴河通过《中共中央关于在农村建立人民公社问题的决议》，包括土地在内的生产资料归人民公社集体所有，由人民公社统一核算与调配。至此，城乡土地与国家和集体所有正式挂钩，土地制度的城乡二元分治体制得以定型（赵志，2020）。

其次，我们可以看到二元地权结构的一大空间治理基础即城乡分立，由此衍生出具有中国计划经济时期特色的土地管理体制——"蜂巢型"管理体制。这一体制在宏观层面表现为多头管理，即不同机构和部门根据城乡不同区域、土地类型和职能分工来对土地进行规划、利用和保护，没有专门设置的、职能单一的土地管理部门，存在机构分散、各自为政的特点。多头管理体制与新中国成立前后的战略发展和任务环境有关。新中国成立初期，为了接管城市的土地和房屋资产，新政权曾经设内务部地政司，用于统一解决产权变化中的土地清查丈量、土地确权、地籍管理、城市土地与房屋不动产的登记发证等工作（许坚等，2003）。在推进城市的社会主义改造运动以及建立土地公有制等工作后，以地籍管理为中心的土地管理转向土地利用，1955年内务部地政司被裁撤，统一的土地管理机构不复存在，随之形成各部门分管的多头体制，且贯穿于整个计划经济时期，直到1986年成立国家土地管理局才得以改变。这一时期，在城市土地管理方面，1956年房地产管理由内务部土地司移交城市服务部，城市服务部后改为第二商业部（1958年），并入商业部（1961年），直至1962年新设为国家房产管理局，但又在"文化大革命"期间被裁撤。土地征用和权属问题的处理由内务部民政司负责，但征地面积审批单独由国家基本建设委员会、国家计委、国家建委和国家城市建设总局负责。城市土地的利用和规划职能在国家建委、国家经委（1964年改称国家经委城市规划局）之间兜兜转转；农村土地的管理则由农业部、农垦部（因新中国成立初期国家建设国营农场）、林业部、水利部分管(《当代中国土地管理》编辑委员会，2009：86~87)。从以上部门分工和机构的变迁历史可见，土地多头管理体制在条条部门之间形成了高度复杂的关系，其协调成本大、利益主体多样，很难实现国家统一管理的目标。

最后，在城乡分立且多部门共同管理土地的模式下，国家控制力被弱化，强调自主管理资源的单位制由此进一步塑造了基层"蜂巢型"结构的特点。强调自主管理的单位制与土地资源的属地化特征有关，即与更高级别的管理单位相比，基层单位熟悉土地资源的情况，更适合作为土地利用的管理者（徐键，2017）。由此，在城市，由用地单位主导土地利用过程；在农村，则由公社管理土地使用。各个使用土地的单位彼此互不联系、互不影响，且它们接受上级管理，但在国家"条块分割"的管理体制下仍然具有相当的自主性，由此，基层的土地管理随即呈现彼此孤立的、类似"蜂巢型"的结构特点。

一方面，城市中的土地主要用于居住、工业建设用途，以建设用地为主，不同类型的国有企业、政府机构通过申请和无偿划拨的形式获得使用许可，从而用于开发建设。城市中的土地利用取决于不同主体占有发展资源和获得国家分配的博弈能力。在计划经济时期，不同主体获得资源的能力取决于它所挂靠的行政组织体系。特别是国企，它所获得的资源与其所隶属主管部门的地位和博弈能力相关。按照"一五"期间建立起来的"统一领导、分级管理"的计划体制，城市中的土地利用计划体系也形成分级管理模式，建设用地的决策权分布在各级政府的计划部门和主管部门手中，[①] 用地的企业受哪一级的计划控制相当重要，而其从属的地位层次又决定它们使用土地资源空间的大小（《当代中国土

[①] 分级管理模式的核心逻辑即逐级审批制，规定不同层级政府拥有不同份额的建设用地的审批权，最早可追溯至1953年出台的《国家建设征用土地办法》，其规定土地征用的审批方式是：全国性的建设事业用地，经中央人民政府国家计划委员会核定，由中央人民政府政务院批准；地方性建设事业，用地在五千亩以上或迁移居民三百户以上者，由大行政区行政委员会批准；用地不足五千亩而在一千亩以上或者迁移居民不足三百户而在五十户以上者，由省（市）人民政府批准；用地不足一千亩，或者迁移居民不足五十户，由县人民政府批准（参见黄小虎，2006：169）。这套制度的核心机制实质是对分级授权，是计划经济体制下建设用地分配制度的核心，且在改革开放初期仍然延续，直到1998年《土地管理法》修订和土地用途管制的实行，分级审批制才被废除（参见第五章）。

管理》编辑委员会，2009：81~82）。如中央、省一级所属的企业可以获得向更高层次的土地资源管制部门申请资源的权利，市/县政府及其下属的国企资源的申请权限次之。正如前文所言，城市中的土地资源分属于国家建委等机构，从地方层面，土地资源分配就演变为不同企业或政府机构与国家建委等条条部门互动的过程。我们可以将此理解为一种多头管理体制下的地方互动的逻辑，彼此虽存在竞争，但具有相当的自主性，因而类似于"蜂巢型"结构下的地方互动方式。

另一方面，在农村，土地只能作为农用，服务于以大集体为基础的农业生产以及农业农村支援城市工业的发展模式，农地管理组织是人民公社或社队组织。新中国成立初期的重工业化发展方针要求"以农养工"，为工业崛起积累基础，土地利用规划以提高农业生产能力为重点，主要内容包括：农村居民点和经营中心的选址，农村各种农业生产用地的配置，农村交通网、水渠网的配置，各种农业生产用地的内部规划（林坚等，2019）。但农村土地不能用于非农用途，且不能进行市场化转让，这就让农村土地资源处于不流动的封闭状态，由此，社队组织在资源不流动的封闭状态下被赋予了集体土地的管理职能。按照《农业部关于加强人民公社土地利用规划工作的通知》（1959年）确定的方针、要求和方法，社队组织直接承担了利用规划职能——"按社按队编制土地利用规划，按地块建立土地档案"。在建设管理上，水利建设等基本建设、社队企业建设以及社员房屋建设等用地活动，也由社队组织负责（徐键，2017）。但与城市中的用地单位产生竞争和联系不同，由于农村土地不能转让和开发，土地资源不会产生空间上的流动和形态改变，由此，大体上，每个公社在土地管理和规划、利用方面都是自主和"孤立"的，不会与外部力量乃至邻近的公社发生联系。许慧文（Shue，1988）提出，中国乡村在经历土地改革等政治运动后，总体呈现为一种"蜂巢型"的结构，虽然国家的权力如触角一般延伸和扩张、下沉到了乡村社会，但乡村社会仍呈现分散状态和自主性特征，且干部和社队组织的行为模式决定国家权力嵌入的空间边界，造成农村地区公社与公社之间各自为政的特点。由此，我们也可从社队组织在土地管理体制下获得自主性看到此种"蜂巢型"结构，在"大跃进"时期，社队组织积极占地建房和开发建设社队企业，甚至导致耕地资源大规模流失。这虽源自政府和国企推动基建和大型项目建设,但也与社队组织和农民的行为不无关系。① 以至于到了20世纪80年代,社队组织占地开发行为和农民建房现象仍然在延续(程雪阳,2013b)。

三 征收体制的起源、发展和实践机制

在城乡分立的二元地权结构下,无论是土地空间边界还是实施主体都保持了互不影响的状态。特别是在土地出让不被允许的情况下,城乡之间、区域之间土地的市场化流动也不存在可能性,由此进一步固化了城乡之间的空间分割状态。唯一可以突破分割状态的方式就是土地征收。通过征收,集体所有的农村土地被转换为国有的城市土地,不仅完成了产权置换,还实现了城乡空间边界的融合和扩张。土地征收是现代国家面临城市化、工业化所发展出来的制度形式,在大规模土地利用涉及公共利益和私人利益矛盾的情况下,政府代表公共利益通过征收和补偿赎买来实现土地产权的转换,由此必须创设出一种具有社会合法性基础的公权力。这是一种通过公权力改变土地民有属性的实践方式,常常具有强制性。中西概莫能外。而中国的特殊性在于,它是社会主义公有制的产物,起源于新中国成立后计划经济体制的确立,后因应市场经济体制的建立而发生改变,其中隐含的国家-农民关系问题迄今为止仍为主流研究所关注。目前国内的征地体制研究一般聚焦市场经济背景,但本书认为,征地体制具有跨越计划经济和市场经济两种体制的连续性,仍有必要对其进行溯源。

(一) 征收体制的起源和发展

征收体制的起源与社会主义革命实践相关,大概可以定位于社会主

---

① 据农业部资料,1958~1960年三年内基建占用耕地167万公顷(2505万亩),平均每年55.6万公顷(830万亩)。基建、水利大量占用耕地,大面积的耕地改林改牧和撂荒,再加上三年因灾损毁耕地100万公顷(1500万亩),使"大跃进"三年内减少耕地1453万公顷(21800万亩)。尽管这三年内开荒面积不少,共计743万公顷(11144万亩),但耕地面积还是净减少了710万公顷(10656万亩),这也是新中国成立以来第一个耕地急剧减少的高峰期(《当代中国土地管理》编辑委员会,2009:89)。

义改造完成的时段（1949~1956年）。新中国成立初期，全国土地普遍处于私有化状态。①征地体制的动力源自1949年后国家推动的大型社会工程和权力实践。

第一条线索是社会主义公有制改造，涉及政府没收地主、资本家等所有的土地和接管城乡范围内的土地资产，出现在1949年前后的农村土地改革运动和城市社会主义改造运动。此类型的征收实践实质是"没收"，其不需要付出安置成本，强化的是国家在土地产权处置中的权威，并为土地公有制改造奠定基础，由此可以说是征收实践的变体。1950年1月，政务院通过的《关于处理老解放区市郊农业土地问题的指示》提出，"没收地主土地、征收旧式富农出租的土地，为了城市建设与工业发展之需要，一律归国家所有"，"学田、族田及祠堂、寺庙、教堂、公共社团等所有之土地应一律收归国家所有"；城市中的土地也有通过直接"没收"的方式获得国有化改造。1956年1月，中央书记处第二办公室提出的《关于目前城市私有房产基本情况及进行社会主义改造的意见》规定，一切私人占有的城市空地、街基地等地产，经过适当办法，一律收归国家（董祚继，2019）。

第二条线索是国家推动的各种公共工程，涉及一般意义上的公私关系协调和产权转换，集中体现在各地推动的铁路、道路和其他大型建设项目中。从地方层面来看，新中国成立初期有关土地征收的法律规范，最早见于上海市人民政府1949年12月12日公布的《处理无主土地暂行办法》。《处理无主土地暂行办法》第九条规定："代管土地如政府有征用必要时，得于征用之。"在中央层面，最早涉及土地征收的政策文件是1950年6月24日中央人民政府政务院发布的《铁路留用土地办法》。该办法规定，铁路因建设关系，原有土地不敷应用或有新设施需要土地时，由铁路局通过地方政府收买或征购之。1950年11月10日政务院通过《城市郊区土地改革条例》，规定：国家为市政建设及其他需要征用私人所有的农业土地时，须给以适当代价或以相等之国有土地调换之；国家

---

① 在1949年前后，全国农村地区在完成土地改革运动后，经过分田到户，农民获得土地证，农村土地实际上处于农民所有的私有化状态；同期，还没有全面推进社会主义改造的城市土地也延续着民国时期的产权私有模式。

为市政建设及其他需要收回由农民耕种的国有土地时，应给耕种该项土地的农民以适当的安置，并对其在该项土地上的生产投资（如凿井、植树等）及其他损失，予以公平合理的补偿。新中国第一部关于土地征收的专门规章政策是政务院于1953年12月5日公布实施的《国家建设征用土地办法》（以下简称《办法》）。《办法》规定，国家建设用地包括国防工程、厂矿、铁路、交通、水利工程、市政建设及其他经济、文化建设所需土地；土地征用既要保证国家建设需要，又要照顾当地人民切身利益；征地补偿由当地政府会同用地单位、农民协会及土地原所有人协商确定；征地程序包括申请、审查、批准、实施、办理权属变更手续等环节；土地被征用后，当地政府负责协助解决被征地农民继续生产所需之土地或协助其转业。1954年新中国第一部《宪法》出台，《宪法》第十三条规定，国家为了公共利益的需要，可以依照法律规定的条件，对城乡土地和其他生产资料实行征购、征用或收归国有。它标志着我国土地征收被纳入《宪法》的调整范围，获得了《宪法》保障（许坚等，2003；张成立，2009）。

征地体制的发展阶段是社会主义公有制改造完成后直到改革开放前的时期（1956~1978年）。经由社会主义改造运动、农业集体化运动、人民公社化运动之后，全国的农村土地已基本上从私有转为集体所有，原有的土地征收办法不适用于新形势下的经济建设要求。在此背景下，在对1953年《国家建设征用土地办法》加以修订的基础上，1958年1月6日经全国人大常委会第90次会议批准，国务院公布《国家建设征用土地办法（修正）》。《国家建设征用土地办法（修正）》修正的地方包括：一是提出节约用地的要求，提出将克服多征少用、早征迟用甚至征而不用等浪费土地的现象以法律的形式加以规范；二是征用土地范围的扩大，被征用土地除农民私人所有的土地外，还有农业合作社的集体所有土地，并对征地补偿、被征地农民安置标准做出了调整，补偿对象原则上由个体农民转变为农业生产合作社；三是补偿标准由1953年原征用办法规定的"最近三年至五年产量的总值"调整为"最近二年至四年产量的总值"，强调被征地农民在农业生产方面安置的必要性和移民（工作）的慎重性（张成立，2009；黄小虎，2006：169~171；田传浩，2018：224~225）。

同一时期，与征地制度相关的变化还包括建设用地审批权限的调整。随着新中国成立后经济发展和城市化建设的快速推进，各地方政府、国有企业开始向农村地区扩张，造成耕地资源的流失、浪费和荒置。"大跃进"运动后，国家放缓和约束大中城市发展、适当压缩城市建设的规模。1962年，国务院上收征地审批权限，严格禁止楼堂馆所建设，有效纠正了土地浪费现象（《当代中国土地管理》编辑委员会，2009：88~90；张成立，2009；参见王先进，1990：57~59）。"文化大革命"期间，土地征用办法的立法和制度调整工作几乎停滞，由此，1958年颁行的《国家建设征用土地办法（修正）》在长达20年左右的时间里，一直是我国土地征收的主要法律依据（许坚等，2003）。

（二）征收体制的实践机制

从征地体制在计划经济时期起源和发展的路径来看，其核心的实践机制包括如下相辅相成的三个方面。

首先是强制/庇护的关系机制，即征地涉及的国家－社会关系。在计划经济时期，国家具有至高无上的强制力和权威基础，同时承担着庇护民众的道义责任。后者亦是社会主义"德治"传统的核心内容，即国家作为人民群众的庇护者，有照顾民生、解决民众生活困境的道义责任。这一传统源自计划经济时期国家对社会实施的"全能主义"（Totalism）控制模式（邹谠，1996：4）。群众以对国家权力的服从和依附来换得国家赋予的基本福利和生活保障（陈颀，2019b：163~164）。由此征地体制的形成也与此国家－社会关系模式的特殊实践有关。从最初情况来看，征地权力的实践嵌入了国家庇护农民的道义契约。比如，1953年12月5日公布实施的《国家建设征用土地办法》第三条规定，国家建设征用土地……必须对被征用者的生产和生活有妥善安置；第八条强调安置包括与耕地最近三年至五年产量的总值相匹配的补偿费；第十三条要求当地人民政府必须负责协助农民解决其继续生产所需之土地或协助其转业，不得使其流离失所。用地单位亦应协同政府劳动部门和工会在条件许可的范围内，尽可能吸收其参加工作。1958年公布施行的《国家建设征用土地办法（修正）》进一步细化被征地农民安置落实方式——农业就地就业、移民定居以及由用地单位提供就业安置等（第十三条）。①需要指出的是，1953年和1958年这两个版本的征地办法中，征地体制的合法性是与"国家建设""厂矿、铁路、交通、水利、国防等工程""文化教育卫生建设""市政建设"结合在一起的，尽管1954年的《宪法》规定征地必须符合"公共利益"，但在当时社会利益已然被政治整合的时代背景下，显然公共利益与国家建设的利益难以区分，由此征地体制的国家建设合法性与公共利益的合法性是高度等同的。②

其次是以行政定价为核心的征地补偿机制。在征地的语境中，与通过市场价格来等值弥补损失的"赔偿"概念不同，补偿是行政权力对损失的弥补，一般补偿价值是低于市场价值的，只不过补偿机制还附带就业等其他生活安置条件。在中国，征地补偿机制的发展与社会主义公有制的建设过程息息相关。在新中国成立初期土地私有仍居主流的情况下，因国家建设需要发生的征地更多的是通过赎买、产权置换等方式进行补偿的。1950年颁行的《城市郊区土地改革条例》规定，国家为市政建设及其他需要收回由农民耕种的国有土地或征用私人所有的农业土地时，应给耕种该项土地的农民以适当的安置，并对其在该项土地上的生产资料（如凿井、植树等）及其他损失，予以公平合理的补偿，或以相等的国有土地调换（许坚等，2003）。1953年出台《国家建设征用土地办法》时，产权调换和等值补偿的思路发生了改变。1953年前后正处于社会主义过渡时期，全国有相当一部分土地实行了国有化。在此背景下，该办法提出"一般土地以其最近三年至五年产量的总值为（补偿）标准"。1958年《国家建设征用土地办法》修正时，我国处于社会主义改造的高峰，办法将补偿标准由1953年原征用办法规定的"最近三年至五年产量的总值"调整为"最近二年至四年产量的总值"（第七条）。以上即以"产值上限"作为征地补偿原则的确定过程。③ "产值上限"是行政定价

---

① "53年办法"和"58年办法"的全文可参见王先进（1990：52~57）。
② 这点与改革开放后社会利益主体多元的背景不同，许多征地项目可能以公益之名行私利之实，由此导致征地体制在市场化改革下面临公共利益合法性的争议（周其仁，2004）。
③ 该原则一直延续到2019年《土地管理法》修订，该法废除了以土地若干年产值为上限进行征地补偿的方式，而采取更能反映土地市场化价值的综合地价制。

的核心机制，其也是不对等的行政限价方式，而有别于市场经济背景下反映市场化价格的赔偿机制。只不过，由于计划经济时期没有市场机制的引导，土地价格信号和农民的权利意识并未凸显，且如前所述，在强制/庇护关系机制的作用下，民众在服从"低"价值补偿的同时，可获得就业和生活安置等其他条件，因而"产值上限"的行政定价机制并没有引发社会争议。

最后是无偿划拨为核心的资源配置方式。从制度理念来看，无偿划拨与计划经济时期不允许土地出让的规定相关。但这只是一种静态观察，从动态变迁线索来看，无偿划拨还与我国的城乡土地产权公有化改造的发展路径有关。就农村而言，在新中国成立前后的土地改革中，农民的耕地和宅基地均是通过无偿的方式获得的，且无偿分配方式一直延续到改革开放后很长一段时间。城市中的土地在转为国有土地时也多通过没收或者低成本征收的方式来实现。尽管在新中国成立初期，国有企业、机关团体、学校、部队和职工等在使用城市国有土地时，尚需缴纳租金和使用费，但大概从1953年开始，土地无偿划拨制度逐步发展并成为城市土地的主导制度。1953年出台的《国家建设征用土地办法》规定，国有土地使用权不能在土地使用者之间流转。1956年1月，中央书记处第二办公室提出的《关于目前城市私有房产基本情况及进行社会主义改造的意见》明确提到私人占有的地产一律收归国家，包括城市空地、街基地。该规定还确定地方政府划拨给使用者相关的城市国有土地，不再需要缴纳租金。由此，无偿、无流动、无期限的城市土地无偿划拨制度得到确立（刘正山，2015：156~157；吴胜先，2019）。在整个计划经济时期，土地无偿划拨是重要的资源配置方式，[①] 特别与前文提及的建设用地的分级管理模式相互契合。土地无偿划拨降低了行政成本，构成用地方的制度激励；建设用地分级管理模式则推进层级不同的用地方来发展经济，构成一种激活计划体制的资源机制（《当代中国土地管理》编辑委员会，2009：81~82）。但其弊端也特别明显：无偿划拨意味着一种低成本、缺乏制度约束的资源机制，在国家放权让利的时期，土地无偿划

[①] 此制度甚至一直延续到改革开放初期，直到20世纪80年代后期国家开始推动国有土地使用权有偿出让改革才被终结（参见第五章）。

拨连带的建设用地审批权与财权等行政权力共同作用，导致地方经济发展的粗放低效和耕地资源保护的局部失控（《当代中国土地管理》编辑委员会，2009：83~85；周黎安，2007；周飞舟，2007）。在"大跃进"前后，土地资源利用领域出现的"收放循环"问题就已凸显，20世纪80年代，在乡村工业化刺激地方经济发展的背景下，"收放循环"现象再次出现。①

四 对改革开放后土地增值收益分配制度改革的延续性影响

在计划经济时期，由于土地出让被禁止，土地增值带来的权力-权利之间的博弈问题并未凸显，但计划经济时期形成的土地公有制和土地管理制度仍对改革开放后的土地增值收益分配制度改革产生了深远影响。值得注意的是，20世纪80年代土地制度改革的相关研究主要聚焦家庭联产承包责任制，重视的是"变"的一面——土地作为农用方面的产权配置变革，而忽视"不变"的一面——计划经济时期的土地管理制度的延续影响。

那么，改革"前夜"的土地制度具有怎样的延续性机制？

首先是城乡二元地权结构的形成及其遗留的立法问题。前文提及，经由社会主义公有制改造和城乡空间分割的过程，城市土地国有和农村土地集体所有在政治逻辑层面上得以形成，只不过在法律层面尚未得到确立。从立法情况来看，1975年《宪法》第五条规定："中华人民共和国的生产资料所有制现阶段主要有两种：社会主义全民所有制和社会主义劳动群众集体所有制。"第六条规定："矿藏、水流，国有的森林、荒地和其他资源，都属于全民所有。国家可以依照法律规定的条件，对城乡土地和其他生产资料实行征购、征用或者收归国有。"从实际情况来看，各地的城乡区域内仍然存在集体所有、全民所有和私人所有多重所有权并存的局面（田传浩，2018：225；丁关良，2008）。② 到了"文化

---

① 典型如20世纪80年代中后期，在国家赋权乡村改革的激励下，农村乡镇企业的摊大饼发展和耕地大规模、急速的流失，构成土地管理法出台和国家整治运动的动因（程雪阳，2013b）。

② 数据表明，1982年，在全国226个城市7438平方公里的城市建成区中，私有土地占城市建成区面积的4.5%（邹玉川，1998：87）。

大革命"时期，我国的土地立法工作就基本停滞了。只不过，在计划经济时期城乡之间土地资源不流动的情况下，城乡二元地权在法律定义上的模糊，并不构成实质问题。直到20世纪80年代国家经济复苏和城乡经济发展带来土地利用的诸多问题时，城乡二元地权的立法问题才在1982年《宪法》修订中得到回应（程雪阳，2018）。

其次是土地管理的"蜂巢型"体制和无偿划拨的延续影响。前文提及，从宏观体制来看，"蜂巢型"体制在土地管理的权力集中和部门协调方面存在问题，基本是条条部门各自为政的局面。从基层实践来看，"蜂巢型"体制又会衍生出城乡单位自主管理土地且各自缺乏联系的问题，相对较少受到上级土地管理部门乃至国家宏观调控的约束。但这套土地管理体制存在的"弊端""意外"在市场经济建设的初期构成对基层用地方的激励，让基层各方可以在上级监管缺位的情况下借助土地资源来推进经济建设。土地的无偿划拨制度也是如此，其可以让用地企业或单位低成本地使用土地。由此，在20世纪80年代中国乡村工业化快速启动的背景下，延续自计划经济时期的"蜂巢型"体制和土地无偿划拨制度发挥了重要作用。

第四章

赋权:"共享型"农地增值收益分配制度的建构(1978~1993年)

在1978年农村改革启动之后,国家对农村的赋权让利助推以发展乡镇企业为主导的"乡村工业化"进程。其中,对农村土地发展权的赋予是颇为重要的制度机制,这不但极大地调动了各地农村发展经济的积极性,而且发展出以农民"离土不离乡"为特点的城镇化模式(费孝通,1985;周飞舟等,2018)。此时期形成了以土地集体所有制为基础的、具有"共享型"特征的农地增值收益分配制度。这是一项有利于农民分享乡村工业化的发展收益的制度。虽然在1998年《土地管理法》修订后,这一制度被新制度取代,但乡村工业化时期的"共享型"分配制度对于改革现行的农地增值收益分配制度具有重要的启示意义。尤其是党的十八届三中全会后,国家推动农村集体土地和城市国有土地"同地同权"的农地新政,以及让农民享受土地增值收益的政策倡导,均与乡村工业化时期形成的"共享型"分配制度具有相同的理念。在这一章,本书将回溯乡村工业化时期相关的法律和政策,研究这些制度空间下村集体和农民如何实践土地发展权,并探讨由此形成的"共享型"分配制度的历史效应,进而研究这项制度为何在后来被与其相反的制度方案取代。

一 历史背景：农村改革与"乡村工业化"

中国的改革开放是从农村开始起步的。1978年，党的十一届三中全会宣布党和国家的工作中心将转移到经济建设上来。1982年，中央一号文件正式承认包产到户的合法性。1983年，存在25年之久的人民公社制度被废除。① 1984年，中央一号文件强调"继续稳定和完善联产承包责任制""延长土地承包期"。短短几年间，中国农村迅速向市场体制转型。国家采取的一系列改革措施不仅极大地推进农村经济社会的发展，还为20世纪90年代市场经济建设和城市化进程的全面启动奠定了基础。

农村改革的研究表明，改革并非想象中的那样一帆风顺，而是经历了颇为繁复的过程（李洁，2016）。其中，执政党在推动改革中对于合法性的需求，国家在农村政策上的相对宽松，赋予了农村改革的政治机会空间。而农民在赋权逻辑下被激活的生产积极性，则给国家的政策探索提供了绩效合法性支持。由此，农村改革在上下互构机制下被逐渐推进，且为之后其他领域的改革提供了正面经验（周其仁，1995）。农村改革具有政策"试验"的典型特征。一方面，它在执政党赋予的政策合法性下展开，参与试验的地方和基层政府在思想尚未完全解放的情况下，被赋予先行先试的权力；另一方面，农村改革是在"摸着石头过河"的思路下展开的。就此而言，农村改革并非在清晰的顶层设计中展开，而是由一系列意外后果所铸就的（杨宏星、赵鼎新，2013）。不过，这并不是说改革本身毫无路径可依，或者改革者单纯依靠意外后果的动力来进行探索。恰恰改革的"意外后果"及其显示出的强大绩效会被国家建构为政策探索的合法性，从而锁定为路径依赖。改革试验的合法性和试验中的意外后果是相辅相成的：当试验成为改革者的主导思路时，从中央到地方的行动者均得以摆脱思想束缚、集中政策资源探索可能的改革路径，这就给改革中出现

---

① 1983年，中共中央、国务院联合发布《关于实行政社分开建立乡政府的通知》，至1985年这项工作全部结束，宣告了人民公社制度的终结。

的各种"意外后果"营造了机会空间；改革的"意外后果"及其显示出的强大绩效则进一步强化改革试验的合法性，从而让改革试验得以深化。

农村改革初期，乡镇企业的"异军突起"及"乡村工业化"发展模式的形成即取决于改革的试验逻辑及其"意外后果"的互构。首先，地方试验得以出现取决于国家的合法性支持。在改革之初，国家对农村地区发展工商业的合法性认可，让受到旧有思想束缚的基层行动者得以放开手脚。实际上，在计划经济时期，中国农村以社队企业为基础，曾经探索出推进农、工、商等多种产业结构并存的发展模式，但在国家以城市和重工业优先的发展思路以及极左思潮的影响下，以轻工业为主的社队企业很难获得稳定的政策环境，因而经历了颇为曲折的发展历程（谭秋成，1999；吴淼、吴雪梅，2011）。1979年，党的十一届四中全会通过的《中共中央关于加快农业发展若干问题的决定》明确提出，"社队企业要有一个大发展"，"凡是符合经济合理的原则，宜于农村加工的农副产品，要逐步由社队企业加工"，"城市工厂要把一部分宜于在农村加工的产品或零部件，有计划地扩散给社队企业经营，支援设备，指导技术"。随后国务院先后颁布了《关于发展社队企业若干问题的规定（试行草案）》（1979年）、《关于社队企业贯彻国民经济调整方针的若干规定》（1981年），对社队企业的发展细则做了详细规定，肯定了社队企业在发展商品经济、发展农村经济及增加国家财政收入方面的积极作用。在合法性机制的基础上，国家建构了鼓励社队企业和农村工商业发展的"制度激励束"（a bunch of institutional incentives）①。从各个方面制定有利于乡村工商业发展的制度政策，使各类具体的政策规定有机地整合为

---

① 这一概念是受到陈映芳（2015）中国转型体制影响形成的独特"政策群"现象，即国家围绕着特定议题通过不同领域的法律、政策以及特定的制度实践机制（如自上而下的高位政策推动）来实现国家与社会的合力和价值共识。这与中国政府体制在"条块"设置和资源分配方面存在的分散化特点相关，更源自国家在体制转型中通过集中资源和制度统合化的方式来推进改革的惯性。只不过，本书提出的"制度激励束"概念不仅强调不同领域制度的统合作用，还揭示许多本来制度目标不一的政策在综合作用下可能产生的意外后果。无论是20世纪80年代乡村工业化的"意外"成功还是后来城市化全面启动后土地财政模式在多重制度改革逻辑下的"意外"形成（陈颀，2021），均是"制度激励束"作用的结果。

强大的激励力量,引导乡村工商业的发展。① 正是以上国家政策对农村发展工商业的合法性认可,以及相应的政策扶持,让乡镇企业的蓬勃发展获得了充分的政策机会空间。

其次,乡镇企业正是在国家赋予的"制度激励束"下"意外"地发展为国民经济的中坚力量,从而进一步增强了改革试验的绩效合法性。之所以说是"意外",是因为乡镇企业的迅猛发展超出了政策制定者的预期,且是由看起来关联不大的制度设计所诱发的。这可追溯至当时国家推动的"价格双轨制"改革,这项改革的本意是扩大城市国有企业的经营自主权,却意外地让非国有的乡镇企业获得了进入市场的机会(折晓叶、艾云,2014:102;渠敬东等,2009)。此后,各地的乡镇企业蓬勃发展、遍地开花,成为地方经济的亮点。在急速发展的进程中,乡镇企业产生的经济效益相当惊人。1980年,乡镇企业的总产值仅占到全国工业总产值的12.7%,到了1993年,这一比例已跃升到60%,几乎是"三分天下有其二"(周飞舟等,2018)。诚然,正如邓小平(1996:238)所言,乡镇企业的飞速发展是农村改革中"完全没有预料到的最大收获",是"异军突起","不是中央的功劳";一些学者则强调乡镇企业发展是"双轨制"改革的意外后果(折晓叶、艾云,2014:102;渠敬东等,2009)。这些观点都有其合理性。不过,如果联系前文提及的国家全方位扶持乡村工业发展的事实来看,乡镇企业的"异军突起"可被视作"偶然"中的"必然"。也就是说,在当时国家的政策支持下,乡镇企业即使不是在双轨制改革的刺激下"冒

---

① 为贯彻当时国家的政策精神,财政、银行、工商、物资等部门均为扶持社队企业的发展制定了相关政策。财政部、农业部于1979年联合颁发了《支援农村人民公社投资使用管理暂行规定》,对国家财政支援农村人民公社投资的使用范围、减免税的时间、范围及报批权限等做了具体规定。在信贷方面,中国农业银行1979年颁发了《关于发展农村社队企业贷款试行办法》,为社队企业提供生产周转贷款和生产设备贷款,并在开户、贷款利率、贷款期限等方面给予优惠照顾,为发展社队企业放宽贷款条件,发放微息和低息贷款,延长设备贷款的还款期限。在物资供应方面,建筑材料工业部和农业部1980年联合发出通知,规定"农村社队建材企业,由社队企业管理部门归口管理。国家和地方用于这方面的资金和物资也由它管理和分配"。自1981年起,国家物资总局按农业部提出的分省、自治区、直辖市安排的建议,将用于生产中小农具的物资,分配到各省、自治区、直辖市。在此期间,各级地方政府还拨出部分计划物资,扶持社队企业(颜公平,2007)。

第四章 赋权："共享型"农地增值收益分配制度的建构（1978～1993年）

尖"，也必然会在后续的激励政策（不管是直接激励还是间接激励）中"崭露头角"。因而，正如前文所分析的那样，乡镇企业的发展本身是农村改革的政策试验性质以及改革试验框架下的"制度激励束"的必然结果，其在特殊时点中的"意外"发展，不但为这一试验建构了合法性，而且为改革试验的全面铺开提供了激励，从而强化了改革试验的合法性。

在上述分析的基础上，我们就不难理解，为何中国农村在乡村工业化时期能够建构出具有自主性的土地发展权，且形成了具有"共享型"特征的农地增值收益分配制度？答案是：土地制度是农村改革试验框架下的"制度激励束"的一部分，其具有合法性支持和相应的政策激励，且对于乡村工业化的发展发挥了重要作用。不过，在推动乡镇企业迅猛发展的"制度激励束"中，学界主要关注当时实施的"财政包干制"的作用和意义（Oi，1992；白苏珊，2009），而缺乏对土地制度的具体探究，忽视了这项制度对于乡镇企业发展乃至农村社区的重要意义。① 有鉴于此，下文将聚焦当时与农村土地发展权相关的制度逻辑以及由此建构的农地增值收益分配制度的特征，进而分析这一分配制度的历史效应。

二 农村土地发展权的赋予

中国各地农村普遍是在改革的制度激励下启动了乡村工业化进程，

---

① 有关农村改革初期土地制度的研究主要集中于对家庭联产承包责任制的分析，但这些研究涉及的是土地作为农用时的使用权和经营权问题，而没有探讨农地在作为非农用途使用时的收益分配问题。直接相关研究的代表学者是华裔经济学者裴小林，他认为当时乡村工业的快速发展主要源自土地制度安排和村庄的实践：（1）农村集体土地延续自计划经济时期形成的产权"排外性"——村社组织可以在经营工业时相对自主地摆脱国家控制；（2）企业发展的在地化特征——"乡企业只建在乡所在地，村企业只建在村的土地范围内，私人企业则建在自家庭院或附近镇上"；（3）乡政府拥有的资产控制权以及乡村人口劳动力在经营企业时提供的支持（裴小林，1999，2003）。但他的研究没有注意到一条更为关键的线索：村集体和农民如何建构土地发展权以及由此形塑的农地增值收益分配制度，由此更不会关注从外到内的国家制度和乡村社会规范对于农村土地发展权建构和"共享型"农地增值收益分配制度的形塑意义。

但是在不同地区的经济、社会基础存在显著差异的情况下,各地农村形成了颇为不同的发展乡镇企业的模式。在长三角地区,兴起了以社队企业为基础、借助集体经济的组织优势发展起来的"苏南模式",以及以私营经济为基础、"专业市场+家庭作坊"相结合的"温州模式"。在珠三角地区,则兴起了以邻近港澳地区的地缘优势为依托的、以私营经济和家庭经营为基础的"三来一补"发展模式,以及以集体所有的"土地股份制"为基础的"南海模式"。此外,各地还涌现了南街村、华西村等以发展乡镇企业为支撑的"典型村"。可见,不同地区的乡镇企业在产业基础、产权组织模式、分配机制等方面存在差异。然而,从土地发展权的形塑逻辑来看,不同地区的发展模式具有高度一致性,即形成了以集体所有制为基础、村集体占有工商业收益为特征的土地发展权模式。[1]

这种土地发展权模式具有独特的理论含义。一般来看,土地产权包括所有权、使用权、经营权以及收益处置权等一系列权利。其中,"土地发展权"可理解为由使用权和收益处置权构成的复合权利,其既包括土地作为非农用途的使用权,也包括所有者对于农地用途转换所产生的收益的处置权。在中国,农村土地的所有者是村集体,其既是土地发展权的享有者,也履行保障个人利益的义务。土地发展权的权利维度取决于国家对于城市国有土地和农村集体土地——两种产权的制度地位

---

[1] 需要指出的是,各地发展的乡镇企业在产权属性方面存在差异,如苏南模式的乡镇企业更多具有集体产权属性,温州模式的乡镇企业更多具有私有产权特征,此外,一些名义上是集体所有的"戴帽企业",实际上却是由私人资本控制经营的。以上事实表明,乡镇企业的产权实施逻辑具有颇为复杂的形态特征。不过,要是落脚于分析土地发展权的特征,那么此类产权集体所有的属性特征仍是相当显著的。而且,随着后来国家推动的乡镇企业改制政策的全面启动,乡镇企业的私有产权得到了制度合法性支持。即使在私营经济较为发达的地区,村集体也仍可通过收取土地或要求企业上缴经营利润的方式扩大收益渠道,表明这些地区村集体控制土地发展权的逻辑十分显著。可见,集体所有是农村土地发展权得以建构的重要制度基础,也是我们辨别农村土地发展权的前提。实际上,学界一般把乡镇企业的集体所有与其空间地域中土地收益归集体分享的一致性视为根本特征,经济学者裴小林(1999)即提出:"可以把社队及乡村企业定义为既是一块集体土地的产物,又是对该土地的再投资,它是在这块土地内资源再配置的结果,其目的是增加该土地的单位产出价值。这一定义反映了社队或乡村工业的最本质特征。"由此,当我们分析乡镇企业的经营收益时,实际上可以将其视为集体土地占有下产生的一种收益类型。

的排序；义务维度则取决于乡村社会规范制度。纵观乡村工业化时期，国家的赋权让利让村集体获得了建构土地发展权的能力，而农村集体经济环境下具有"平均主义"特征的观念制度则强化了村集体的社会义务。由此，在乡村工业化时期，以村集体支配权为中心的、强调人人共享的产权组织模式是农民土地发展权的本质特征。[①] 这有别于西方土地产权私有制背景下，强调产权排他性的个人独享土地发展权的特征。

这一产权模式是在一系列制度机制的作用下得以成形的。

其一，无偿使用土地制度的激励。如第三章所述，这项制度源自计划经济时期的制度惯例——建设用地以无偿划拨的形式提供给国有企业和事业单位。用地方几乎不用负担用地成本，甚至在征地时也无须给予农民太高的安置费用，而只要保障农民在失地后的生活和工作。这种制度便利对于乡镇企业的发展尤为重要。在村、组集体自有土地上办乡镇企业，只需调整农民承包的耕地就可为本村、组办的企业提供土地（《当代中国土地管理》编辑委员会，2009：154）。而村集体对于失地的农民，或者重新分配承包地予以补偿，或者将他们就地吸纳到乡镇企业中就业。这既缓解了土地征用中的矛盾纠纷，也解决了企业的劳动力来源问题，可谓一举两得（黄小虎，2011）。

其二，国家对集体土地发展权的法律确认，让村集体和农民取得了制度合法性。在计划经济时期，农村土地的集体所有制不仅是国家维持城乡二元结构稳定性的治理工具，还是国家发展重工业的资源吸纳容器（刘连泰，2016）。集体所有产权实际上是以国家权力控制为前提的，存在主体模糊或虚置的情况（皮特，2008）。因而，尽管在20世纪70年代，各地的人民公社在国家鼓励社队企业发展的政策激励下获得了推进乡村工业的机遇，集体所有产权的利益基础开始被做实，但直到改革开放后，集体土地的法律界定问题才终于被国家重视。

[①] 本书主要讨论的是村办企业所实践的土地发展权，而非镇办企业。前者是深深嵌入村庄所处的社会关系环境中的，且被要求将收益反哺于社区公益建设以及增进农民的就业和福利权等方面，而后者"并不带有社区母体的社会关系的典型特征，其收益与区域内的农民没有直接关联"（折晓叶、陈婴婴，2005）。

1982年《宪法》的修订是标志性事件。在修订后，《宪法》第十条规定："城市的土地属于国家所有。农村和城市郊区的土地，除由法律规定属于国家所有的以外，属于集体所有；宅基地和自留地、自留山，也属于集体所有。"这是自中华人民共和国成立以来国家第一次从法律层面界定农村土地集体所有的内涵及外延，① 由此为乡村工业化的启动以及农民土地发展权的建构奠定了制度基础。此后，相关政策和法律进一步明确了村集体组织和农民使用集体土地开办企业、进行土地流转以及资产出让等行为的制度空间。1986年出台的《土地管理法》第三十六条不但明确了集体建设用地的使用权方——乡（镇）村企业、集体土地的经营和管理人以及个人，而且规定经县级以上地方人民政府土地管理部门批准后，"农业集体经济组织可按照协议将土地使用权作为联营条件与全民所有制企业、城市集体所有制企业共同投资举办联营企业"。由此，村集体组织得以绕开征地制度，开辟了集体土地使用权的流转和资本化的渠道。村集体组织和农民还被允许通过办企业获得城镇化建设的收益，如1985年的中央农村工作文件规定，允许"农村地区性合作经济组织以土地入股方式参与（小城镇）建设，分享收益或者建成店房及服务设施自主经营或出租"。此外，国家通过改革不允许土地出让的旧制度，力图以新制度推动和规范农村集体土地的市场交易行为。1988年在全国人大通过的《宪法》修正案中，原来的第十条"任何组织或者个人不得侵占、买卖、出租或者以其他形式非法转让土地"被改为"任何组织或者个人不得侵占、买卖或者以其他形式非法转让土地。土地的使用权可以依照法律的规定转让"；1988年，《土地管理法》也因应宪法精神进行了修订，新的法条提出"国有土地和集体所有的土地的使用权可以依法转让。土地使用权转让的具体方法，由国务院另行规定"（《当代中国土地管理》编辑委员会，2009：129）。1990年，《国务院

---

① 在1982年《宪法》的修订过程中，曾有一派声音建议将农村土地国有化，理由是承认农村土地的集体所有会带来农民的"坐地起价"、"妨碍国家建设"，但是立法者为了避免冲突，仍坚持延续农村土地集体所有制（肖蔚云，1986：42）。这一细节表明，尽管集体所有制在当前受到不少非议，但在市场化、城市化浪潮即将启动的20世纪80年代，以集体所有制来确认农村土地产权意涵的做法仍具有相当的合理性——因为其避免了激进的"国有化"方案对农村社会以及农民利益的冲击（彭錞，2016b）。

第四章 赋权:"共享型"农地增值收益分配制度的建构(1978～1993年)

批转国家土地管理局关于加强农村宅基地管理工作请示的通知》(国发〔1990〕4号)下发后,全国共有28个省(区、市)1400多个县(市、区)1万多个乡镇参与了宅基地有偿使用的政策试点工作。同期,乡镇企业用地有偿使用的改革也扩展到全国140多个县(市、区)。总结起来,在20世纪80年代,《宪法》、《土地管理法》以及其他配套性的国家政策,均构成以集体所有制为载体而建构的土地发展权的合法性机制。

其三,土地管理的分级审批制赋予农村集体组织使用土地的制度空间。从20世纪80年代乡镇企业初兴到90年代末衰败,中国的土地管理体制一直沿用计划经济时期的"分级审批制"①。这项制度给地方政府在农地转为非农用过程中赋予较大的审批权力,由此形成了一种具有激励意义的授权式治理模式。在此治理模式下,经由各级地方政府的层层分包,与土地开发相关的权力被进一步落实到市、县、乡和村集体。其中,在国家正式制度授权下,县、乡政府不仅能够自主地决定农村集体土地的使用方式,而且积极鼓励村集体组织占地大办企业。同样地,村集体虽然没有获得正式制度授权——它使用土地的审批权属于县、乡政府,但由于村集体办企业的收益可为上级政府共享,因而它仍然获得了相当大的制度空间。而且,城乡土地的管理长期处于二元分割的状态,且并未因1986年《土地管理法》的出台和国家专门设置的土地管理机构的出

---

① 这项制度可追溯至1953年政务院颁布的《国家建设征用土地办法》,其规定不同建设事业用地的批准权限分别是:对于全国性的建设事业用地,经国家计委核定后,由政务院批准;对于地方性建设事业用地,用地在5000亩以上或迁移居民300户以上者,由大区委员会批准(1954年大区撤销后,改为省、直辖市人民政府批准);用地在1000～5000亩或迁移居民50～300户者,由省(市)人民政府批准;用地不足1000亩或迁移居民不足50户者,由县人民政府批准。此后,在1958年公布施行的《国家建设征用土地办法(修正)》、1982年出台的《国家建设征用土地条例》中,各级地方政府获得的土地征用审批的自主权被不断扩大(《当代中国土地管理》编辑委员会,2009:50、77、108)。1986年,中华人民共和国第一部《土地管理法》出台,其虽缩小了地方政府审批权,但总体沿用了"分级审批制"。1998年,《土地管理法》修订后,中国土地管理体制实行"土地用途管制",建设用地和耕地占用的指标审批权集中到原国土资源部和省一级国土局,才让"分级审批制"退出了历史舞台。

现而马上实现统一管理。①

由此,在当时,计划经济时期延续下的村集体自主管理模式仍然发挥了相当大的作用(徐键,2017),而且在大包干制度的激励下,集体土地原有的"排外权"也得以在改革开放初期延续乃至扩展(裴小林,1999)。在这样的制度空间下,村集体组织受到"集体土地集体用,咋用咋有理"的观念驱使,大规模圈占土地,乃至出现违规占用耕地开发的情况。单单在1978年党的十一届三中全会以后,农村宅基地和社队企业建设用地的增长就连续五年超过国家建设,成为占用耕地的大头(《当代中国土地管理》编辑委员会,2009:110~111)。由集体土地流转驱动的土地市场在一些农村地区逐步发展起来;在工业化发展水平较高的农村地区,"买卖、租赁、批租、入股"等一系列农村集体土地入市的实践模式频频出现,这不但让那些在本地找不到土地开办企业的村集体组织获得新的用地资源,而且让其他村庄借土地出让和租赁扩展收入来源(刘正山,2015:35~37;《当代中国土地管理》编辑委员会,2009:155)。

以上事实表明,在乡村工业化蓬勃发展的时期,国家对农村土地实施具有激励意义的授权式治理模式,且并未对村集体组织自主占地经营乃至大规模违规开发土地的行为进行较为严格的约束,这是以村集体组织支配权为中心的土地发展权得以建构的制度因素。由此,土地管理实施的分级审批制为村集体组织"以地兴企"(杨帅、温铁军,2010)的社会行动开辟了一条独特的制度渠道。一直到1998年《土地管理法》修

---

① 在计划经济时期,土地管理制度的一大特征是城市土地和农村土地分别由不同的国家政权和机构管理。城市土地由房地产管理局以及建设规划部门管理;农村土地则由农业局、林业局和村/公社等政权机构管理,其中,村/公社占据了更为主要的地位(徐键,2017)。值得注意的是,在计划经济时期,与土地管理相关的条条部门一直处在"撤销、裁并和整编"的变动过程中,长期存在职责不明确、执行能力差乃至机构形同虚设、难以遏制土地资源滥用等问题。条条部门存在的上述问题,使土地管理的实际权力掌控在地方政府(刘正山,2015:18~20)。尽管1986年中国出台了第一部《土地管理法》,成立了国家土地管理局,力图建构城乡统一的土地管理体制,但这只是在条条部门的分工方面完成了统一:由自上而下设置的土地管理局统管城乡的土地资源管理工作,结束了原有土地管理体制因城乡分割而无从统一的局面。但由于土地管理机构在乡镇一级层面的建制化很难在短期内完成,且缺乏足够的人力、财力和技术能力来管理农村土地的使用,由此,从20世纪80年代初到90年代末,村集体组织能够较为自主地使用建设用地开办企业。

订后，这条制度渠道才最终封闭。

其四，乡村社会的制度规范嵌入土地发展权的建构过程中，使"人人共享"的观念被实践于村办企业的资源分配过程中，从而让工业化发展的收益反哺于农村社区和农民个人。

前文提及，乡村工业化时期建构的农村土地发展权是一种由村集体组织主导资源分配的产权类型，其可被视作传统农业时期的"公有制"在工业化时期的变体（折晓叶、陈婴婴，2000：88~100）。不同之处在于，在工业化时期，土地经由产业发展衍生的利益资源的体量远远大于传统农业时期。如何保障资源分配的公正由此成为集体产权管理者所面临的问题。在此意义上，乡村社会具有"平均主义"色彩的规范制度发挥了关键作用（卢晖临，2015）。这一制度的源头是20世纪50年代国家推动农业集体化运动所形成的集体所有制，其晚近的发展模式则是80年代国家赋权而形成的村庄社会规范：农民以集体所有制来要求分享集体收益的合法性机制。在"平均主义"理念盛行的村庄实践经验中，"成员权"是一项被广泛实践的社会制度。众所周知，自农业集体化发展而来的土地集体所有制赋予村庄每个成员平等享有村庄公共收益的权利，这是"成员权"的制度原型（周其仁、刘守英，1997）。在乡村工业化时期，这项制度得以延续，其规定了在村庄社区内部，谁有资格享有土地收益、村办企业的分红以及其他社区福利（申静、王汉生，2005）。"成员权"是集体资产分配的社会准则，其主要特征是个体对集体外成员拥有明确排他性，但在集体成员之间具有非排他性。"成员权"以"按人头划分和按户划分"的形式来分配资源，追求"人人有份、机会均等"的目标，由此勾连了一整套具有平均主义色彩的村庄规范制度，从而在分配村庄土地收益和其他资产的过程中发挥了重要作用（申静、王汉生，2005）。

"成员权"被作为入股乡镇企业的原则时，这种社会制度的影响力同样显著。无论是乡镇企业的经营、收益分配还是改制，村民基于"成员权"原则所提出的诉求不仅给政府和企业经营者带来压力，而且会发生从"成员权"向"资产追索权"等其他权利的转换，从而使集体产权处于不断界定的动态过程中（张建君，2005；刘玉照、金文龙，2013；柏兰芝，2013；折晓叶，2018）。就此而言，嵌入"成员权"制度中的乡镇企业（集体土地发展权实现的特殊业态）即可被视为一种"社区里的企业"，而非一般纯粹市场环境中的企业组织。由于乡镇企业的经济活动深深嵌入社区的社会关系结构中，且受到具有社区共识的"人人共享"的规范信念的制约，因而企业的收益大多用于增进社区的公益建设以及村民的就业和福利资源。

总之，在集体所有制的历史遗产中，"成员权"制度以及强调"人人共享"的社会性合约框定了村庄企业资源分配的社会边界。在此意义上，虽然集体产权一直被视作一种"模糊产权"，且被认为存在资源分配的不均以及诱发矛盾纠纷的可能，①但在乡镇企业繁荣发展的十多年时间里，鲜见有影响企业发展的冲突案例。为何如此？答案也许是：转型乡村独特的社会制度对于协调资源分配、维系社会公平底线具有重要的意义，并让集体产权在面临内在利益张力的情况下仍获得较为稳定的发展环境。

基于以上讨论，我们可以看到，在乡镇企业蓬勃发展的时期，国家和社会制度建构了具有集体主义特征的土地发展权。其中，村集体组织可将集体土地用于开办企业并获取大部分收益，而社会制度则建构了人人共享的社区分配模式。不难发现，这样的产权模式有别于西方国家强调个体排他性的土地发展权模式，只不过，在农村改革之初的历史环境中，农民个体的土地发展权问题并不像后来城市化时期那般凸显。在当时的时代环境中，集体所有制发挥了更为突出的作用，它不但推进了乡村工业化，而且较好地保障了农民的生存权和发展权。因而，由集体支配的土地发展权才能在个体产权尚在法律层面"模糊不清"的情况下（皮特，2008），成为乡村工业化时期的重要产权类型。

---

① "模糊产权"论者认为，集体产权不能清晰界定与产权相关的主体，尤其不能有效说明作为个体的农民享有怎样的具体权利（李稻葵，1995；皮特，2008）。沿着这一理论路径分析，在乡村工业化时期，村办企业——这一集体产权的新业态——的产权模糊性可能引发一系列问题，因为其涉及政府官员、村干部、企业的资产投入者、经营者以及普通村民之间的多重关系。其中的强势者很可能利用产权的模糊性将弱势者排除在经营活动以及资产收益过程之外，并诱发冲突（张静，2007：49~56；柏兰芝，2013）。然而，如果真的是这样，乡镇企业发展过程可能就伴随着冲突而很难获得稳定的社会发展环境，因为被剥夺利益的弱势者很可能不配合不合理的制度安排。这就凸显了这一派学说的解释不足。

三 "共享型"农地增值收益分配制度

农地增值收益分配制度的核心问题是如何协调农民与国家的利益配置。[①] 其中，农民是否具有建构土地发展权的自主空间，是否能够参与土地增值的收益分配，决定了农地增值收益分配制度是否具有"国家与社会"共享的属性特征（程雪阳，2014）。如前文所述，乡村工业化时期形成了具有集体主义特征的土地发展权，其将土地增值收益留于农村社区，并反哺于农民个体。在此基础上，乡村工业化时期，村集体、农民和国家（作为国家地方代理人的地方政府）共同分享了因农村工业化所产生的土地增值收益。一种具有"共享型"属性特征的农地增值收益分配制度得以建立，村集体组织、乡镇政府、市/县政府等在农地增值收益分配中均享有各自的收益，各方达成了"帕累托演进"式的共赢局面。[②]

（一）村集体组织享有较大份额的土地经营收益

从村集体借助土地获取收益的方式来看，大体包括两类：一种是村集体利用土地，盖厂房、商场，走物业经济的道路，村集体可获取地租，还可获取企业利润的部分分成；另一种是村集体利用土地发展工业，或独立成立村属企业经营，或以土地作为资产入股乡镇所属的企业，总之均是通过走"工业村"的道路，获得发展产业的利润（金文龙，2006：14）。南街村和华西村是这方面的典型案例。此外，在那些不具备发展集体所有企业的基础、需要借助私营资本发展乡村工商业的农村地区——如浙江温州、广东东莞等地农村，村集体组织也可与外来投资者签订承

[①] 这里讨论的是工商业较发达的农村地区的经验；显然，在工商业不发达地区，乡镇和村集体组织缺乏企业经营利润和土地经营收入，也就不在本书的探讨范围。

[②] 前文提及，在具有"平均主义"色彩的社会规范制度下，作为个体的农民享有就业权和社区福利，二者形成了利益统一关系：如果没有村集体经济的发展，农民的权利就没有物质基础；同样地，如果农民的权利被悬置乃至被侵犯，他们就很可能反对或不配合集体经济的发展，从而让集体经济很难获得稳定的社会发展环境。由此，笔者将农民和村集体组织视为具体共同利益的行动者，进而探讨村集体组织、乡镇政府、市/县政府等各方的关系逻辑，以及由此形塑的具有共享型特征的利益分配模式。

包合同，以收取地租或要求后者上缴利润的方式拓展收益渠道（林青松、伯德，1989：5；马戎等，2000：136；裴小林，2003）。乡镇政府要求村庄上缴部分经营利润或管理费从而分享后者经营土地的收益，但村庄上缴的利润和费用一般维持在较低的比例。而且如果乡镇没有遭遇外部环境过大的压力，如上级政府要求的缴税指标过高或缺乏资源完成上级要求的公共工程，它更愿意"放水养鱼"，即以较低的资源汲取来获得村办企业上缴利润的"细水长流"。实际上，在20世纪80年代乡镇企业蓬勃发展时期，在国家通过"财政包干制"等一系列制度对农村实施赋权让利的情况下，乡镇政府的财力是相对宽裕的，① 因而它更可能以"放水养鱼"的方式激励村集体组织发展经济。由此，在乡镇和村级组织具有共同利益基础的情况下，村集体组织经营土地收益被留存于农村社区内部，进而反哺农民个体。这种收益的内部循环机制使农村的土地收益绕开了国家的资源汲取系统，从而建构了村集体组织和农民的收益空间。

（二）在具有资产支配权的情况下，乡镇政府享有更大规模的辖区土地收益

如魏昂德（Andrew Walder）所言，"与级别高的上级政府相比，级别低下的基层政府可以对它们的资产实施更为有效的控制"（Walder，1995）。借助权威身份，基层政府可以无偿或象征性地有偿使用集体土地和房产，或控制其投资创办的集体企业（张静，2007：50），其中，乡镇政府尤为注重控制土地资源。1986年出台的《土地管理法》第八条规定：集体所有的土地依照法律属于村农民集体所有，由村农业生产合作社等农业集体经济组织或者村民委员会经营、管理。已经属于乡（镇）农民集体经济组织所有的，可以属于乡（镇）农民集体所有。该规定虽然未授予乡镇政府对于集体土地的所有权，但乡镇政府可借助土地使用的审批权限来要求用地的集体经济组织或个人缴纳租金，从而最大化地扩展土地收益（邢幼田，2009：258~267）。需要注意的是，在农村集体

---

① 乡镇财力不足的问题普遍出现于20世纪90年代中后期，且多见于落后地区。原因在于1994年国家实施分税制改革后，针对农村基层政府的转移支付制度未能很快建立；同时各地乡镇企业经营不善，随后又受到企业改制政策的冲击纷纷倒闭和被转让，由此乡镇失去了经营企业的收入来源。

土地中，虽然大部分的土地归村庄所有，但最有价值的集体建设用地——乡（镇）村公益事业用地和公共设施用地以及农村居民住宅用地——的控制权被牢牢掌握在乡镇政府手中。乡镇政府或以其控制的集体企业大规模占地开发，或通过将土地转让给外来投资者开发，以获得地租以及农村第二、三产业发展所带来的税收（马戎等，2000：136~140；徐斯俭、吕尔浩，2009；黄玉，2009；刘雅灵，2012）。

在乡镇的经营之道中，虽然扩大与土地相关的收益十分重要，但是如何掌握经营收益的支配权更为关键。在乡村工业化时期，乡镇政府的收益是上级政府扩大税收的基础，上级政府倾向于加大汲取乡镇财力的力度。在此背景下，如何保留乡镇经营收益的自主支配空间是乡镇政府面临的考验。如此，为了有效规避上级政府的财务约束，乡镇政府发展了一系列控制收益的策略。一种策略是将乡镇企业利润等土地经营收益[①]作为"自筹收入"，以获得收益支配的自由裁量权。"预算内收入""预算外收入""自筹收入"是乡镇财政的主要来源。其中，"预算内收入"是由上级政府划拨而来的，划拨的额度依据乡镇财政部门的征税情况确定。由于"预算内收入"规定了财政使用的具体用途，乡镇政府无

---

① 一般认为，地方政府经营土地财政的模式即收取土地出让金，但这种模式具有特定的制度环境条件（2000年后全国大规模推广的土地使用权有偿使用制度以及"招拍挂"制度），并不能完全涵盖改革开放后中国经济发展进程中所凸显的、地方政府获取土地财政的复杂性。本书认为，土地出让金代表的土地财政模式只是其中的一种类型。从广义上讲，地方政府借助土地为杠杆来获取土地出让收益、财政收益、金融借贷收益以及隐形储备金、"小金库"等其他不受制度约束的"体制外收入"的行为模式都属于"土地财政"，其主要建立在土地资产的市场化以及地方政府垄断土地开发和收益过程的基础上。基于这样的认识，我们即可发现，乡镇政府经营乡镇企业获得收益也属于土地财政的一种类型，只不过其更多借助低成本（零地租）的用地模式来发展工商业，并扩大企业投资规模。20世纪90年代中期，中国全面推动城市化进程后，各地政府招募私营资本来推进制造业发展的策略也与乡镇企业时期类似。那就是"工业用地零地价"策略。虽然地方政府不能获得土地出让金，但它们的预期是获得制造业投产后所产生的稳定增值税收入，进而带动本地服务业发展并获得营业税。当地方产业发展到足够成熟阶段时，地方政府才会谋求商、住用地的土地出让收入（陶然等，2009）。可见，早在乡村工业化时期，"低地价+产业投资+税源扩大"的发展模式已经具备雏形，之后在城市化发展时期被各地的地方政府实践。这虽然与一般政府获取土地出让金的方式不同，但均是地方政府借助土地获取资源的方式。因而，本书将乡村工业化时期，乡镇政府经营企业获得利润的行为逻辑也归为经营土地收益的一种类型。

法灵活运用，且乡镇政府扩大"预算内收入"的代价是其逐年加大税收上缴基数，因此，乡镇政府更倾向于将"预算内收入"维持在较低的基数水平上，而不愿将乡镇企业的利润作为税收上缴到上级政府的财政部门（张闫龙，2006）。"预算外收入"则包括上级政府划归乡镇财政的农业税附加、农村教育经费附加、行政事业单位管理的预算外收入，以及一些按照国家规定税收的公用事业附加（马戎等，2000：119）。相较于"预算内收入"，"预算外收入"给予乡镇一定的自主支配空间，但在国家三令五申要求减轻农民负担并严禁乡镇的摊派行为，且各种"预算外收入"的征收成本较大的情况下，"预算外收入"仍限制了乡镇政府的操作空间。唯有"自筹收入"是乡镇具有完全自由裁量权的收入部分。"自筹收入"通常包括从乡镇办的企业中所获得的利润、承包土地获得的租金、经营政府投资的市场摊位的租金。这部分收入不但获取的成本较小，而且给予乡镇政府相当灵活的自主支配空间，因此获得乡镇政府的青睐（马戎等，2000：131）。乡镇政府一般将以上"自筹收入"用于乡镇和农村干部的工资和福利支出，农村教育和养老等公益事业的建设，农村地区的学校、医院、文化中心、道路、桥梁以及农田水利和灌溉项目等公共物品的供给，集体企业的投资，等等。这些支出项目几乎涵盖了农村社会服务和经济建设的主要范畴（马戎等，2000：119~125；白苏珊，2009：61~67）。由此，"自筹收入"在乡镇财政中占据着相当重要的地位。调查研究发现，"自筹收入"在调研乡镇的财政收入中所占的比例超过50%；且越是工商业发达的地区，乡镇的"自筹收入"占总收入的比例就越大（马戎等，2000：119~125；白苏珊，2009：62~65；孙潭镇、朱钢，1993）。显然，由于国家政策允许的"自筹收入"制度给予了乡镇政府自主支配企业利润和土地收益的空间，因而乡镇具有不断扩大"自筹收入"结构的动力。

另一种策略是帮助乡镇企业减免税收乃至逃税，从而让企业的利润转变为乡镇政府可直接支配的收入。一般国家对于新办的乡镇企业以及从事农副产品销售或专门为农村民生服务的乡镇企业，会给予相应的税收减免（莫天松，1985）。乡镇政府官员对应的策略是：允许企业更改名称以新企业名义注册的方式使企业获得税收减免；或由学校等非营利机构办企业来争取免税（白苏珊，2009：63、146）。乡镇政府与乡镇企业"合谋"逃税的行为十分普遍。白苏珊（2009：68~69）认为，"逃税"现象是乡镇与县政府订立的财政分成合约形塑的产物。当乡镇政府对超过目标的税收的分享比例小于100%（多征收的税收被上缴给县财政部门，由县政府支配），而且县政府存在单方面改变财政分成合约的行为时，乡镇政府就有动力与其行政区域内的集体企业串通一气逃税。通常在集体企业承担乡镇和村干部工资支出或者投资农村公共建设的时候，乡镇政府会允许企业在税单中将这些支出扣除，这是一种隐秘的逃税行为。有的乡镇企业甚至通过虚构工资条和夸大公共建设支出，或者少报产品的销售和产出的数额，或者在产品销售时不开发票，总之以违反制度规定的方式逃避税收。这种行为得到乡镇税务部门的默许（白苏珊，2009：68~69；文振富，1988）。乡镇政府普遍允许企业实施的"两本账"策略则是一种变通的逃税行为。所谓"两本账"，即企业通过两类账本来实施不同的利润结算制度。一本说明的是企业的"账面利润"，其面向国家税务部门，是企业应缴所得税的依据；另一本说明的是企业的"结算利润"，其面向乡镇政府，是乡镇考核企业经营、决定企业职工收入和上缴乡镇财政数额的依据。"结算利润"等于"账面利润"加上"调增利润"的总和。"调增利润"包括企业多提的职工工资以及各种企业内部基金（奖励、教育资金、建农资金、福利基金）。"调增利润"不返回税务制度的"账面"，而是作为结算利润和账面利润的差额进入了乡镇政府和企业内部的分配（马戎等，2000：132~134；王汉生等，2011：570~573）。由于"两本账"制度使乡镇可以较小的税基维持较低的企业税率，违背了国家税务制度的要求，[1] 因此，这种对国家税务制度的变通运作可视为一种特殊的逃税策略。

（三）市/县政府发展了多种策略分享乡村工业化的收益

一种是税收分享模式。前文提及，乡镇政府通过扩大"自筹收入"结构、避税甚至逃税的方式尽可能地占有经营乡镇企业的利润以及各类地租，然而，市/县政府仍能够借助税收系统分享收益。这是由当时国

---

[1] 从制度规定来看，"调增利润"应被纳入企业的收入总和，从而作为上级政府下一轮税收额度的基数。

家实施的"财政包干制"自上而下的实践逻辑决定的。所谓"财政包干制",即"中央对各省级财政单位的财政收入和支出进行包干,地方增收的部分可以按一定比例留下自用,对收入下降导致的收不抵支则减少或者不予补助"(周飞舟,2012:34)。这项制度不但在中央和省政府之间推行,而且层层复制于市、县、乡镇政府之间。① "财政包干制"的实施机制是上级政府允许下级政府享有收益分成,上级政府以此激励下级政府发展经济,并获得后者上缴的税收。由此,只要下级政府能够完成分成合约规定的任务,上级政府就能获得源源不断的收入,从而建构了利益分享机制(周飞舟,2012:40~41;张闫龙,2006;Oi,1992)。此外,在当时沿用的以"企业税"为主的税收征收办法中,各地方政府的财政收入的主要来源是辖区企业的产品税、增值税。政府征收这两种税的前提是:只要企业开工生产,有销售收入,政府就能够征税,而不论企业是否有盈利(周飞舟,2012:40~41)。由于掌握企业的投资和生产规模比了解企业的盈利更为容易,县政府分享乡镇企业税收的信息成本被简化,就有动力激励乡镇政府投资企业经营。而只要乡镇政府发展企业的规模持续扩大,县政府就能依托税收系统分享收益。

另一种是统合经营策略。实际上,在"财政包干制"下,市/县政府受到其与省政府订立的分成合约的激励,由此,它们不但关注乡镇政府发展辖区企业的规模,而且更具有动力扶持、投资乡镇企业,乃至直接介入乡镇企业的经营过程。戴慕珍提出的"地方国家统合主义"理论就生动阐释了以县政府为中心主导的经营辖区企业逻辑。该概念的中心命题是:地方政府(县/乡镇政府)协调辖区内各经济事业单位,其组织模式类似于从事多种经营的实业公司。其中,县级政府相当于企业集团中的总公司,其利用行政资源为乡镇企业提供各种支持。比如,募集

---

① "财政包干制"的成形经历了如下过程。1980年2月1日,国务院下达《关于实行"划分收支、分级包干"财政管理体制的暂行规定》,明确划分了中央与地方的收支范围,核定地方财政收支包干基数。1985年,中央提出"划分税种,核定收支,分级包干"的方法,进一步修订其与地方政府"分灶吃饭"的体制。1988年,"财政包干制"在全国推广。各地按照不同情况,分别实行了六种不同的包干方式,但允许地方政府享受包干基数外的财政收入的操作机理未变。

第四章 赋权："共享型"农地增值收益分配制度的建构（1978~1993年）

资金、提供优惠信贷、降低税率、调节物资供应和协助产业升级。乡镇政府相当于企业集团中的地区分公司，其决定下辖村级集体企业投资计划、生产目标和建立销售渠道。村集体组织相当于企业集团中的子公司，其可进一步拓展这一大型市场经营网络，且提供产品生产、原材料提供、劳动力供给等支持（Oi，1992）。不难看到，在地方国家统合主义模式下，县政府不但具有动力扩大乡镇企业的投资规模以获得乡镇政府上缴的税收，而且可直接介入乡镇企业的利润分配过程。除了上述两种策略外，我们还可看到许多县政府投资兴办的企业直接参与市场竞争、分享市场收益的现象，综合以上讨论可知，县政府在乡村工业化中扮演的是更为多元的角色：或者"放水养鱼"，鼓励乡镇经营企业，以分享后者的收益；或者以统合经营模式直接介入辖区企业经营和利润分配；或者借助其创办的企业占有乡村工业化带来的市场收益。

由上可见，村集体组织、乡镇政府以及市/县政府均在乡村工业化不断发展的过程中享有了各自的收益空间，且发展出了稳定的获利模式。这种共享逻辑之所以得以建立，是因为国家实施的一系列激励制度赋予了各级政府可相互兼容的利益空间。首先，农村土地发展权制度的建构使乡镇政府、村集体组织不仅发展出"以地兴企"的策略模式，而且初步建构了农村土地市场化的基础。这就做好了各方参与分配的"利益蛋糕"。然后，"财政包干制"的实施为市/县政府提供了自主经营地方企业的空间，进而让乡镇政府乃至村集体组织等经营土地获得了相当的自主权。在层层激励下，市/县政府的"放水养鱼"模式被乡镇政府效仿——其同样希望扩大乡办企业的发展规模，也希望保护村办企业的产权以获得后者上缴的利润和管理费用。在这样的基础上，各方共享"利益蛋糕"的分配逻辑得以建构，进而形塑了土地增值收益分配制度的总体框架。[①]

[①] 虽然农地增值收益分配制度具有"共享型"特征，但是这不意味着各方没有矛盾。恰恰下级政府针对上级政府的博弈行为（如乡镇政府倾向于扩大上级政府控制不到的"预算外收入"和"自筹收入"资源）凸显了上下级政府间的矛盾。不过，以上矛盾在国家制度激励释放的利益空间——尤其是乡镇企业输送的制度红利——中获得了平衡。

四 效益与局限

如前所述，共享型的分配制度为各级地方政府制造了可相互兼容的"利益蛋糕"，由此这项制度具有相当可观的效益。

其一，为处于转型期的中国经济提供了重要的制度激励。从1978年党的十一届三中全会宣布党和国家的工作中心将转到经济建设上来，到1993年《中共中央关于建立社会主义市场经济体制若干问题的决定》的出台，中国经历了从计划经济体制向市场经济体制的转型。在这一时期，乡镇企业实现了惊人的经济增长。据统计，1980年乡镇企业的总产值仅占到全国工业总产值的12.7%，到了1993年，这一比例已跃升到60%（周飞舟等，2018）。不难想见，乡村工业化为中国经济的初次腾飞提供了有效的驱动力。对于转型期中国经济增长的秘密，学界做了许多分析，其中，"财政包干制"是学界强调得最多的制度因素。例如，"地方国家统合主义"理论指出，县、乡镇政府之所以会如同"集体公司"一般统合经营辖区的乡办企业和村办企业，是因为"财政包干制"允许地方政府独享包干基数之外的财政收入（Oi, 1992）。不过，与学界侧重于分析财政制度因素所不同的是，本书揭示了乡村工业化"奇迹"发生的另一个秘密：具有"共享型"特征的农地增值收益分配制度。基于前文的分析可以看到，"共享型"农地增值收益分配制度是当时的土地使用制度和"财政包干制"互为促进的产物。前者表现为，土地无偿使用制度和以分级审批为核心的土地管理模式让村集体组织、乡镇政府乃至市/县政府获得低成本使用土地的便利，并让后者以此推动了"以地兴企"、经营地租、土地资本化（以土地融资或入股）等发展策略。[①] 尤其对于乡镇政府、村集体组织而言，由于它们是土地产权的所有者或直接控制方，因而更具有让土地增值的积极性。后者表现为，"财政包干制"自上而下的赋权逻辑形成了层层激励机制：每一级政府均倾向于激励下级政府经营辖区企业以分享收益。这不仅让村集体组织、乡镇政府、市/县政府均在土地增值过程中享有不同份额的收益，而且让各方找到了利益相互

---

① 乡镇企业向银行贷款融资常常以集体土地作为担保（裴小林，1999）。

第四章　赋权："共享型"农地增值收益分配制度的建构（1978～1993年）

兼容的基础，进而激发了不同层级政府和村集体组织发展乡村工业的积极性，由此铸就了中国乡村经济腾飞的"奇迹"。

其二，塑造了城乡之间相对均衡的利益分配格局，并带动了相当一部分农村地区走上了城镇化道路。[①] 在计划经济时期，由于农村被作为重工业的资源汲取来源，且工业资源又主要用于城市发展，因此，城乡之间的发展不均衡是特别凸显的问题。在乡村工业化时期，国家给予农村赋权让利的激励，在一定程度上改变了城乡不均衡的利益分配格局。乡镇政府和村集体组织在国家赋权制度下享有了支配企业收益的自主权，它们以经营企业的收益来保障社区成员的就业、提高社区公共服务和成员福利水平、促进农村地区的基础设施建设和产业发展。由此，"共享型"分配制度具有了另一层含义——城乡地区间的资源共享。市/县政府通过允许乡镇政府和村集体组织自主支配收益来换得后者经营企业的积极性，并以后者上缴的收益分成来推动城市建设。在城乡资源共享的背景下，农民"离土不离乡"的城镇化模式，正是一种在经营企业基础上所进行的社区营造模式。这是一种只改变农村社区的产业形态，而不改变其组织模式、社会关系网络的社区营造方式。在这种模式下，农民虽经历生计模式的改变，但他们无须离开熟悉的社区，因而就避免了生计改变给个人生活带来的冲击；村集体组织则以农民的土地换来集体资产的增值，而集体资产的增值又为农民就业和增收、社区公共设施的建设、村庄集体福利的改善奠定了坚实的物质基础。可见，农民"离土不离乡"的城镇化模式兼容了新旧两种制度传统（乡村工业化的新业态与农

---

① 从语义上讲，"城市化"与"城镇化"并无大的差别（其英文词源均为"urbanization"），即指城市建设范围向农村地区扩展，农村人口转为城市人口的过程。但国内学界对城市发展模式存在观点分歧，造成人们基于价值偏好使用了不同的概念。其中，一派观点认为中国特色的城市化道路应当坚持以发展小城镇为主的模式，由此才能就地吸纳从农民身份转为市民身份的大量人口，缓解大中城市的负载和压力，持此观点者多倾向于使用"城镇化"的表述；另一派观点则认为中国应坚持以发展"大中型城市"为主的模式，提出小城镇不能成为支撑中国城市化和现代化的空间载体，持此观点者主要采用"城市化"的概念（参见折晓叶、艾云，2014：434～435；田雪原，2013；简新华，2014）。随着大城市过度扩张导致的一系列问题日趋严重，城镇化论的观点开始占据上风。直到近年来，党的十八届三中全会提出"坚持走中国特色新型城镇化道路"，"城镇化"概念由此成为官学两界的主流表述。在此背景下，本书使用"城镇化"这一更为主流的表述，但笔者只关心地方政府推动城镇化的行为机制，而不去探讨"城镇化"和"城市化"的差异以及两种模式孰优孰劣的议题。

村集体所有的旧传统），较好地弥合了传统农村向城镇化转型过程中的矛盾和冲突（费孝通，1984）。相当一部分农村地区沿着农民"离土不离乡"的路径，走上了城镇化道路。这些农村地区大体分布在东部发达地区，如浙江、江苏、广东等地，它们以集体工商业为基础，形成了庞大复杂的市场网络，并实现了产业发展、人口聚集和社区扩大与整合（折晓叶、陈婴婴，2000；周怡，2006）。一些地区还形成了发达的镇区经济，乡镇政府联合集体经济组织以及外来投资者，自主推进镇区的房地产业和其他工商服务业的发展，并带动周边的土地开发、人口集聚，培育城镇化发展的动力机制。由此，这些地区形成了以镇区经济为主导的、多中心的城镇化发展模式（徐斯俭、吕尔浩，2009；黄玉，2009；李强等，2012），为处在转型期的中国农村探索出了一种农民自主参与城镇化的模式。

然而，"共享型"农地增值收益分配制度不具有可持续发展的制度环境，存在根本的局限性。

首先，该项制度建立的基础是乡镇企业的发展绩效，一旦政府经营企业的绩效不佳，那么"共享型"农地增值收益分配制度的存在基础也随之被动摇。在20世纪90年代中后期，乡镇企业的发展势头逐渐减缓。各地乡镇企业经营不善，频频出现破产的案例。此时中国面临从乡村工业化向城市化转型的任务，这意味着支持乡村工业化的一系列赋权让利制度需要被调整。1994年，国家实施"分税制"改革，中央政府得到地方增值税和营业税的大部分分成，这让地方政府失去了经营企业的空间。同一时期，国家对金融体制进行了改革，通过整顿农村信用合作基金会，接管农村信用合作社的经营控制权和人事任免权，严格规范和限制农村地区金融贷款，整顿农村地区的"非正式金融"等一系列手段，大大压缩了乡镇企业以及在农村发展的私营企业者获得金融支持的空间（黄亚生，2013）。作为其中的一项激励机制，"共享型"农地增值收益分配制度也走到了改革的十字路口。1993年，《中共中央关于建立社会主义市场经济体制若干问题的决定》提出"国家垄断城镇土地一级市场。实行土地使用权有偿有限期出让制度"。同时，各地在推广土地有偿使用制度过程中，市/县政府开始占据土地增值收益分配的主导权。这正是中国从经营企业到经营土地的转型过程的发端。在市/县政

第四章 赋权："共享型"农地增值收益分配制度的建构（1978~1993年）

府的垄断权力下，原有的"共享型"农地增值收益分配制度的基础开始被动摇。

其次，随着地方经济发展衍生的耕地流失、农村土地资源滥用等一系列问题逐渐严重，国家加强土地资源管控的制度思维逐渐凸显，"共享型"农地增值收益分配制度仰赖的土地管理分级审批制也来到了改革的节点。如前文所述，"共享型"分配制度之所以得以建构，其中的一项激励机制是当时国家对于土地管理实施的授权式治理模式，这让乡镇政府和村集体组织获得了自主使用土地的便利。然而，乡镇企业"村村点火、户户冒烟"的发展模式带来农村土地滥用乃至土地违规利用的治理失控等问题。1986年，国家出台了《土地管理法》，对农村土地的用途变更和市场化出让行为进行了规范化管制，但在当时国家赋权逻辑释放的巨大社会经济动能下，新的治理机制未被完全落实。"乱占耕地、违法批地、浪费土地"等现象依然难以杜绝。在此背景下，国家探索如何进一步加强土地管理。由此，国家对土地管理制度的强化已经在80年代至90年代的制度实践中初现端倪。其中，新中国成立以来出台的第一部《土地管理法》，国家统一的土地管理部门的设置，[①] 均为1998年修订并实施的更为严格的土地管理法规以及垂直管理模式（将国家土地管理局升格为国土资源部）奠定了制度基础和组织基础。1987~1994年，国家土地管理局牵头编制第一次全国土地利用规划，并在全国大部分省（区、市）完成，同时编制年度建设用地计划，与国家计委编制的国民经济发展计划同时下达，用年度建设用地计划进行宏观调控。[②] 这是1998年后土地总体规划和年度计划相结合的中央集权式管理模式的雏形。1993年发布的《中共中央关于建立社会主义市场经济体制若干问题的决定》提

[①] 1949~1986年，有关土地管理的国家制度只有政策条例，如《国家建设征用土地办法》（1953年出台，1958年修正）、《国家建设征用土地条例》（1982年出台），没有一部专门的法律对政府职责、使用土地的相关方的权利和利益进行明确规定。土地管理实施城乡土地二元分立的管理模式，且不同类型的土地管理权限被分配给不同机构：城市规划部门管理城市土地利用，房产部门管理城市地政，农业部门管理农业用地，林业部门管理林地，工矿铁路、交通、军事等部门也拥有各自的土地管理权限。而且在国家建设需要征收土地时没有统一的权力配置惯例，有的地方由建设部门管理征地，有的地方则由农业部门管理（《当代中国土地管理》编辑委员会，2009：129、130）。

[②] 王先进：《土地管理三大制度改革回顾及期待——访原国家土地管理局第一任局长王先进》，http://www.mlr.gov.cn/xwdt/jrxw/200812/t20081205_112823.htm，2008年12月5日。

出,"我国地少人多,必须十分珍惜和合理使用土地资源,加强土地管理。切实保护耕地,严格控制农业用地转为非农业用地"。此外,在经历了1992~1993年的地方圈地占地的高潮之后,党和国家领导人对耕地减少问题颇为关注,不仅推动了全国范围内的土地执法运动,而且下决心改革既有的土地管理体制。新一轮的《土地管理法》修订由此被提上日程(程雪阳,2013b)。在国家开始实施城市化发展战略的背景下,农地增值收益分配制度走到了新的历史拐点。

第五章

限权："城占乡利"的农地增值收益分配制度及其困境（1993~2013年）

回顾当代中国农地增值收益分配制度的发展历史，其从"共享型"分配制度转型为具有"城占乡利"特征的分配制度的关键节点是1993年出台的《中共中央关于建立社会主义市场经济体制若干问题的决定》（以下简称《决定》）。《决定》提出"国家垄断城镇一级市场"，该思路在同期各地推进的国有土地使用权有偿出让的政策试点以及1994年出台的《房地产管理法》和1998年修订的《土地管理法》中得到贯彻和落实。其中，《土地管理法》不允许农地进入市场的法律规定，以及市/县政府对于土地开发权的垄断，意味着"共享型"农地增值收益分配制度最终退出了历史舞台。随着各地城市化运动的全面启动，市/县政府占有了土地开发中的绝大部分收益，农村社区和农民较少获得土地资源的反哺。这种"城占乡利"的分配制度制造了新一轮以城市化为驱动力的中国经济"奇迹"，也因其凸显的一系列问题而引发了争议。2013年，党的十八届三中全会通过了《中共中央关于全面深化改革若干重大问题的决定》，对土地制度改革进行了全面、整体、系统的部署，随后推动了以修订1998年版本的《土地管理法》为中心的"农地新政"。

总之，"城占乡利"的分配制度是自20世纪90年代以来影响中国经济社会发展的重要制度，其如何改革亦决定了未来城乡发展的走向。要解答这一系列问题，关键在于聚焦并系统分析"城占乡利"的分配制度的形塑和实践逻辑。由此，这项制度在怎样的历史背景下形成，其具有怎样的制度内涵，通过怎样的实施机制落实，存在怎样的困境？这一系列问题就构成了本章的核心关注点。

一 历史背景：从"乡村工业化"向"城市化"的转型

从人类文明现代化的历史来看，发达国家的工业化和城市化进程一般是同步的，工业化带动人口从农村向城市流动，为城市化房地产业、商业服务业等制造了市场激励，城市化带动的第二、三产业发展则为工业化提供了大规模的资本积累，进一步加快工业化的发展速度。不过，在改革初期，中国的工业化没有起到推动城市化的效果。这是因为此时的工业化是在农村内生出来的工业化，资本、劳动力和土地等要素资源主要反哺于农村的经济发展，而不是被城市吸纳。所以，在当时，虽然乡村工业化产生了惊人的效益，但中国城市化的进程一度停滞不前。这可从以下一组数据中获得直观反映：1981~1994年，虽然中国工业产值（主要为乡镇企业的工业产值）的贡献率从不到15%迅速上升到60%，是中国历史上工业化发展速度最快的阶段，但同期的城镇人口占总人口的比重只上升了不到10个百分点（周飞舟等，2018）。

不过，这只是中国在转型过程中暂时出现的现象。在20世纪90年代中后期，伴随着乡村工业化发展势头的减弱，以地方政府经营土地为核心的城市化发展模式应运而生。这种发展模式的关键机制是国家对城市的资本和土地资源进行的市场化改革。20世纪80年代，虽然中国城市经济经历"承包制""价格双轨制"等具有市场激励效用的改革，但国有企业以行政机制主导的经营模式、地方政府以行政机制配置土地等要素资源的模式仍造成城市经济的市场潜力无从发挥（渠敬东等，2009）。1993年，《决定》全面启动了市场经济建设进程，城市经济体制经由市场化改革焕发了新的活力。首先是市场经营主体的多元化。按照《决定》"坚持以公有制为主体、多种经济成分共同发展的方针"，国有企业、私营企业和外资企业拥有平等的市场地位。这让参与城市经济发展的资本更为多元化，且形成了各方地位相对平衡的市场竞争模式。① 与此同时，城市土地的市场价值也在改革中被激活。基于深圳、上海等地对国有土地进行有偿出让的经验，1988年修订的《宪法》和《土地管理法》依次增加了"土地使用权可以依照法律的规定转让"的条款。随后，《城镇国有土地使用权出让和转让暂行条例》（1990年）《招标拍卖挂牌出让国有土地使用权规定》（2002年）等政策对土地出让细则进行了说明（容志，2010：88~96）。这些法律政策正式确立了国有土地有偿使用制度的合法性，也激活了以房地产为核心的城市经济。在此激励下，地方政府发展出"经营土地"模式，其与企业结成了"增长联盟"，实现了资本和土地的快速增值以及城市经济的不断繁荣（周飞舟，2012）。由此，"土地城市化"模式取代了乡村工业化模式，成为21世纪以来中国经济发展的引擎（周飞舟等，2018）。

农地增值收益分配制度与不同时期国家的经济发展战略以及国家进行土地管理的组织基础息息相关。在乡村工业化时期，"共享型"分配制度之所以得以建立，不仅在于乡镇企业是当时国民经济发展的动力来源，也在于土地管理的制度基础和组织架构还在搭建中，需要进一步磨合，由此，当时实施的授权式治理模式（周雪光，2011），在很大程度上契合了土地管理体制从无到有的过程。② 到了国家推动市场经济建设和城市化发展的时期，如何在激励城市经济发展的基础上，加强对土地资源的管理是土地制度的发展路径。1993年《决定》提出"国家垄断城镇一级市场"的思路，并在次年出台的《城市房地产管理法》中初步确认了此思路的法律细则。1997年，中共中央、国务院发出《关于进一步加强土地管理切实保护耕地的通知》，加强土地利用计划管理，实行土地用途管制；明确"集体土地使用权不得出让，不得用于经营性房地产开发，也不得转

---

① 国有企业改制后被要求以"现代企业""自负盈亏"等组织形态从事经营，在一定程度上改变了以往企业获得政策庇护的"软预算约束"模式；同时，私营企业和境外企业的市场地位获得了提升，它们得以进入以往由国有企业垄断的市场行业。

② 在国家土地管理局成立后，如何制定符合各地经济社会发展环境和自然条件的实施政策，如何培养专业的土地管理人才，如何制定地方土地规划，如何运用红外遥感等技术，制定翔实的地籍信息，如何推动地方土地管理部门与其他机构的协作，等等，是土地管理体制在落地、发展过程中面临的一系列问题。在此情况下，授权式治理模式有利于调动地方解决上述问题的自主性，因而可以说是适应了一项新制度从无到有的转型过程。

让、出租用于非农业建设"①。在此基础上，1998年《土地管理法》修订，国家实施具有集权治理特征的土地管理制度，其将土地开发的权力上收到市/县政府，即让市/县政府代理国家成为垄断城镇一级市场的主体，并以"用途管制"制度规范市/县政府的用地行为。在此制度下，乡镇政府、村集体和农民个体均无法享有土地增值收益分配的自主权，城市化带来的土地红利被市/县政府所垄断（陈颀，2019a）。这就是"城占乡利"的分配制度。

二 限权：土地出让制度与管理制度的改革

20世纪90年代初国家推动的国有土地使用权有偿出让制度以及1998年国家修订的《土地管理法》是农地增值收益分配制度转型的关键制度。这一系业列制度构成对农民和村集体组织进行限权的机制，框定了城市化时期土地增值收益分配中的"城市占大头、农村占小头"的制度格局，且至今仍在延续。

（一）国有土地使用权有偿出让制度的推行

在国有土地使用权有偿出让、土地储备、土地"招拍挂"等一系列与土地出让相关的制度实践下，市/县政府拥有了经营土地和控制土地开发收益的能力。以上三项制度均发端于中国各地全面启动城市化的时期，且环环相扣、互相促进，从而建构了市/县政府代表国家垄断城镇一级土地市场的制度模式。

第一，这一制度模式的首要基础即国有土地使用权有偿出让制度的启动。该制度突破了计划经济时期国有土地无偿、无限期使用以及不能进入市场流通的制度约束。② 1987年，深圳市政府启动了中华人民共和

---

① 参见 https://www.mohurd.gov.cn/gongkai/fdzdgknr/zgzygwywj/200106/20010614_155380.html，中华人民共和国住房和城乡建设部官方网站。
② 参与国有土地使用权有偿出让制度改革的国家土地管理局原局长王先进回忆，当时推动改革最大的束缚是反对改革者认为让土地作为商品进行流通是一种变相的私有化。这不符合经典的马克思主义理论和社会主义国家的法律实践。对此，改革派提出，作为商品出让的是土地的使用权而非所有权。这与马克思主义地租理论相符合，并不会动摇土地公有制的制度基础，由此才夯实了国有土地使用权有偿出让制度的合法性基础（参见王先进，2008）。

第五章 限权："城占乡利"的农地增值收益分配制度及其困境（1993~2013年）

国成立之后第一块国有土地的使用权的出让工作。1988年修正的《宪法》和《土地管理法》在绕开社会主义公有制土地的"所有权不能出让"问题的前提下，设置了"土地使用权可以依照法律的规定转让"的条款，从而确立了具有中国特色的土地制度的双轨制变革模式（渠敬东等，2009）。1990年，国务院出台的《城镇国有土地使用权出让和转让暂行条例》对城市国有土地的实施范围、不同土地的出让期限和实施细则进行了规定。此后，国家还出台法律和政策要求城市中的国有土地使用权必须全部通过出让的方式供地。1994年，新中国第一部《城市房地产管理法》确认城市规划区内的国有土地必须通过出让方式进行供地（房维廉，1995：31~36）。2002年，国土资源部发布《招标拍卖出让国有土地使用权规定》，废除了沿用多年的土地协议出让方式，要求当年从7月1日起，商业、旅游、娱乐和商业住宅等各类经营性用地必须通过招标、拍卖、挂牌方式出让。国土资源部出台的《招标拍卖挂牌出让国有建设用地使用权规定》《全国工业用地出让最低价标准》要求工业经营性用地必须完全执行"招拍挂"出让，并划定了各地出让工业用地的价格红线（法律出版社法规中心编，2018：182~213）。至此，各地城市国有土地使用权的出让模式得以全面推广，并与同期启动的房地产业和大规模制造业的发展相互刺激，推动了城市土地市场的不断发展。

第二，"土地储备"制度的推广确立了市/县政府的垄断地位。在各地地方政府推动国有土地使用权有偿出让的过程中，虽然土地市场被激活，但是地方政府一度面临无法整合土地市场的问题。这是因为在无偿用地模式的长期延续下，城市的存量土地（主要为划拨土地，包括国有土地以及"城中村"地区的集体土地）的控制权大多掌握在各个企事业单位、村集体组织和私营企业手中（曹正汉、史晋川，2009；王媛，2017：25）。这些持有划拨土地的相关方常常在未经过许可的情况下将土地或房屋进行出租、出让，或以土地为资本联营、联建、入股分成等，由此建构了一个规模巨大的城镇土地隐形交易市场（王先进，1992）。由此，市/县政府很难将土地开发的自主权和收益分配权控制在手中。

伴随着国有土地使用权有偿出让制度的推进，各地方政府开始探索如何加强对辖区土地开发权的控制。例如，早在20世纪90年代初期，珠海市探索出"统一规划、统一征地、统一开发、统一出让、统一管理"的开发经验,深圳市实行土地管理垂直领导,建立了以土地为中心,城市规划、土地管理、房政管理一体化的新体制。这些地方模式得到了中央高层的认可(李铁映,1994)。随后,上海市和杭州市分别于1996年和1997年成立了土地储备中心。两地的"土地储备"模式更为成熟和体系化,成为其他城市效仿的模板。1999年,"杭州经验"在当年的全国集约用地市长研讨班上得到推广。随后,江苏南通、山东青岛、湖北武汉等城市纷纷成立土地储备机构,开展土地储备工作。2001年,国务院发布《关于加强国有土地资产管理的通知》,提出"有条件的地方政府要对建设用地试行收购储备制度"。2007年,国土资源部、财政部、中国人民银行联合制定发布了《土地储备管理办法》,统一规定了土地储备制度的主要内容,进一步完善了土地储备制度,并要求该制度在全国市/县政府中实施。到了2010年前后,全国已经有土地储备机构2000多家,土地储备制度在城市一级土地市场上占据了主导地位(徐万刚,2010)。

从各地的实践经验来看,土地储备制度一般包括三个关键环节:(1)收购,即通过征地、收购、收回和置换等方式,将全部拟转让给投资者使用的土地先集中到地方政府手中;(2)储备,将上述方式获得的土地全部收入地方政府的土地储备,由政府进行"七通一平"将"生地"变成"熟地",并进行信息登记;(3)出让,将储备好的土地按照地方政府制订的土地年度利用计划,择机转让给投资方。一般土地储备机构隶属于国土资源管理部门,由市长(县长)担任主管领导。在市/县政府下属的开发区、办事处和乡镇政府中还设有土地开发公司来配合上级工作(曹正汉、史晋川,2009;王媛,2017)。正是通过以上"一个口子进水、一个池子蓄水、一个龙头放水"的土地收购储备、经营管理模式,市/县政府得以将辖区土地市场的潜在竞争者排除在外,从而独享土地开发的收益,并自主地决定土地开发的时间节点以及土地开发的范围。①

---

① 扩展土地收储和开发的范围是地方政府经营土地的重要制度。按照《土地储备管理办法》(国土资发〔2007〕277号)的规定,地方政府可收储的土地主要是国有建设用地,但地方政府倾向于将土地收储的范围从国有土地向集体土地扩展(陈晓芳,2011;周飞舟,2007)。例如,在笔者的研究案例中,M省中华市政府(化名)通过由基层政府开办土地开发公司的形式,收储了大批集体和国有农用地(国营农场的农用地属于国有)。这些农用地被作为产业园区、开发区或者大型还建小区的预留地(参见陈颀,2019a)。

第三，土地"招拍挂"制度的推行为地方政府最大化地发挥土地价值提供了制度杠杆。国家推行土地"招拍挂"制度的一大目标是规范地方土地市场。在国有土地使用权有偿出让制度推动的初期，城市国有土地的使用权一直是以划拨或协议出让的方式供给用地方。这种缺乏制度约束的供地模式常常诱发官员"寻租"和企业"设租"的共谋行为，造成作为国有资产的土地流失以及资源滥用问题。由此，国土资源部陆续发布的《招标拍卖出让国有土地使用权规定》（2002年）、《全国工业用地出让最低价标准》（2006年）、《招标拍卖挂牌出让国有建设用地使用权规定》（2007年）规定商业、旅游、娱乐和商业住宅等各类经营性用地以及工业用地均须通过"招拍挂"的方式出让。这些规定在规范地方土地市场的同时，也彻底激活了城市土地的价值，为地方政府谋求土地价值的最大化提供了新的政策机遇。在土地"招拍挂"制度下，地方政府一方面最大可能地动员市场资本参与城市开发，以紧缺型供给土地资源的方式推动企业竞价，从而推高土地出让的价格，即制造所谓"地王"；另一方面借助对土地"招拍挂"制度的操控策略，如在土地的"招拍挂"中为意向企业量身定做出让条件，操作竞标过程，以返还资金的方式鼓励企业参与竞争，与企业建立了新的共谋关系，从而有效推动地方招商引资和优势产业的打造（谢志岿，2015：135～141；郭亮，2017）。以上表明，在土地"招拍挂"制度的推广过程中，地方政府不但借助市场机制让土地价值最大化，还建构了灵活用地政策以推动地方经济的自由裁量权，因而这项制度成为地方政府谋求地利的政策工具。在此制度的基础上，以获取土地出让金为中心的政府收益模式（所谓"土地财政"）逐渐成形，成为影响地方经济社会的主导力量。

以上与土地市场相关的三条制度线索相辅相成，从而建构了市/县政府代表国家垄断城镇土地一级市场的制度框架。其中，国有土地使用权有偿出让制度明确回应了"什么样的土地权利可以出让"（国有土地使用权）的问题，这为城镇土地市场的发展提供了合法性。土地收储制度确立了市/县政府对于城镇土地的垄断地位，为它们排他性地控制土地开发提供了制度抓手。土地"招拍挂"制度则是市/县政府最大化实现土地价值的制度媒介。在这三项制度的组合实践下，地方政府以"经营土地"的方式来"经营城市"，不断提高城市产业的发展水平和公共设施的建设水平，从而源源不断地获取巨额的土地出让收入和相关的财政收入。

（二）土地管理制度的改革

诚然，借助上述三项与国有土地使用出让相关的制度，市/县政府得以经营城市国有土地，垄断城市土地的增值分配过程。不过，城市中的存量土地毕竟有限，市/县政府要想获得源源不断的土地收益，还需要将它在城市地区中的垄断机制扩展到农村地区。然而，在20世纪80年代实施的土地管理制度中，农村集体土地被允许进入市场。借助这些制度，集体产权的相关方（村集体组织、农民以及乡镇政府等）享有了土地增值的大部分收益（见第四章）。1998年《土地管理法》修订后，农地进入市场以及村集体、农民分享土地增值收益的权利被限制，市/县政府得以将开发的触角伸向农村。"城占乡利"的制度逻辑最终成形。

限制农地入市相关制度集中在1998年《土地管理法》的第四十三、四十四、六十、六十一、六十二和六十三条。[①]

首先，1998年《土地管理法》规定："农民集体所有的土地的使用权不得出让、转让或者出租用于非农业建设。"（第六十三条）这意味着，无论是农民的承包地、宅基地还是农村的公共建设用地都不能用于非农用途，由此农民无法获得土地出让和增值过程中的收益分享权利。[②]

其次，1998年《土地管理法》规定，"任何单位和个人进行建设，需要使用土地的，必须依法申请使用国有土地"（第四十三条），"建设占用土地，涉及农用地转为建设用地的，应当办理农用地转用审批手续"（第四十四条）；要求"农村集体经济组织使用乡（镇）土地利用总体规划确定的建设用地兴办企业或者与其他单位、个人以土地使用权入股、联营等形式共同举办企业""乡（镇）村公共设施、公益事业、农村村

---

① 2004年，《土地管理法》进行过局部修正，但变动不大。第四十三、四十四、六十、六十一、六十二和六十三条款一直沿用到2019年《土地管理法》修正前的时期。
② 作为农用的土地使用权的流转仍然被国家政策所鼓励，且后来国家出台的《农村土地承包法》和《物权法》对农民的这项权利予以法律保障。不过，农地农用所产生的收益显然远远比不上农地转工商业用途所产生的收益。

民住宅等乡（镇）村建设"① 等涉及占用农用地的，必须依照该法第四十四条的规定办理农用地转用审批手续（参见第六十条、六十一条、六十二条）。这意味着，村集体组织、农民以及乡镇政府、外来企业等其他使用农地的相关方均不能直接将农地用于非农项目，而必须通过农地转变为国有土地的形式，并须经过县级以上人民政府审批才能获得国有土地使用权。

再次，1998年《土地管理法》第二条规定，"国家为公共利益的需要，可以依法对集体所有的土地实行征用"，由此，村集体组织和农民进行土地开发的制度渠道不仅被取消，而且只能通过国家征收的方式进入市/县政府垄断的城镇土地一级市场。

最后，1998年《土地管理法》第四十三条规定，"兴办乡镇企业和村民建设住宅经依法批准使用本集体经济组织农民集体所有的土地的，或者乡（镇）村公共设施和公益事业建设经依法批准使用农民集体所有的土地的"，不需要进行农地转非农用土地的审批。第六十三条则规定，"符合土地利用总体规划并依法取得建设用地的企业，因破产、兼并等情形致使土地使用权依法发生转移的"，可将土地使用权进行出让、转让或者出租用于非农业建设。但是，这些例外条款在大部分乡镇企业很难参与市场竞争且破产、转制的背景下并没有太大的意义。

综合来看，以上规定构成了一个整体的限权框架，农村集体土地的发展权被让渡到城市国有土地，地方政府通过征地垄断了农村土地收益（吴毅、陈颀，2015）。经由此次修法形成的土地发展权的"类国

---

① 对农民宅基地的限权逻辑也见于同时期国家颁布的法律法规。此前，1986年《土地管理法》第四十一条规定，"城镇非农业户口居民建住宅，需要使用集体所有的土地的，必须经县级人民政府批准"，1998年《土地管理法》则将此条款删除，并规定"农民集体所有的土地的使用权不得出让、转让"。1999年《国务院办公厅关于加强土地转让管理严禁炒卖土地的通知》则进一步明确："农民的住宅不得向城市居民出售，也不得批准城市居民占用农民集体土地建住宅，有关部门不得为违法建造和购买的住宅发放土地使用证和房产证。"1998年，《土地管理法》将农民的宅基地归为建设用地，农村宅基地的总量受建设用地指标约束。2004年，《国务院关于深化改革严格土地管理的决定》规定农用地转用年度计划实行指令性管理，并且明确将农村集体建设用地纳入土地利用年度计划。这使得无论是农民出让住房还是农村进行大规模建房以及发展房地产业均没有法律的保障（具体分析参见吴毅、陈颀，2015；陈明，2018）。

有化"① 和"政府低价征地+高价卖地",可视为"城占乡利"的分配制度的核心机制(程雪阳,2014;彭錞,2016a)。

值得注意的是,此次修法禁止集体土地使用权出让的法律条款与之前的《宪法》《土地管理法》的相关条款存在差异。1988 年,在全国人大通过的《宪法修正案》中,原来的第十条"任何组织或者个人不得侵占、买卖、出租或者以其他形式非法转让土地"被改为"任何组织或者个人不得侵占、买卖或者以其他形式非法转让土地。土地的使用权可以依照法律的规定转让"。同年,《土地管理法》也因应宪法精神进行了修正,提出"国有土地和集体所有的土地的使用权可以依法转让。土地使用权转让的具体办法,由国务院另行规定"。在上述法律的指导下,国家推动全国范围内的集体土地使用权有偿出让的试点工作。《国务院批转国家土地管理局关于加强农村宅基地管理工作请示的通知》(国发〔1990〕4 号)下发后的两年间,全国共有 28 个省(区、市)1400 多个县(市、区)1 万多个乡镇施行了宅基地有偿使用。同期,乡镇企业用地有偿使用的改革试点也扩展到全国 140 多个县(市、区)。在此基础上,1992 年,《国务院批转国家体改委关于 1992 年经济体制改革要点的通知》提出:"积极稳妥地推进土地使用有偿制度改革……宅基地和乡镇企业用地有偿使用要扩大试点,逐步推开。"(参见邹玉川,1998)然而,在 1998 年修订的《土地管理法》中,宅基地、乡镇企业用地的有偿出让已不被允许。

为什么 1998 年《土地管理法》会实行完全不同的制度逻辑?换言之,从 1988 年到 1998 年,我国的土地管理体制是在怎样的历史背景下发生转变的?

仔细检索文献发现,相关研究主要聚焦的是 1998 年《土地管理法》限制集体土地使用权出让的相关条款是否违宪的问题。提出违宪之说的学者指出,1998 年《土地管理法》对农地入市的限制违背了宪法平等原则,且 1988 年《宪法》规定集体土地和国有土地的使用权均可以有偿出

---

① "类国有化"指的是,1998 年《土地管理法》修订后的制度条款,并没有明确土地发展权属于国家,却通过限制农地入市等方式约束集体土地产权的出让权能,从而将这部分发展权转移到城市国有土地以及实质控制土地征收的地方政府。

让，然而国家于1990年出台《城镇国有土地使用权出让和转让暂行条例》后，不仅再无推动集体土地使用权出让的动作，还在1998年《土地管理法》中取消了集体土地出让的制度空间。由此，他们认为1998年的《土地管理法》存在违宪的嫌疑（周其仁，2004，2014a；程雪阳，2014，2015）。反对违宪之说的学者认为，1998年《土地管理法》修订后形成的国家垄断土地发展权的制度模式恰好构成了"中国土地制度的宪法秩序"，因为这套制度模式既有利于城市建设的规范有序，能让广大民众享受到更好的公共服务，也可防止少数人独享土地发展增益，保障土地发展增益全民共享（贺雪峰，2013；陈柏峰，2012；桂华，2017）。然而，任何法律法规是否成立的规范性讨论均须建立于准确把握现实逻辑的基础上。针对1998年《土地管理法》限制集体土地使使用权出让的相关条款是否违宪的议题，相关学术讨论并没有聚焦相关限制性条款的历史起源问题，很难发现相关限制性条款背后牵连的利益结构以及路径依赖对于当前改革的影响，由此存在局限。就此而言，学术研究还需重返限制农地转让规定的历史情境，去探索这项规定为何在当时的环境中被国家制度所实践。

通过梳理1998年《土地管理法》修订前国家推动土地管理体制改革的历史过程，本书发现，集体土地入市从短暂放宽到受到法律限制的过程是由以下因素决定的。

其一，"国家垄断城镇土地一级市场"的制度思路决定了集体土地市场在城乡土地市场中的地位必然会被弱化。1993年《决定》提出"国家垄断城镇土地一级市场"的发展思路，其实际上是国家授权市/县政府垄断城市国有土地的出让过程和收益分配。之所以如此，一方面，是因为市/县政府是城市土地的直接管理者以及国家权力在城市基层社会的延伸，由此让市/县政府垄断土地市场可强化国家宏观调控的能力；另一方面，是因为市/县政府通过垄断土地市场为城市建设募集了大笔资金，推动了城市经济的快速发展。由此，这种具有更高经济效益的制度模式在当时的时代背景下受到国家的青睐。不过，在当时，市/县政府面临借助土地划拨制度而控制着土地开发权的相关方的竞争。在城中村和城郊地区，有大量集体土地被村集体组织、农民个体以及外来投资者控制，他们或将农地用于出让或出租，或使用农地发展工商业，由此占有了土地开发的增值收益。如前所述，在中央政府与市/县政府目标一致的情况下，当集体土地市场冲击了国有土地市场秩序以及市/县政府的垄断地位，并必然会影响"国家垄断城镇土地一级市场"的发展思路时，限制集体土地进行非农用途建设和市场出让的国家制度由此萌发。

制度限制的起点是1994年出台的《城市房地产管理法》。该法第八条规定："城市规划区内的集体所有的土地，经依法征用转为国有土地后，该幅国有土地的使用权方可有偿出让。"在当时的《城市规划法》中，城市指的是国家按行政建制设立的直辖市、市、镇。而"城市规划区"则指的是城市市区、近郊区及城市行政区域内因城市建设和发展需要实行规划控制的区域（房维廉，1995：7）。不难看到，这一规定已经取消了位于城市内部和城市郊区的集体土地直接进入市场的权利。这意味着区位最好、最有开发潜力的集体土地已被该法确认为市/县政府实施控制的对象。这正是"国家垄断城镇土地一级市场"的发展思路的主要表现。[①] 随后，在《城市房地产管理法》的基础上，国家进一步强化了限制集体土地开发的政策思路。在1994年8月召开的全国土地使用制度改革工作会议上，国务院副总理邹家华提出"为防止大量农用地转为非农地，规范统一的土地市场，要严禁集体土地买卖和用于房地产经营。这方面，《城市房地产管理法》已经有了原则规定，要尽快制定具体配套法规或政策性文件，加以规范"（邹家华，1994）。如此，《城市房地产管理法》的出台是一大关键节点，该法取消了城市规划区内集体土地

---

① 《城市房地产管理法》草案在征集意见时，有人提出限制集体土地出让的条款与1988年修正的《宪法》和《土地管理法》不符，但全国人大法律委员会认为，在这个问题上，必须认真贯彻党的十四届三中全会的精神，即"我国地少人多，必须十分珍惜和合理使用土地资源，加强土地管理。切实保护耕地，严格控制农业用地转为非农业用地。国家垄断城镇土地一级市场"。由此，限制集体土地出让的条款最终出台。此外，《城市房地产管理法》的官方释义提出，该法之所以限制集体土地出让，是因为"迄今在我国建立的土地使用权出让和转让制度，不包括集体使用权的出让和转让"，"为了保持土地使用制度的连续性，本条规定城市规划区内的集体所有的土地，经依法征用转为国有土地后，该幅国有土地的使用权方可有偿出让"。然而，党的十四届三中全会的精神、集体土地使用权出让缺乏政策规定、维持土地使用的连续性等均不能作为限农条款出台的依据，因为这不能解释限农条款与1988年《宪法》规定的矛盾。结合当时国家希望大力扶持房地产业、推动城市国有土地有偿出让的背景来看，立法者力图进一步强化国家对城镇土地一级市场的垄断更可能是限农条款出现的主要因素（房维廉，1995：34、233；程雪阳，2018：156～158）。

入市的权利，这为1998年《土地管理法》全面限制农村集体土地进入市场奠定了制度基础。

其二，耕地资源流失问题的日趋严重，最终引发国家实施以"土地用途管制"①为核心的集权化改革，由此农村集体土地进入土地市场的权利被限制。

一方面，农地被严格管制与农地负载的公共目标相关。在协调经济发展和资源保护的深刻矛盾的时代背景下，农村集体土地负载着国家保护耕地资源和保障粮食安全的公共目标，是被国家权力嵌入的政策载体（刘连泰，2016）。然而，中国农村蕴含着强烈的发展冲动，无论是发展乡镇企业还是农民建房，相关方都具有最大化获取地利的行动逻辑。这与国家管控资源的目标存在矛盾。国家土地管理局对各类非农建设用地的清查数据表明，1991年1月1日至1996年12月31日，全国各类违法用地总量达49.2万公顷，集体建设、农民建房的违法用地量占违法用地总量的比例分别是43.2%和11.5%，合计为54.7%，超过了国家建设的违法用地所占的比例（《中国土地》编辑部，1998）。在农地资源被滥用的背景下，国家势必要强化对集体土地出让的管制。1990年，《国务院批转国家土地管理局关于加强农村宅基地管理工作的请示的通知》（国发〔1990〕4号）下发，要求通过"严格宅基用地审批手续""加强用地计划指标控制""完善村镇建设规划""进行农村宅基地有偿使用试点，强化自我约束机制"等方式加强对宅基地占用耕地行为的管控。国家还形成了以"转权让利、统一出让"为核心的整顿集体土地出让市场的思路。1995年，国家土地管理局出台了《非农建设的集体土地交易应征为国有的试点方案》，规定"市、县人民政府对可以集中的乡镇企业、私营、个体工商业的用地，应实行统一规划、统一征用、统一开发、统

---

① "土地用途管制"是国际通行的土地资源管理方式。中国的做法是将土地分为农用地、建设用地和未利用地，明确各类土地的使用边界，严格限制用途变更。这一制度是与自上而下的权力集中连带实施的。其中，建设用地指标关系着土地从农用向非农用途的变更，成为与土地开发最为相关的权力资源。中央政府通过土地利用总体规划、土地年度使用计划来控制地方政府获得建设用地指标的规模和时间节点，要求各级政府不得突破指标限定的土地开发数量（甘藏春，2011；陈颀，2019a）。在1998年修订后的《土地管理法》实施"土地用途管制"后，20世纪80年代到90年代一度实施的"分级审批制"即被替代。

一出让、统一管理的制度,严格控制在城市规划区外供应非农建设用地"。值得注意的是,这一规定第一次将城市规划区外的集体土地纳入禁止出让的范畴,是对1994年《城市房地产管理法》的相关规定(要求城市规划区内的集体土地必须转为国有土地才能出让)的进一步强化。在此基础上,1998年《土地管理法》才得以实施全面限制农地转让的制度设计。

另一方面,农地严格管制的制度思维与集权化改革内生的"一刀切"限权逻辑相关。研究表明,当中央政府认识到治理风险的产生来自其对地方的过度放权时,常常实施集权化改革,且更倾向于通过"一刀切"限权的模式预防风险(周雪光,2011;周黎安,2014)。如1993年国家实施的分税制改革就是中央政府为了应对自身财力不足以及与地方政府博弈的问题,才全面上收了各级地方政府的财权(周飞舟,2012:50~52)。在土地管理制度及体制的改革中,中央政府对治理风险的认知是推动集权化改革的动力机制。这种风险认知是通过体制内自下而上的信号呈现而得以实现的。1996年,国土资源局组织人员在全国13个省区和12个城市进行了以耕地保护为主题的调研。1997年1~2月,国土资源局的官员三次赴中南海向党中央、国务院的领导人汇报工作。报告中揭示的耕地流失问题之严重,让中央高层高度重视土地管理体制的改革问题(刘祚臣,1999;何志强,2008)。由此,1997年4月15日,中国土地管理史上著名的"11号文件"——《中共中央 国务院关于进一步加强土地管理切实保护耕地的通知》出台,其提出"强化土地的国家管理职能,改革土地'分级限额审批'制度,实行农地与非农建设项目用地的用途管制制度""加强农村集体土地管理,扭转农村集体土地利用、流转的混乱状况"等政策要求。同时开展对1991年以来非农建设占用土地情况的大清查工作,并冻结一年之内的建设占用耕地以及县改市的审批工作。在"11号文件"的基础上,1998年8月29日,第九届全国人大常委会第四次会议修订通过《中华人民共和国土地管理法》。这一版本的《土地管理法》除限制农村集体土地用于非农用途,禁止集体土地使用权的出让或出租之外,中央政府还将农地转非农用以及征地的审批权上收到省一级政府,从而限制了市/县等地方政府从事土地开发的制度空间。①

基于国家高位推动的改革逻辑，1998年《土地管理法》在不到一年的时间里就完成了从拟订草案到最终出台的过程。其中，对农地的限权是国家实施集权化改革的重要组成部分，且被国家视作管控耕地流失风险的关键一环。这可从立法者没有采纳地方要求保留集体土地流转权的意见获得佐证。当时，在1998年《土地管理法》草案征求地方意见的过程中，有部分群众和地方官员要求国家建立集体土地流转和有偿使用制度，但全国人大立法委员会提出，新修订的《土地管理法》的中心目标为保护耕地，要落实这一目标，唯有全面"禁止农民集体所有土地使用权出让、转让或者出租用于非农业建设"。因为"现在乡（镇）干部对将耕地变为建设用地，搞房地产的积极性很高，如不加以严格控制，将会又有大量耕地变为建设用地，保护耕地的目标将难以实现"；而且，"由于我国的土地市场刚刚建立，政府管理土地市场的各项措施还不健全，加上前几年'房地产热''开发区热'造成大量的闲置土地，如果再允许集体土地进入市场，将又有大量集体土地变为建设用地，形成更多的闲置土地，国有土地使用制度改革也将难以进行"。因此，立法者拒绝了前述的修改建议（卞耀武、李元，1998：176）。农地的限权框架就是在这样的背景下形成的。

（三）小结："城占乡利"分配制度的形塑

总结前文，"城占乡利"的农地增值收益分配制度是在国有土地使用权有偿出让制度和土地管理制度的改革逻辑下，由不同的制度机制交互形塑而成。

首先，国有土地使用权有偿出让制度诱发了市/县政府垄断地方国有土地市场的行动逻辑，并使后者具有将垄断机制扩展到农村集体土地的

---

① "土地用途管制"制度的核心是将土地分为三类，即农用地、建设用地和未利用地，严格限制土地转为建设用地，控制建设用地总量。1998年修订后的《土地管理法》特别将建设用地，即所谓农地作为非农用途的审批权主要集中于省一级政府。该法第四十四条规定，"建设占用土地，涉及农用地转为建设用地的，应当办理农用地转用审批手续"，且大部分"建设项目占用土地，涉及农用地转为建设用地的，由省、自治区、直辖市人民政府批准"。第四十四条要求征收农用地的，还须办理征地审批，且审批权同样集中在省一级政府。这意味着市/县政府不再享有以往的自主审批建设用地的权力。

动机和能力。这是"城占乡利"制度得以诱发的利益基础和激励机制。其次，在土地管理制度的改革中，一方面，国家为了防止土地资产的流失而实施的"国家垄断城镇土地一级市场"的制度，必然会弱化集体土地市场在土地市场中的地位；另一方面，耕地资源的流失促使国家实施集权化改革而全面限制农地的非农化。① 在两种机制的交互作用下，农村土地进入市场的权利被限制，只能通过转为国有土地的形式才能入市。在此基础上，市/县政府得以借助征地途径将农村土地纳入控制范围，垄断农村土地的收益分配过程，并将农民、村集体组织排除在收益分配的过程之外。"城占乡利"的农地增值收益分配制度由此形塑，并成为影响新时期地方经济发展以及国家－社会关系的支配性力量。

三 实践机制：地权的差序配置与时空切割

在前面的分析中，本书发现，在国有土地使用权有偿出让制度和土地管理制度的双重改革下，市/县政府不但发展出垄断城市国有土地收益的行为机制，而且将开发触角延伸到农村集体土地。不过，这只是在宏观视角下的发现，要真正解答"为何'城占乡利'的分配制度得以稳定地存在"，还应探讨这项制度的微观实践机制。已有研究认为，土地增值收益分配制度的核心是集体土地和国有土地——这两种产权的相关方在实践中的权利配置问题（程雪阳，2014）。沿着这一思路，本书提出，不同类型土地产权的权利配置及其实践逻辑是解答"'城占乡利'的分配制度如何实践"问题的关键。

---

① 在集权化改革的"一刀切"逻辑下，市/县政府虽然也受到中央政府和省级政府的权力约束，但它们能够通过集中土地开发控制权的形式将压力摊派给乡镇政府，并利用国家对农民和村集体组织的限权垄断农村集体土地的增值收益。这种资源约束背景下市/县政府将压力层层下移的逻辑最终封锁了农村集体土地进入市场的空间，从而让农民和村集体组织不再能够直接享有农地入市以及自主参与城镇化的制度空间（陈颀，2019a）。换言之，"城占乡利"并非国家有意限制农村的土地发展权，而是在城乡二元分化、具有等级性质的产权模式（市/县政府垄断的国有土地具有优于农村集体土地的制度地位）下，国家"一刀切"地加强土地管控，造成处于下位的农村集体土地产权相关方无法获得土地收益。

第五章　限权："城占乡利"的农地增值收益分配制度及其困境（1993~2013年）

（一）理论含义

在城市化背景下，土地增值收益分配涉及两种产权——国有的城市土地产权和集体所有的农村土地产权，以及不同的相关方——控制国有土地产权的市/县政府和控制集体土地产权的乡镇政府、村集体组织和农民。在20世纪90年代土地出让制度和管理制度改革前，两类土地产权具有进入市场的平等地位，但在改革之后，集体所有的土地产权获得市场出让的权利被限制。由此，市/县政府不仅垄断了国有土地产权的收益分配，而且将集体产权的增值收益部分纳入其控制范畴。此即"城占乡利"的实践逻辑。正是在这样的实践逻辑下，国有的土地产权获得优于集体所有的土地产权的地位。本书将此称为"地权的差序配置"。

在社会主义公有制的制度环境下，不同类型的产权被纳入等级化的秩序中，是十分常见的现象。例如，中央直属的国有企业、省和市直属的国有企业、城市集体企业、乡镇控制的集体企业和村集体企业在资源获取和市场准入方面存在显著的差异，隶属于更高行政单位的企业占据更为突出的优势地位。"等级产权"模式由此形成，其以统一的、"差序"的政治和社会权利结构为基础，服从"全民大于集体、集体大于个体"的等级身份秩序（罗小朋，1994）。产权的等级秩序还决定了不同企业与政治权力之间的"圈内"或"圈外"的亲疏关系，这为产权所有者和政治权力之间关系的形塑及相应的利益联合奠定了稳定基础（周雪光，2005）。虽然市场化改革力图打破产权等级化尤其是国有产权及其控制组织独大的制度格局，但是不同企业的行政等级或其与政治权力的依附性依然决定了它们的生存环境及其在市场竞争中的博弈能力（王庆明，2015；曹正汉，1998；黄冬娅，2013；Wank，2002）。由此，产权的等级化或不同产权之间形成的差序格局①是理解中国企业组织如何嵌入经济生活的重要视角。

沿着上述思路，"地权的差序配置"指不同类型的土地产权因各自

---

① 在此，本书将差序概念引入产权领域，是指产权所嵌入的社会关系中也存在类似的"亲疏远近"关系，只不过产权的差序配置更多的是计划经济时期产权所嵌入的体制环境和行政机制，而不是差序格局概念原初强调的社会环境和规范基础。

权利配置的不同而形成具有差序化、等级化特征的产权秩序。[1] 与企业产权相似，不同类型的土地产权是否具有制度优势，取决于其是否获得政府权力的庇护或其收益是否与政府利益具有亲和性。与企业产权不同的是，土地公有制的体制基础以及土地作为要素资源对于经济发展的重要意义让土地产权与政府权力的关联更为凸显，尤其是在20世纪90年代中后期城市化构成中国经济发展动力的背景下（曹正汉、史晋川，2009）。由于城市中的国有土地与地方政府的利益更为相关，也更容易被后者控制，且地方政府只有在约束集体土地的入市权利时才能垄断土地的增值收益，因此国有地权比集体地权更具有制度上的优势地位。

这一秩序得以强化的基础是市/县政府的权力实践。[2] 诚如陈映芳

---

[1] 具有等级化特征的产权配置具体表现为：城市国有土地拥有进入市场的完整权利，从土地使用、出让到抵押等权利链条，无一不备；农村集体土地则被禁止直接用于非农用途，由此缺乏上述权利。两种产权相关方的地位不对等。城市国有土地的产权相关方——地方政府、城市工商企业、房地产开发商以及购买了商品房的市民——完整享有城市化带来的土地增值收益；农村集体土地的产权相关方——村集体组织、农民——无法享有城市化带来的土地增值收益。需要指出的是，市场经济时期形成的城乡二元地权有别于计划经济时期。在计划经济时期，土地出让不被允许且国家严格控制城市发展规模，无论是城市还是农村，土地资源的利用形态都长期固定。这是一种资源不流动且空间相互隔离的"城乡二元地权"模式。国家通过控制并完全吸纳农村土地收益的方式来支持城市工业。在市场经济时期，大规模的农地转为工商业用地并被市场化的"招拍挂"方式激活价值，由此，土地作为要素资源的流动效应已经彰显。只不过，国家以行政机制约束农村土地的入市权能，将农地增值收益转移到地方政府的土地财政当中，由此建构了一种新的二元地权模式。市场经济时期的"城乡二元地权"模式还通过"行政嵌入产权"的机制来扩展收益，兼具行政和市场的双重逻辑，有效刺激了地方经济发展。与计划经济时期相比，新的二元地权模式更具有效率和可持续性，因而自20世纪90年代国家推动城市化进程以来，建构在城乡二元地权基础上的经济发展模式仍在延续（陈颀、燕红亮，2021）。

[2] 要理解制度如何得以长期持续，还应深入研究制度的实践机制。也就是说，要理解作为制度受益方的地方政府如何通过权力实践来维持收益分配格局。目前学术研究的探索尚未详尽。一方面，代表研究聚焦财政和土地制度改革的交互效应。研究者发现，分税制改革带来的增值税上收引发地方政府迫切需要谋求经营企业方式的转型，而同期国有土地使用权有偿出让、土地用途管制等改革则提供了转型机遇，由此形塑地方政府经营土地和大力推进城市化的新现象（周飞舟，2012；吴毅、陈颀，2015）。另一方面，通过经验观察提炼地方政府垄断农村土地的行为机制。如曹正汉、史晋川（2009）提出的"经营辖区经济"概念，将地方政府视作控制辖区经济要素的企业角色，凸显土地开发控制权的重要性。周飞舟等人发现，地方政府借助"土地-金融-财政"模式来经营城市，盘活了城市土地资源，还以捆绑"增减挂钩"与"农民上楼"等大型工程，扩展了经营城市的空间边界，将开发的触角伸向广袤的农村地区（转下页注）

(2008)指出的那样,"城市政府为了推进城市开发,会在国家根本制度提供的框架范围内,设计相应的操作性地方法规,以落实中央政府的政策性要求,同时也可能在国家制度的空白、模糊处,创制一些新的制度"。本书也发现,在土地制度改革与市场经济建设同步推进的时期,地方政府大大强化了土地规划、收储、征收、出让和"增减挂钩"政策等领域的自主性。这对于形塑国家与农民、城市与农村之间不均衡的利益分配格局起到了关键作用。在一般运作中,地方政府以土地规划权确定农村地区的产业布局、项目建设和土地开发范围;以土地储备、征收获取土地规划和项目布局区域的农地控制权,经由"招拍挂"程序产生巨额收益;以"增减挂钩"捆绑"撤村并居""农民上楼""土地整治"等项目来置换建设用地指标,扩展土地开发范围,使地方政府的触角伸向广阔的农村地区(曹正汉、史晋川,2009;焦长权、周飞舟,2016;陈颀,2021)……实际上,大约从20世纪90年代开始,地方政府借助国土机构的组织化发展,整合城市规划和项目建设等政策资源,应用科学技术,从而发展出一整套以技术[①]为核心来切割产权的实践机制。

(接上页注②)(周飞舟、王绍琛,2015;焦长权、周飞舟,2016)。折晓叶(2014)提出"行政-政治-公司"的统合机制,聚焦城市化项目和地方融资平台,农地是金融化的重要资产。上述研究大体呈现了"制度改革—以地谋发展—嵌入地权"的逻辑链条,仍遗留了分析空间。现有研究聚焦征地拆迁中公开化、显性化的权力嵌入机制,揭示这种机制如何造成收益不均衡。然而,这种机制毕竟"低效"且成本巨大,如果地方政府仅仅是依赖这种方式,何以在城市化中吸纳了这么多的农村土地之后却能维持相对的稳定?此外,这种机制如果是市场经济建设初期土地制度改革等国家顶层制度诱发的结果,那么为何在当前国家推动农地新政试图"纠偏"的背景下,它却仍然在延续,甚至可能再生产不均衡的利益分配格局?这表明,我们仍要从权力实践的深层机理去理解上述问题,由此,本书整合相关研究,从"地权的时空切割"的视角来研究为何农民和国家之间不均衡的利益分配格局能够长期维系。

① 技术权力指国家借助现代科技或引入精密化、规范化的程序来完成治理的权力,其目标是让治理对象更为清晰化,或让治理过程更具可控性(渠敬东等,2009;彭亚平,2020)。在国土治理领域,技术权力的发展尤为迅猛,不但国土部门的组织体系越发完善和专业化,而且国土治理应用了红外卫星遥感、GIS 等科学技术。在相关研究中,地图/地籍信息或其他信息科技、国家治理的清晰化(学界称为"可计算性"-calculability 或"可读性"-legibility)与土地产权实践的关系是一条重要的研究线索(参见斯科特,2011;Mitchell,2002),这种技术治理的方式隐秘却常常发挥着重要作用。国内研究尚处于初步阶段,代表如杜月(2017)关于制图术与中央/地方关系的研究,本书试图从国土治理的技术权力视角去理解为何城市化过程中地方政府能够隐秘而"高效"地垄断土地收益。

其中，如何控制土地增值收益的时空权利链条是最为关键的部分。在接下来的分析中，本书将揭示，上述权力实践包括了市/县政府对国家制度的再构乃至突破，从而让两种地权的差序格局在实践中被强化。

（二）两种实践策略

市/县政府通过地权的时空切割策略强化两种土地产权的差序格局。所谓"时空切割"，指地方政府嵌入、控制并切割农民的土地发展权，使后者无法享有与土地收益相关的时空权利链条。地权具有时空权利链条的命题可从地租理论获得启示。该理论认为，在城市化和工业化背景下，一方面，从时间来看，土地随着产业辐射范围的扩展和投资密度的增加而呈现价值递增的趋势；另一方面，城市化通过从中心到边缘的空间布局，决定不同区域的土地价值。由此，地租（土地增值收益）通过土地的空间居所及其所处的增值时点而进行分配（周诚，2003：336~354；郑雄飞，2017）。根据上述理论，如果农民完整参与土地增值过程的时间链条，并凭借土地的空间居所分享地租，他们就可能享有城市化带来的土地增值收益。然而，地方政府发展出一系列时空切割机制，制约了这种可能性。时空切割包括地权的"时间切割"和地权的"空间排斥"两种策略。"时间切割"让农民、村集体组织等集体地权相关方失去了参与土地在未来时间中的增值收益分配的可能；"空间排斥"则将农民、村集体组织等限定在无法进行非农建设、土地价值低迷的"地域空间"内。由此，通过时空切割，地方政府不仅得以控制集体土地，还进一步强化了两种产权的地位格局。

1. 地权的"时间切割"策略

地权的"时间切割"策略即吸纳集体土地的增值收益，使其成为市/县政府扩展收益延展链条的一部分。在此可以假设，如果没有市/县政府的时间切割策略，集体土地可能会随着城市化的发展而不断增值，产权相关方享有的收益亦随之增长。这是社会产权本应具有的"时间绵延"属性和权利维度。由此，产权切割策略是一种行政权力强化的"时间"机制，其将土地价值的"历时性绵延"进行强制性切割，从而让农民无法享有土地在"未来"增值过程中的收益（郑雄飞，2017）。

"时间切割"机制包括三类，最为典型的是地方政府通过征地将集体地权转为国有地权。征地发生的时点一般处于城市化边界尚待扩张、农村土地价值低迷的时期，在土地被出让给用地企业的过程中，高价卖地和低价征地的差额被市/县政府独享，征地成为市/县政府吸纳集体土地的增值收益权利的主要机制。而且在征地模式下，农民只能享有政府给予土地权利的行政定价，即征地补偿，包括特定时限内的土地用于农业的经营收入、地上附着物补偿以及青苗费等，而丧失了在未来参与土地增值收益分配的机会。由此，征地模式即可被视为一种地权的"时间切割"机制。

值得提及的是，在征地模式约束农民土地权益的背景下，国家发展了一系列"时间控制"机制来约束地方政府的征地行为。例如，在现行土地管理体制中，中央政府通过土地利用总体规划（执行周期为15年）、土地年度使用计划（执行周期为1年）来控制地方政府获得建设用地指标的规模和时间节点，要求各级政府不得突破特定时点规定的土地开发数量；同时还将征地审批权上收到省一级政府和国务院（陈颀，2019a）。然而，这种国家层面发展的"时间控制"机制常常遭遇地方实施"变通"策略的挑战。在各地推动城市化的实践中，市/县政府通过"提前征地""分批上报、化整为零"的策略大规模征地，甚至在未获得省政府和国务院审批的情况下违规征地（谢志岿，2015：107~128；李友梅，2015），从而绕开了土地管理体制的时间"纪律"约束。以上表明，与符合国家制度安排的征地行为相比，地方政府违规实施的征地行为对于集体地权的时间绵延链条的切割更为显著。因为违规征地常常发生在城市化的发展红利还未辐射到农村地区，被征的农村土地的价值未被激活的时候。市/县政府"抢先"控制了具有升值潜力的农村土地，不仅让农村土地的使用权方只能享有土地价值低迷"时点"的收益，还让这些相关方分享土地未来增值收益不具可能。

第二类"时间切割"机制是：通过规划权力将集体土地"无偿"地国有化。此种权力实践与征地实践类似，都是地方政府在土地价值未凸显时就"抢先"占有农村土地的增值链条。一方面，与征地权力受到土地利用计划按年度来供给用地指标的约束相比，地方政府可以通过组合实施地方总体规划、土地利用规划、城乡建设规划等权力来绕开约束，从而更快地控制农村土地的开发权。这是各地常常出现"先规划后征地"现象的缘由。另一方面，征地切割的是农民个体的承包地和宅基地权利，而规划权力切割的是范围更大的集体经营性或公益性建设用地。①这是因为，当城市化改变了农村社区组织模式和土地产权属性时，相关制度虽强调农民个体获得补偿的权利，但集体建设用地如何补偿处于制度的模糊状态。1999年《土地管理法实施条例》第二条第五项规定——"农村集体经济组织全部成员转为城镇居民的，原属于其成员集体所有的土地"属于全民所有即国家所有。由此，只要变更农民的身份和农村社区的行政属性，地方政府就可以大规模地吸纳农村的集体土地。许多地方政府借助城市总体规划和建设规划来设置新开发区，进而推动村改居工程，以改变农民的户籍身份和集体土地所有制的属性，将大部分农村集体土地无偿地国有化（程雪阳，2018：115~117；陈甦，2000）。可见，以上规划权力的组合实施所切割的是份额更大的农村集体建设用地的增值链条。

第三类"时间切割"机制与前两类稍有不同，其与近年来国家实施的土地"增减挂钩"政策有关。②该政策力图严控地方政府的土地开发行为，并激励地方政府拓展新的建设用地来源。然而，市/县政府在"农民上楼"、"土地换社保"以及"地票"制度的基础上，发展出抢占农村

---

① 集体建设用地的补偿标准和集体土地增值后的开发权如何落实是焦点议题。一般来说，地方政府会给农民留用部分土地来发展集体产业，允许农民通过股权制来分享收益。但是，哪些集体建设用地被留用，哪些被政府开发，在实践中不是那么清楚。实际上，在农村集体土地转变为城市土地的过程中，许多法律制度无从界定的模糊地带仍然存在，在此情况下，地方政府的规划权力具有更强的垄断能力，且常常能够绕开村集体和农民而运作（陈顾，2021）。调查表明，地方政府通过土地规划吸纳农村土地，一些地区的土地部门不向社会公开村庄土地分类情况，村干部和村民并不确切地知道本村有多少集体建设用地可用，大量的村集体建设用地由此被悄悄地用于县市级的工业园区（李昌平，2020）。有案例还发现，在土地被分配给村集体组织之后，地方政府借助信息不对称，以回购留用地的方式来重新垄断土地（管兵，2019）。

② 征地和土地规划是地方政府受到征地规模——新增建设用地指标限制下发展的"时间切割"机制。其中，土地规划涉及城市建设边界尤其是农地开发边界的设定，它决定了农村地区的产业布局、项目建设和土地开发范围。在此基础上，地方政府还借土地储备将土地规划和项目布局区域的农地控制权纳入手中。而征地常常是上述系统操作的政策末梢，并以土地年度使用计划作为"时间切割"机制的核心。而"增减挂钩"则是对土地规划和收储的一种补充：前两者受到建设用地指标对于征地规模的约束，而"增减挂钩"可在完成农地复垦任务的基础上产生折抵建设用地指标的效用，从而让地方政府将土地开发的触角伸向广阔的农村地区，由此也进一步扩展了"时间切割"机制的实施链条。正是基于此种实施原理，许多地方政府才将"增减挂钩"和"农民上楼"等政策进行捆绑实施，"超前"地抢占农村土地的控制权。

集体土地收益的新时间机制。典型如，在地方实践中，地方政府常常将"增减挂钩"政策与村庄合并、土地整治、"农民上楼"、易地扶贫搬迁等大型社会工程捆绑实施，以借调整地权的时机来强化"增减挂钩"的绩效；在有些地区，"增减挂钩"置换的建设用地指标被作为"地票"卖给企业，催生了巨大的利益空间（陈颀，2021）。在此，之所以称之为新时间机制，是因为与传统征地模式对于地方政府垄断地利的时间限制[1]相比，"增减挂钩"政策具有公益合法性[2]和难以被约束的实践空间，能够让市/县政府"更快"地占有偏远农村土地的增值收益权利，从而抢抓农村土地的控制权。而且，按照"增减挂钩"的政策要求，市/县政府可在完成特定数量耕地整理任务的前提下，置换出相应的建设用地指标用于地方工商业发展，绕开传统的"征地"模式以及集权化的土地指标管控制度对地方政府的约束，[3] 从而（比征地行为）"更快"地占有农村土地的开发权。由此，市/县政府具有相当大的政策积极性。它们推动的"农民上楼"、"土地换社保"以及"地票"制度等制度创新，本质上是借助"增减挂钩"政策来切断农民享受未来土地增值收益的可能性。因为农村土地（尤其是农民的宅基地）在被置换为耕地后，就要受到国家严格的耕地保护制度约束而不能进入市场。无论是对农民个体还是村集体来说，这都是一种隐性的权利限制。可以说，这是一种地方政府通过行政赎买的形式一次性买断农民的土地增值收益权利的新模式（郑雄飞，2017）。农民在这种政策置换中尽管有增加财产权收益的可能，但这并不是在平等交易的市场环境下展开的，而是建立在政府借助市场资本来提高行政补偿定价的基础上。与政府动员资本获得的巨额收益相比，农民在政府赎买机制下的财产权收益只占很小的一部分。

---

[1] 在征地模式下，市/县政府受制于上级审批和建设用地的指标限制，更倾向于征收离城市更近的农村土地，这使得一般农村地区的征地程序被押后。这是征地模式对于市/县政府垄断偏远地区农村土地的时间约束。
[2] 在实践中，地方政府常常以保护耕地、提高农民居住质量等公共利益为理由，要求农民参与"上楼""退出宅基地"等政策行动。这种公益合法性的行为逻辑常常裹挟了农民，尤其让农民的个体诉求缺乏社会合法性（周飞舟、王绍琛，2015）。
[3] 在现行的土地管理体制下，市/县政府进行农地转非农用和土地征收时，必须经由省一级政府乃至国务院的审批。中央政府还通过土地利用总体规划、土地年度使用计划来控制地方政府获得建设用地指标的规模和时间节点，要求各级政府不得突破指标限定的土地开发数量。

值得注意的是，地方政府动员市场资本所实践的产权赎买模式具有脆弱的局限性。因为该模式建立在地方政府能够获得更多市场收益，且能动员市场资本来补偿农民的基础上。这显然不具备全面推广的空间。① 尤其是在许多中西部农村地区，地方政府一方面并不拥有足够的市场资源，另一方面却具有扩展土地开发触角的冲动，在这种紧张的环境下，地方政府强制推动"农民上楼""土地换社保"等，常常侵犯了农民的土地权利，造成紧张和冲突。由此，虽然借助"增减挂钩"政策而生发的各类地方实践正在不断被效仿和扩散，但这些地方实践也因对农民权利的裹挟乃至侵犯而引发巨大的争议（叶敬忠、孟英华，2012）。

2. 地权的"空间排斥"策略

"空间排斥"策略即市/县政府约束农村集体土地所处的"地域"下的相关方进行土地开发的策略。这些相关方不但包括农民、村集体组织和"下乡"的外来资本，而且包括乡镇政府。

从理论上讲，地租具有"空间"属性，其是否能够增值与城市发展的产业布局、政府的公共设施投入、人口聚集所产生的消费空间以及资本的集聚程度相关（周诚，1994；郑雄飞，2017）。在中国推动城市化的制度环境下，地租还呈现显著的"从中心到边缘"的级差特征。因为在地方政府对城市土地的用途规划和价值定位下，土地价值最高的大型商业服务业分布区以及居民居住区被定位为城市中心；土地价值次高的工业区则分布在城市外围（Hsing，2010：38-42）。由此，地租的空间级差特征意味着具有更好的区位优势的国有土地比处于相对区位劣势的集体土地更可能享有更多的土地增值收益。这是地方政府控制城市发展资源配置且倾向于建构"城乡二元资源分配体制"的必然结果（陈颀，2019b）。

---

① 需要提及的是重庆市政府和成都市政府实行"地票"制度。其将企业购买"地票"的收益用于反哺农村和农民，增加了农民的财产性收入（参见北京大学国家发展研究院综合课题组，2010）。但"地票"制度仍属于行政赎买模式，其在增加农民收入的同时，也使农民失去了参与未来农地增值收益分配的可能。而且，即使重庆和成都的"地票"试验被其他地区学习和模仿，也很难让其他地区的农民获得诸如重庆和成都那样高的土地收益。因为两地的试验获得了高规格的行政资源配置，这显然是一般的地方政府不具备的。

第五章　限权："城占乡利"的农地增值收益分配制度及其困境（1993~2013年）

然而，仅仅如此还不足以建构国有土地之于集体土地的空间优势，因为如果让集体土地相关方（农民、村集体组织、"下乡"的外来资本以及乡镇政府）获得开发的自主权，它们仍能够分享城市化的空间扩展所带来的土地收益。[①] 由此，市/县政府发展出一系列"空间排斥"策略，即将集体地权相关方排除在土地开发和增值收益的分配过程之外，从而进一步扩展其经营地租的空间垄断权。

市/县政府在对国家土地管理制度进行再构的基础上实践了"空间排斥"策略。

第一种策略是：市/县政府通过不均衡的政策资源分配，将农村集体土地置于价值低迷的空间地域。这典型反映在各地政府出台的土地集约利用政策上，其以用地指标作为开发许可，将用地指标集中用于中心城区或城郊地区的项目建设，区位不佳的农村地区的用地方因得不到建设用地指标而无法获得土地开发许可。在那些缺乏投资合法性的农村地区，农村集体土地自然就处于价值低迷的状态中。[②]

究其原因，一方面，这与土地制度改革有关。前文提及，在1998年《土地管理法》修订后，中国实行以集权治理为核心的"土地用途管制"制度，即将土地分为农用地、建设用地和未利用地，严格限制农地转非农用途。该制度的目标通过土地利用总体规划和土地年度使用计划落实，前者规定了较长周期（一般为15年）内的"耕地保有量"和"新增建设用地"的总体数量，后者则规定了每一年度各类用地的指标数量。在

---

① 早在乡村工业化方兴未艾的时期，一些地区就借助国家推广土地使用权有偿出让制度的契机，发展出了由乡镇出让集体土地、开发房地产等产业的"土地财政"模式。在这种模式下，乡镇政府、农民、村集体组织和投资方拥有着土地开发的自主权，其与市/县政府订立分成协议，由此共享土地开发的收益（参见温铁军、朱守银，1996）。然而，在1998年《土地管理法》修订后，除了已经进行大规模土地开发的东部地区的农村之外，广大中西部地区的农村已不可能效仿东部地区农村的实践。因为新制度下国家限制了农地非农化的制度空间，乡镇政府、农民、村集体组织很难将农地用于非农建设项目。

② 农村土地被制度约束的直接后果是土地资源的大规模荒置。据统计，截至2013年底，中国农村集体建设用地面积达3.1亿亩，其中经营性建设用地面积为4200万亩，约占到集体建设用地的13.5%，但大部分处于荒置状态。2015年中国的城市建成区面积约为7350万亩。按照这样的数据，被荒置的农村集体经营性建设用地面积超过全国城市建成区面积的一半（参见陈明，2018）。

新的管理体制下，市/县政府获得执行建设用地指标分配的自主权，[①] 为了最大限度地发挥建设用地指标的效用，市/县政府一般会将指标用于投资规模较大的经济项目中，而这类经济项目显然一般不会在价值低迷的农村地区落地。以笔者调研的中部某省南市（化名）为例，该地政府出台《关于加强土地利用管理促进节约集约用地的通知》（南政发〔2012〕1号），规定："今后市政府的建设用地指标原则上不再下拨到乡镇，而优先保障城市新区、大园区的用地需求，其他项目主要由乡镇通过实行'增减挂钩'等内部挖潜的方式予以解决。"该市还要求各基层政府只有引进固定资产投资5000万元以上的工商业项目，才有资格申请用地指标（陈颀，2019a）。这让农村地区的用地方一般很难获得足够的用地指标支持。这并非孤例，有调查表明，市/县政府常常截流国家下达的资源，限制乡镇政府的土地利用、产业布局及发展空间，造成"国土资源部下达的大部分土地指标都留给了省会城市、地级市，到县里就很少了，到镇基本就没有了"[②]。一些地区的市/县政府还常常将乡镇执行"增减挂钩"所置换的建设用地指标统筹用于城市化发展项目中，加剧了乡镇政府的资源紧张（谭明智，2014；曹亚鹏，2014）。

另一方面，这还与地方政府的空间规划权力有关。地方政府一般将城市总体规划、土地利用规划和城乡建设规划统合使用，以建构"中心-边缘"的空间发展格局来推进城市化边界向外扩张。例如，地方政府一般通过规划设置新城区或开发区作为城市扩张的中心区域，并布局中心镇和中心村。在此引领下，市/县政府通过建设用地指标分配圈划了"合法"从事土地开发的空间边界：具有巨大经济效益、分布着各类大型产业园和开发区的中心地区是"合法"区域，经济效益较差、产业聚集程度不佳的边

---

① 1998年修订的《土地管理法》将涉及土地管理宏观决策性的权力，包括土地利用总体规划的审批权、农地转用和土地征用的审批权、耕地开垦的监督权、土地供应总量的控制权，集中在中央与省两级政府。同时，将土地管理执行性的权力下放到市/县政府，例如，土地登记权、规划和计划的执行权、在已经批准的建设用地区域内具体项目用地的审批权、土地违法案件的查处权等。其中核心的权力资源——建设用地指标分配权被控制在市/县政府手中（甘藏春，2011）。

② 陈竹沁、刘璟：《专访经济学家李铁：打破区域行政管理界限，释放中小城市活力》，澎湃新闻网，2017年3月11日，https://www.thepaper.cn/newsDetail_forward_1636197，最后访问日期：2019年1月6日。

第五章　限权："城占乡利"的农地增值收益分配制度及其困境（1993~2013年）

缘地区是不准"私自"开发的"非法"区域。在"空间切割"机制下，农村土地的价值空间和投资机遇均被限制，进而约束了农民通过征地补偿获得收益的空间。① 更重要的是，基于"空间排斥"机制的作用，农民、村集体组织、下乡的投资者均不能获得土地开发的政策支持，由此不能分享城市化带来的土地增值红利。以上表明，在城市化中，中国政府体制的层级关系对于土地资源的分配起到了决定性作用。值得注意的是乡镇政府在"空间排斥"机制下的角色转变，其从乡村工业化时期自主控制土地开发收益的"能动者"角色转变为不能自主决定土地开发的"依附者"角色。② 这直接影响了农村经济和社会发展。自21世纪以来，一些欠发达地区（主要分布在中西部农村地区）农村经济凋敝、二/三产业"空心化"等问题，在很大程度上与乡镇政府无法获得土地发展权存在关联。

第二种策略是：针对农村被限制开发区域的违规者，市/县政府开展大范围的"中心城区禁建"运动和"两违"（违法用地和违法建设）③

---

① 一般来看，在地方制定的征地补偿政策中，不同区域的补偿标准与当地的产业布局和经济水准相关联。地方政府按照耕地、园地、林地和建设用地的类型，划分不同地区不同类型土地的补偿标准。越是"偏远"的地区，征地补偿越少。上述征地补偿和地价标准则与政府规划息息相关。因为政府规划决定了不同地区的基建水平和投资政策导向。需要指出的是，学界在批评相关制度如何导致农民土地收益方面的不均衡时，聚焦的是征地补偿制度，而忽略了其背后更大的诱因——地方政府以规划权力和政策投资导向所建构的地租"中心-边缘"格局。正是在此格局下，农村土地被行政限定在低迷地价空间下，农民自然很难获得高额的补偿，且容易因此让地方政府利用地价低迷的优势嵌入和垄断农地。

② 自农村改革以来，乡镇政府与市/县政府在土地增值收益分配中一直存在利益矛盾和博弈关系。总体来看，在乡村工业化时期，乡镇政府在土地管理的分级审批制下获得从事土地开发的自主权，因而其在与上级政府的收益分成谈判中具有相当的博弈能力。然而，在市场经济建设时期国家推动城市化发展时，市/县政府垄断土地开发权并发展了"空间排斥"机制，这让乡镇政府处于全面的劣势。首先，乡镇政府很难获得足够的建设用地指标的支持，无法在招商引资、发展第二/三产业方面获得好的成绩；其次，在城市化向外扩张时期，市/县政府常常在农村地区设置开发区，由后者推动辖区的招商引资和土地开发工作，在这种特殊的组织授权模式下，乡镇政府只能在征地拆迁、社会治理和维持稳定等事务中发挥作用，无法参与主要的经济工作，自然也很难参与到土地增值、产业发展等收益分成中。

③ "两违"包括：各类违法占用、转让、交易土地的行为；擅自改变土地使用性质的行为；未办理建设工程规划许可证或未按建设工程规划许可证的规定进行建设的行为；无房地产开发证照、资质从事房地产开发的行为；以联合建房等名义变相从事房地产开发的行为；以建设职工宿舍为名，未经批准进行集资建房的行为；未取得商品房预售许可证擅自出售商品房的行为；未取得建设施工许可证擅自开工建设的行为。

治理运动。

近年来，由于严格的土地管理体制约束了农村社会的利益诉求，农村地区普遍出现大规模的农地违规开发、以租代征和建设"小产权房"现象。这些违规现象挑战了市/县政府的垄断权，引发后者一系列控制土地市场的策略。[1] 这些策略是在国家加强治理土地违规问题的背景下提出的，然而，市/县政府在国家制度压力和垄断地权的利益诉求影响下，其治理力度常常突破了国家制度框架的界限。如近年来各地方政府普遍推动的"中心城区禁建"运动，其目标是禁止中心城区内的民众修建私房。然而，这项治理运动对中心城区的边界确认是十分模糊的。[2] 笔者的田野观察表明，地方政府把城中村地区、城郊农村地区乃至部分偏远农村地区等作为禁建范围，大大超过了城市规划区的空间范围。一些地方政府甚至不再给住在偏远农村地区的农民分配宅基地，由此禁止了农民的建房权利。[3] 这些治理运动尽管被披上社会公益的外衣——以"集约土地资源""提升城市形象""改善城市人居环境"为名，但其背

---

[1] 从2006年起，国务院推行土地督察制度，在国土资源部下设9个国家土地督察局，由后者代表国家土地总督察履行监督检查职责。在此背景下，中央政府对地方政府的土地违法行为的治理力度越发加大。2008年，国家监察部、人力资源和社会保障部、国土资源部联合发布《违反土地管理规定行为处分办法》（以下简称《处分办法》），提出县级以上地方人民政府主要领导人员如在土地管制工作中失职，将被警告、记过乃至撤职，其中"一年度内本行政区域违法占用耕地面积占新增建设用地占用耕地总面积的比例达到15%以上"是主要的考核依据。2009年，与《处分办法》配套的技术手段——"卫星遥感图片执法检查"第一次覆盖全国所有的县、市、区、旗等行政管辖区域（不含港、澳、台地区）。这一系列制度出台后，针对地方违规、违法用地的治理得以制度化，常规治理和运动式治理成为地方政府治理土地违法、违规行为的主要机制（何艳玲，2013）。

[2] 在我国现行的法律中，对城市区域的范围和边界的规定是十分模糊的。在《城乡规划法》中，城市区域是通过"城市规划区"的概念来确定的，其包括城市建成区和城市规划控制区。在1998年《土地管理法》中，城市区域的边界是通过"城市市区"和"农村及城市郊区"等概念来确定的。但两组法律的各种有关城市区域和边界的概念不能一一对应。由此，地方政府在确定中心城区的边界时也存在含混之处。借用这种制度的模糊，地方政府通过建构中心城区的范围来扩展其控制土地开发的空间权力（王克稳，2016；陈晓芳，2011）。

[3] 这一发现源自笔者对于中部地区M省N市在2016年开展的"中心城区禁建"运动的调研。类似的"中心城区禁建"运动在各地也可见到。例如，M省的M市、H市、W县就早于南市开展了这项运动。笔者的家乡——S省的Q市则全面禁止城市和农村地区的民众修建私房。

后的真实意图是垄断土地市场以及推动房地产业发展。由此,"中心城区禁建"运动具有限制社会产权的效力,其背后的逻辑是将集体所有、个人私用的宅基地产权排除在外。在推进城市化的进程中,市/县政府将"两违"治理作为一项中心工作,也呈现类似的逻辑。借助卫星图片遥感监测技术,市/县政府克服了无法知晓基层违法的信息劣势,从而将权力控制的触角伸向基层社会(陈颀,2019a)。

需要指出的是,在农村基层社会中,农民的违规建房和企业的违法用地行为的发生逻辑颇为复杂,其既源自农村社会错综复杂的"权力－利益"网络,乡镇政府和村集体组织很难打破社会关系网络而对违规建房和违法用地持默许的态度,也因为违规建房、违法用地行为裹挟社会利益而让执法行为遭遇巨大风险,由此市/县政府的执法部门很难对其进行根治(郭云超、刘锐,2014;刘成良,2015;甘霆浩,2017)。基层社会的违法违规占地可被视作农民、用地企业乃至乡镇政府与市/县政府争夺土地开发"空间控制权"的行为机制。相应地,市/县政府展开的"两违"治理行动是对这种挑战行为的回应。研究表明,市/县政府建立"目标考核责任制"强化乡镇政府对于"两违"行为的治理责任,加强基层国土机构的组织建设和治理责任,展开"多部门联合执法"(国土、城建、司法等部门)和"运动式执法"(何艳玲,2013;杨磊、李云新,2017;郭云超、刘锐,2014;甘霆浩,2017),等等,以尽可能地约束农民和企业对农地资源的违规占有。尤其在城中村和城郊农村地区,市/县政府以解除社会治安隐患、保护土地资源和改善居住环境的名义推动的拆违行动同时也具有推进土地空间控制权的逻辑。一些田野观察表明,市/县政府只有将违规占地用地者驱逐出场,才能为重建由政府和资本联合主导的空间秩序、打造大型商业服务业以及招商引资提供条件(项飙,2018:339~393;张鹂,2014:169~212)。

总之,以上经验调查的发现表明,在一些地区,市/县政府的"两违"治理行动呈现"空间排斥"的特点:将违规占地者排除在参与土地增值收益分配过程之外。尽管市/县政府的治理行动遭遇了阻力并引发了冲突,但在国家制度赋予地方政府相当的实践空间以及政府治理行动具有毋庸置疑的公益合法性下,市/县政府以治理违法违规来获得土地控制权的行为逻辑正在不断发展和扩散(陈映芳,2008;杨磊、李云新,

2017；赵晔琴，2018）。

（三）小结："地权的差序配置"何以可能

总结前文可以发现，地权的差序配置（国有地权具有优于集体地权的地位）经由市/县政府实施的地权的"时间切割"和地权的"空间排斥"两种策略的共同作用而得以成形（见图5-1）。"时间切割"让农民、村集体组织等集体地权相关方失去了参与土地在未来时间中的增值收益分配的可能；"空间排斥"则将农民、村集体组织、外来投资者乃至乡镇政府限定在无法进行非农建设、土地价值低迷的"地域空间"内，压抑了集体地权的市场价值。"时间切割"和"空间排斥"存在相互涵盖和互为促进的联系。其中，地权的"时间切割"兼具"空间排斥"内涵：当市/县政府实施征地或"增减挂钩"政策割裂了农民等相关主体享有土地增值收益的"时间绵延"链条时，前者就得以占有农村土地的空间控制权，且为其进一步实施"空间排斥"策略提供了可能性。地权的"空间排斥"则限制了"乡域"空间内的相关主体获取土地增值收益的可能。这也是市/县政府切割地权增值的时间链条的基础。由此，市/县政府才能在地价低迷的时点中抢抓农村土地的控制权。基于上述分析，本书认为，"地权的差序配置"之所以可能，是因为市/县政府

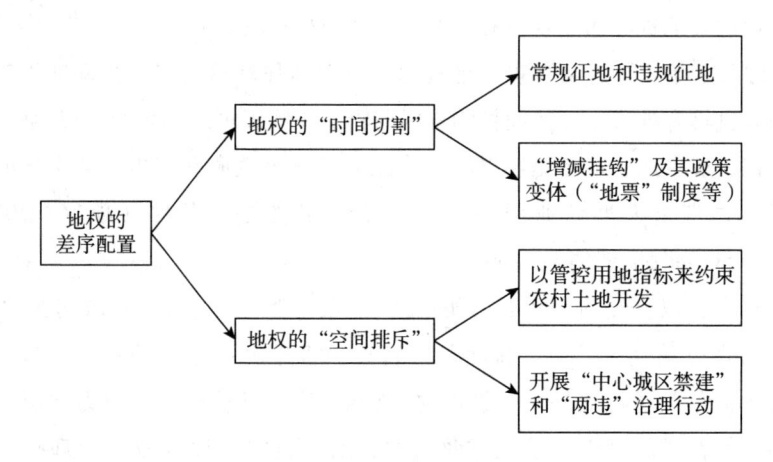

图5-1 "地权的差序配置"逻辑关系

对于两种土地产权进行的"时空"权力运作。尽管从法律上看,集体地权与国有地权是"平等"的,但是在地方权力的嵌入下,两种地权被安排在不均衡的地位格局下,从而建构了农地增值收益分配制度的"城占乡利"特征。

四 一体两面:"城市化奇迹"与制度困境

回溯历史可以看到,自改革开放后,中国的经济增长经历了两个不同的发展阶段(见图5-2)。第一个阶段是从20世纪80年代初至90年代初,此时期实现的经济腾飞也被称为"乡村工业化奇迹"(Oi,1999)。第二阶段是从20世纪90年代中期到现在,此时期实现的经济飞跃则被称为"城市化奇迹"(陈映芳,2008)。不同时期推动经济发展的制度逻辑及其产生的社会效应都存在显著的差异。在主流研究中,"财政联邦主义""晋升锦标赛"等理论强调国家财政、人事考核制度的作用意义,认为财政、人事制度诱发的地方政府"公司化"行为(Oi,1992;周飞舟,2012;周黎安,2007),是推动中国"城市化奇迹"的原因。

与财政和人事制度视角不同,本书从农地增值收益分配制度的角度来理解该制度与中国经济发展之间的关联。本书在上一章中已经说明,在20世纪80年代至90年代初期乡镇企业快速发展的时期,建立于农村集体土地发展权基础之上的"共享型"农地增值收益分配制度,较好地解决了农民和国家、农村和城市之间的利益平衡问题,初步带动了部分农村地区的二、三产业发展以及城镇化建设进度的综合性目标,并成为推动改革初期中国经济发展的制度因素之一。而城市化时期形成的"城占乡利"的农地增值收益分配制度则是新时期国家实现"城市化奇迹"的主要制度因素。在这种分配制度下,中国城市发展获得了低成本占有农村土地的便利,由此推动了加工制造业以及高新技术产业等成熟工业体系的发展,促进了房地产业以及各类"消费密集型"服务行业的繁荣,实现了城市经济快速发展以及城市基础设施建设不断完善的目标。

然而,考察一项制度不应仅仅分析其是否能够驱动经济发展(所谓

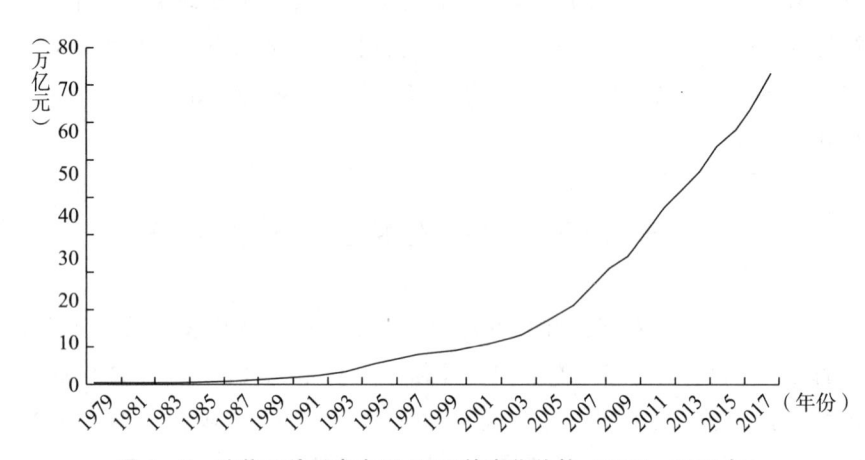

图 5-2　改革开放以来中国 GDP 的变化趋势（1979~2017 年）

资料来源：国家统计局网站。

效率原则），而应更关注这项制度是否兼顾公平公正的目标，是否能够兼容国家与社会或者各类群体的利益，以及是否可借此实现国家和社会可持续的稳定性。近年来，美国学者阿西莫格鲁和罗宾逊出版了一本颇有影响力的著作——《国家为什么会失败》，书中基于不同国家的案例考察，提出了所谓"包容性制度"和"汲取性制度"的分析框架，进而发现前者更有利于长期经济增长和技术创新，后者则虽可实现短期经济增长，但可能陷入长期的增长滞缓，并导致社会动荡乃至政治秩序的混乱，由此造成不同国家"成功"或"失败"的命运（阿西莫格鲁、罗宾逊，2015）。有关"汲取性制度"的分析对于研究中国"城市化奇迹"现象具有启示意义。实际上，"城占乡利"的农地增值收益分配制度具有某些"汲取性制度"的典型特征：地方政府控制经济发展资源、地方政府对土地资源的攫取性质以及相伴而生的寻租行为。针对上述问题，自 2013 年党的十八届三中全会以来，我国推动了土地制度领域的改革，力图实现农地增值收益分配制度向"包容性制度"的转型。① 在此背景下，"城占乡利"

---

① 党的十八届三中全会以来，国家推动了一系列农地新政，其以"让农民更合理地享受城市化发展的红利"为目标，以推进农地与市地"同权"的改革为举措。这些新政具有将以往具有某种汲取性特征的制度转型为具有"包容性特征"的制度的逻辑取向。本书在下一章将就此展开进一步的讨论。

的农地增值收益分配制度造成的弊端及其如何转型的问题就成为尤为关键的议题。

学界已经初步揭示了现行农地增值收益分配制度的弊端，不过，这类研究多是就事论事的讨论，不能建构统一的理论框架，进而翔实地说明各类弊端与土地制度的机制性关联，因此缺乏理论说服力和框架性指引的效力。前文的分析表明，"城占乡利"的农地增值收益分配制度通过将权力集中到市/县政府的组织设置以及地权的差序配置机制得以实现，这是土地增值收益被集中于推动城市经济发展的原因，也由此诱发了"一体两面"下的制度困境。

（一）权力过度集中于市/县政府造成了"权责失调"，易诱发矛盾纠纷

在城市化进程中社会矛盾时有发生。据国家信访局统计，前些年发生的群体性上访事件有60%左右与土地有关。其中，征地纠纷占到了土地纠纷的84.7%（刘守英，2014：71~72）。与土地相关的矛盾纠纷大多发生在地方政府大举推动城市化和土地开发的背景下。由此，学界一般将矛盾纠纷的发生与地方政府"类公司化"的运作模式建立关联（周飞舟，2012；折晓叶，2014），甚至认为其是地方政府谋求土地财政、追求利益最大化逻辑所造成的后果（刘守英，2012）。但是，这种观点仍相对简化，没有深入矛盾纠纷的过程中去考察其与政府经营逻辑的内在关联。

本书认为，矛盾纠纷的发生更多与市/县政府的"权责失调"有关，即地方政府的权力实施与社会责任履行能力不相匹配，存在前者强后者弱的矛盾，[①] 由此地方政府在以公权力介入经营的过程中，不但面临利益纠纷的数量剧增，而且因为责任履行能力的相对弱化

[①] 理解"权责失调"首先需要从权力与责任的概念切入。所谓权力，即地方政府实施自身意志的能力，责任则指地方政府需要履行的义务。地方政府的权力实施与责任履行是否契合一直是学界关心的重点。其中，"权责一致"是衡量二者匹配性的理想类型。在此情况下，权力是地方政府履行责任的基本手段，政府依据所承担的责任来圈划其所实施权力的边界（麻宝斌、郭蕊，2010）。但现实中地方政府权责的不匹配是普遍存在的。地方政府可能滥用公共权力，而它履行责任的效果则与权力实施不相匹配。这就是"权责失调"表征的含义所在。

而无法协调纠纷，甚至引发冲突。这是更为符合现实经验的理论解释。

一方面，市/县政府控制了与土地开发和增值收益分配相关的核心权力，其可借助土地利用规划和建设规划确定土地开发的范围，可利用国有建设用地市场的垄断权控制地方土地一级市场，可利用征地权和建设用地指标分配权确定土地开发的规模和具体区域，等等。由此，这种权力的集中化即意味着它们能够将权力经营的触角伸向农村地区，并以此大举推动各类与城市化有关的基础设施建设和产业项目。

另一方面，面对经营城市和土地开发必然衍生的利益纠纷以及被征收土地、房屋的民众的诉求，各级地方政府（市/县以及基层乡镇政府）在承担相关社会责任的过程中缺乏相应的能力。需要指出的是，履责无力是政府体制和社会环境共同形塑而成的。在现行的体制环境下，地方政府获得的政策性资源不足以完全回应民意，且越是低层级的政府越是如此，而且在维稳压力下，与纠纷治理相关的机构人员及官员均存在不同程度的卸责行为，这种个体行为的集合即表征作为组织的地方政府无法有效激励官员履责（倪星、王锐，2017）。在社会环境下，民众对经济补偿的期望及其博弈能力的不断增长也使得直接面对民众的基层政府难以提供令民众满意的解决方案，这可称为基层政府缺乏让民众认可的、满足民意的软性资源（陈顼，2018）。无论如何，地方政府缺乏履责能力都造成了矛盾纠纷的发生。例如，在各地政府大举推动大型经济项目的案例中，地方政府无法满足老百姓在征地赔偿、安置就业方面提出的诉求，且存在组织动员能力不足的问题——地方政府很难动员工作人员积极参与纠纷治理，甚至官员们为了规避风险而对纠纷处理工作"退避三舍"——由此造成有的利益纠纷不但没有从源头上解决，有时甚至演变为冲突（荀丽丽、包智明，2007；陈顼，2018）。类似地，近年来，地方政府在推动"农民上楼""裁村并居"等大型社会-经济工程中，因为过度强调经济动员而遭遇社会责任压力，并因为资源不足以解决社会问题而诱发了矛盾纠纷。在这些工程中，地方政府不但征收农民的宅基地、住房、承包地等资源，而且包揽了重建新社区、安置农户等社会责任。这种权力运作自然导致地方政府责任负荷的成倍增长。农民在"上楼"过程中向地方政府（或基层政府）提出各种诉求，甚至在入住新居后仍要求地方政府（或基层政府）解决生活问题。这就让地方政府（或基层政府）很难筹集资源去回应人们的各种诉求，而农民的不满乃至更为激进的行动就可能是由此衍生的问题（周飞舟、王绍琛，2015）。

总之，地方政府在经营土地过程中难以克服的权责失调即成为诱发矛盾纠纷的因素，尤为值得警惕。矛盾纠纷如无法从制度源头上疏解，从短期来看，地方政府会遭遇合法性建构问题；从长期来看，对地方经济社会的发展和稳定也会产生不小的影响。

（二）地权的差序配置机制诱发相关方实施"反行为"

地权的差序配置即国有地权优于集体地权的制度逻辑，让控制前者的市/县政府垄断了土地增值收益，也限制了村集体组织、农民的土地发展权，乃至让乡镇政府无法自主地推进土地开发。在此背景下，权利或权力被约束的相关方常常实施"反行为"，即以表面上服从，背后却突破更高级别权力实施者的制度安排的行为来"弥补"收益（高王凌，2013）。这就是近年来在农村地区（尤其是城郊农村或城中村地区）愈演愈烈的违规开发和建设现象。如"以租代征"现象，通常是由村集体组织在获得农民认可的情况下，将村集体土地租给外来经营者，用于工商业经营项目，这种行为绕开了"农地转非农用"和"征地"审批程序，是一种违规行为。又如"小产权房"现象，一般是村集体组织与企业合作将农村集体土地直接用于房地产开发，或者将农用地用于非农用途的行为，这是1998年修订以来的各版本《土地管理法》均禁止的行为。值得注意的是，以上行为的相关方不仅包括村集体组织、农民以及外来企业，还包括乡镇政府。[①] 在各方合谋参与的逻辑下，农村地区发生的违规开发和建设现象建构了一个非正式的、由集体地权控制方独享的隐性土地市场（邢幼田，2009：254~270；袁方成、王栀韩，2014）。

---

① 从经验表现来看，乡镇政府直接或间接地参与了违规开发行为，在未获得上级政府的许可下将农地用于工商业建设可归为直接违规行为，默许村集体组织、外来企业的违规行为可归为间接违规行为。无论如何，农村地区土地违规开发的频频发生，与乡镇政府的参与逻辑存在关联。

尽管这一市场的存在基础并不稳固，且常常因上级政府的治理而被压缩，但是隐性土地市场也让村集体组织、农民乃至乡镇政府或多或少地享有了城市化所带来的土地增值红利（刘守英，2008；陈颀，2019a）。然而，由权利（或权力）被限制方所诉诸的"反行为"也衍生了一系列负面后果。例如，违规行为损害了国家土地管理制度的权威，造成地方土地市场的局部失控以及土地资源利用的无序化。又如，"小产权房"造成民众与开发者的矛盾，甚至将乡镇政府也裹挟进来，如何处理"小产权房"问题成为基层治理的难点。再如，一些乡镇政府借助大规模动员经济资源的方式推动违规开发，这常常突破了农村市场所能容纳的资源体量，由此造成产业空置、政府经营失败和巨额负债，给农村社会带来巨大的社会经济风险。可见，尽管上述"反行为"在某种程度上缓和了农地增值收益分配制度导致的矛盾，但这是建立在牺牲现有制度的权威基础上的，且"反行为"诱发了一系列社会经济风险。由此，允许"反行为"作为非正规收益分配制度的实践逻辑，虽是改革农地增值收益分配制度的可能选项，但并不能从根本上解决问题。

（三）地权的差序配置机制导致土地资源的配置扭曲

一般来看，土地作为重要的要素资源，存在两种配置方式。一种是以市场机制为主导的资源配置方式，由市场的发展情况决定土地的价格，并以地价作为信号决定不同区域的土地的开发利用；另一种是以行政机制为主导的资源配置方式，由政府权力决定不同区域的土地的开发和用途安排。就此而言，地权的差序配置机制从本质上看属于一种以行政机制为主导的资源配置方式，因为这一机制借助行政权力不仅控制了城市国有土地的开发权，而且限制了农村集体土地的开发权，并控制农村集体土地转为城市国有土地的过程。这种行政权力配置资源的方式造成了以下问题。

一是土地资源滥用的问题。在城市化进程中，各地市/县政府普遍以摊大饼的方式向周边农村迅速扩张。这种以土地扩张为特征的城市化造成了用地结构的失衡，① 城市用地中工业用地规模过大，各种工业开发区和高新区林立，导致城市周边地区的农地急剧减少，且许多开发区的土地利用效率低下，大量土地被圈占后因为建设资金不到位而长期被闲置和抛荒，造成土地资源的极度浪费。这种资源浪费表面上看是源于地方政府的低成本用地，深层次的原因则是地权的差序配置机制，即农村集体土地的市场出让权受到限制。这促使地方政府在城市建设中可以不受约束地滥用土地。然而，地方政府以粗放式发展为表征的"土地城市化"模式与中央节约土地并推进"人的城市化"的本意大相径庭。

二是农村集体建设用地被闲置的问题。按照1998年修订的《土地管理法》②，农村集体建设用地主要包括乡（镇）村公益事业用地和公共设施用地、农村居民住宅用地以及经营性用地。其中，农村集体经营性建设用地是指具有生产经营性质的农村建设用地。在乡镇企业集体衰败后，相当一部分的农村集体经营性建设用地没被开发利用。其中的原因是：在地权的差序配置机制下，农村集体土地被行政权力限制而无法获得市场化开发的合法性。截至2013年底，中国农村集体建设用地面积达3.1亿亩，其中经营性建设用地面积为4200万亩，约占到集体建设用地的13.5%。2015年中国的城市建成区面积约为7350万亩。按照这样的数据，农村集体经营性建设用地面积超过了全国城市建成区面积的一半（陈明，2018）。因被限制开发，这些集体建设用地大部分处于闲置状态，与城市中的土地资源十分紧缺的情况形成了强烈的反差。这显然是

---

① 世界各国城市规划一般以城市工业用地不超过城市用地的10%~15%为标准，然而2008年中国城市工业用地占城市全部用地的比例就超过了25%。工业用地规模庞大的主要原因之一即各地以开发区名义扩大工业用地面积，2003年7月国务院对全国各类开发区进行清理整顿的结果显示，全国各类开发区达到6866个，规划面积为3.86万平方公里，尽管经过整顿，开发区数量减少到1568个，规划面积压缩至9949平方公里。然而被核减掉的开发区大多数转变成所谓"城镇工业功能区"或"城镇工业集中区"，原有的开发区功能以及开发区的空间规模几乎没有任何改变。2006以后各地实际运作的工业开发区（包括城镇工业功能区或城镇工业集中区）非但数量没有减少，用地规模还在不断扩大。2007年国土资源部开展的全国执法"百日行动"清查结果显示，全国违规新设和扩大各类开发区设计用地达到6.07万公顷（91.05万亩）。考虑到中国只有2862个县级行政单位，这个数字意味着平均每个县级行政单位至少有两个开发区。可见各地以开发区发展名义占用土地的现象已成常态，这必然造成农地被大量占用与浪费（汪晖、陶然，2013：32~33）。

② 2019年《土地管理法》修正后，农村集体建设用地的规定范围没变。

制度造成的资源配置扭曲。

　　总结上文,"城占乡利"的农地增值收益分配制度所衍生的一系列问题,冲击了从20世纪90年代后期到21世纪最初10年我国所施行的土地管理制度的存在基础。首要的是这一制度诱发的矛盾纠纷对其合法性的消解。在这一制度实践下,村集体组织、农民、乡镇政府等权利或权力被限制方实施一系列弥补利益"损失"的"反行为",则让这一制度的正式规则频频被突破。"城占乡利"的农地增值收益分配制度依赖行政权力对土地资源的控制,导致土地资源的配置扭曲,亦成为制约这一制度可持续发展的难题。由此,自2013年党的十八届三中全会以来,国家在土地制度领域推动的一系列改革举措,均与解决上述制度弊端有关,其中改革的具体操作逻辑是什么、成效如何、前景怎样,成为当前政府部门和学界关心的焦点议题。

第六章

再赋权：农地新政与农地增值收益分配制度改革的前景（2013~2022年）

2013年，党的十八届三中全会发表了有关土地制度改革的公报，此后，国家推动了一系列改革措施，逐步落实这些方案。其中，农地所有权、承包权和经营权"三权分立"的改革思路以及因应此思路修订的《农村土地承包法》[1] 夯实了农民在土地农用时的权利，进一步奠定了中国农地制度的"共有私用"（赵阳，2007）的总体架构。

在农地增值收益分配制度领域，党的十八届三中全会公报提出"建设城乡统一的建设用地市场""允许农村集体经营性建设用地出让、租赁、入股，实行与国有土地同等入市、同权同价""赋予农民更多财产权利"。2015年2月，中共中央、国务院下发中央一号文件，对农村土地征收、集体经营性建设用地入市、宅基地制度改革进行了总体实施方案的设计。2015年3月，国土资源部[2]宣布在全国33个县（市、区）启动以上三项改革的试点工作。试点地区获得授权调整实施1998年《土地管理法》和1994年《城市房地产管理法》等相关法律法规，可以不受这些法律有关农村集体土地不允许入市等规定的约束，以为后续的法律

---

[1] 《农村土地承包法》于2002年首次出台，2003年开始实施。2009年，该法经历了一次修正。2018年，该法再次进行了修正工作，其从2019年1月1日开始实施。
[2] 2018年3月，十三届全国人大一次会议提出将原来的国土资源部、国家海洋局、国家测绘地理信息局等部门合并为自然资源部。新组建的自然资源部继续承接土地改革试点的落实工作。

修订提供借鉴。同期，《土地管理法》的修正工作启动，该法的修正工作经历了部门拟定修正草案、国务院法制办审议修正、修正草案向社会公众公示、全国人大常委会审议以及修正草案等阶段。《土地管理法》在经历全国人大常委会三次审议获通过后，于2020年1月1日开始实施。改革试点以及《土地管理法》的修正对"城占乡利"的农地增值收益分配制度构成根本的冲击。在此背景下，农地新政的具体实施效果如何、其如何影响农地制度的发展路径乃至中国城市化、经济社会发展模式的转型，均是研究新政[①]的关键议题。本章将基于新政的试点经验以及《土地管理法》的修正过程，结合前文的分析，来详细探讨上述议题。

一 新政背景：从"土地城市化"到"人的城市化"

众所周知，自20世纪90年代以来，城市化是推动中国经济快速发展的引擎。其中，土地作为城市化的发展要素发挥了相当重要的作用。据《中国国土资源公报》发布的统计数据，在十多年间，有十余万个村庄、数千万亩农村土地被纳入各地城市化的发展版图。这些土地经由市场机制的孵化，产生了数十万亿元的土地出让金以及难以计数的财政收入，[②] 由此给各地城市化建设注入了源源不断的动力。其中，地方政府扮演了核心角色。它们主导了土地开发过程，卓有成效地推进招商引资和公共设施建设，造就了城市经济的不断繁荣。由此，在这一时期，地方政府"经营土地"已然成为推动中国城市化的主要模式。学界一般将这种以土地资源为杠

[①] 本书新政指的是，党的十八届三中全会后推动的新一轮土地制度改革，包括"三块地"试点和《土地管理法》的修正。相比1998年的版本，2020年开始实施的《土地管理法》的修正幅度颇大，包括35处修改，所涉内容主要是"三块地"改革（陈小君，2019）。在党的十八届三中全会通过的《中共中央关于全面深化改革若干重大问题的决定》中，"建立城乡统一的建设用地市场""允许农村集体经营性建设用地出让、租赁、入股，实行与国有土地同等入市、同权同价""缩小征地范围"是重要内容，这些目标在新一轮土地制度改革中均得以实践。

[②] 各地农村通过"村改居"、"村庄撤销、兼并"以及"整村搬迁"等形式被纳入城市化的发展版图。据统计，2001~2011年，中国的行政村（村委会）减少了110321个（王春光，2013）。2001~2015年，因非农建设占用的耕地面积为4530.75万亩，城市国有土地出让收入共计达到260961.37亿元（数据源自各年度《中国国土资源公报》）。

杆、由行政权力驱动的城市化模式称为"土地城市化"(周飞舟等，2018)。

作为中国独特的体制和社会机制下形成的经济发展模式，"土地城市化"对于中国经济增长、城市公共设施的建设、城市居民的居住质量及其享有的公共服务水平，都具有直接的推动意义。然而，城市化不应仅扮演"经济增长驱动器"的角色，其还应以"人"为中心来构建更为宜居的居住环境，且能让各种人群——尤其是进入城市定居的农民群体——平等地享有公共服务。从发达国家的城市化经验来看，居住人口向城市地区集中、第三产业的快速发展和产业聚集、实现不同群体的权利平等是城市化发展的必要条件。其中，城市化让各类公共资源围绕以人为中心的目标来配置，是具有深刻社会基础的共识理念。

类似地，在上述理念的影响下，中国学术界以"人口城市化"或"人的城市化"的概念[1]来衡量城市化发展模式的价值，学界普遍认识到，"土地城市化"显然与"人的城市化"目标存在相当大的偏离，这

---

[1] 从现实基础来看，"人的城市化"并不是在社会思想和文化价值层面上出现的。在某种意义上，这一理念的出现是对城市化发展所引发的现实问题的回应，即"土地城市化"与"人的城市化"相伴而生，后者是对前者的理论纠偏。从已有研究来看，"土地城市化"表征行政机制以土地资源来推动城市化的模式。学界通过剖析"土地城市化"的运作机制来阐发"人的城市化"理念的意义。所以，我们才看到，土地被地方政府作为财政、金融和产业资本的重要媒介（刘守英，2012，2018；周飞舟，2012；折晓叶，2014），且形成包含规划、收储、招拍挂、"增减挂钩"等政策工具在内的复杂制度（陈颀，2021）。该模式推动了中国经济增长和城市化进程。然而，这种单一发展模式涌现的一系列问题，越来越让人意识到，城市化更应以"人"为中心来构建宜居环境且能让各种群体平等地享有公共服务（李强、王昊，2017）。基于这样的理念，学界才以"人的城市化"来衡量"土地城市化"的实践情况，发现各地城市建成区的空间扩张速度超过了城镇人口/城镇化率的增长速度（汪晖、陶然，2013；谭术魁、宋海朋，2013），还看到了城市化对农民群体的排斥。研究表明，各地盛行以"土地-财政-金融"为轴心驱动力的城市化模式，构成了封闭循环，可脱离产业和人口的集中而独立运行。只要有足够的建设用地供应，地方政府就通过财政和金融手段来兴建城市，而不需要有足够的人口，乃至可以不具备产业发展基础。由此，土地而非人成为地方政府推动城市化的中心目标，农民的财产权也因此而屡屡遭受侵犯（周飞舟、王绍琛，2015；周飞舟等，2018；刘守英，2012）。由此，对于农民土地产权构成"如何以'人的城市化'来纠正'土地城市化'"的核心问题，学者们提出了产权私有、集体所有和国有的不同主张（周其仁，2014a，2014b；文贯中，2014；贺雪峰，2013）。在此基础上，学者提出与土地管理体制、财政、金融和户籍制度相配套的总体方案，以推动城市化转型（程雪阳，2018；汪晖、陶然，2013；华生，2015）。总之，"人的城市化"理念激活了不同线索下城市化发展和转型问题的研究，这些研究均是基于"土地城市化"问题的反思，而不是纯粹从理念中生成的分析线索。

不仅反映在"土地城市化"带来的土地开发数量①大大超过了进入城市定居的人口数量②，还表现在"土地城市化"对于特定人群的排斥以及其引发的社会分化问题。其中，广大的农民群体虽为城市化做出了重要贡献，但他们不能享有与市民同等的公共服务资源，甚至他们的财产权也因地方政府推动城市化而屡屡遭受侵犯。这成为学界反思"土地城市化"的实践局限的重要依据。

周飞舟等人提炼出的"土地-财政-金融"三位一体的城镇化模式（见图6-1），有助于分析为何实践中的"土地城市化"会与理想中的"人的城市化"不符。"土地-财政-金融"强调内部元素的三位一体，大体逻辑是：地方政府首先通过大规模征收和收储土地，垄断辖区内土地的开发权；其次将土地使用权转移到政府控制的国有城市建设投资公司，由这些公司将土地使用权抵押给银行融资，以此为城市公共建设募集资金；最后以成形的基础设施和各类优惠政策招商引资、打造产业，从而获得源源不断的财政收益。以上就是由土地、财政、金融三个要素组成的循环机制，这个机制不断将土地和资金吸纳进来，促进了城市的发展和繁荣。周飞舟等人发现，"土地-财政-金融"三位一体的城镇化模式本身构成了一个封闭循环机制，其在一定程度上可脱离产业和人口的集中而独立运行（周飞舟，2012：231~246；周飞舟、王绍琛，2015；周飞舟等，2018）。

由此，土地而非人就成为地方政府推动城市化发展的中心目标，虽然其在开发土地时必然要承担补偿、安置农民以及反哺农村发展的社会责任，但其履行责任的效果常常很难符合农民期待。例如，地方政府在解决农民城市融入方面存在的问题。研究表明，两亿多进城的农民工大

---

① 一般用农地转非农用地的数量来测量。
② 统计数据显示，2000~2011年，我国城市人口数量从4.59亿人上升到6.91亿人，提高了51%，人口城市化率由36.22%提高到51.27%；同期土地城市化速度则更快，全国城市建成区面积由2000年的22439.3平方公里扩大到2011年的43603.2平方公里，提高了94%（谭术魁、宋海朋，2013）。我国一般是将居住在城市或集镇的人口占总人口的比例作为城市化率（或"城镇化率"）统计标准。考虑到这一统计口径把拥有农村户籍却长期居住在城市的农民工群体也算入城市人口中，我国的城市化率实际比现有数据反映的低。由此，"人的城市化"滞后于"土地城市化"的问题也许比想象中更为严重。通过这些数据，我们不难理解，城市化中愈演愈烈的土地圈占和资源浪费现象与"以人为中心"的发展目标有所背离。

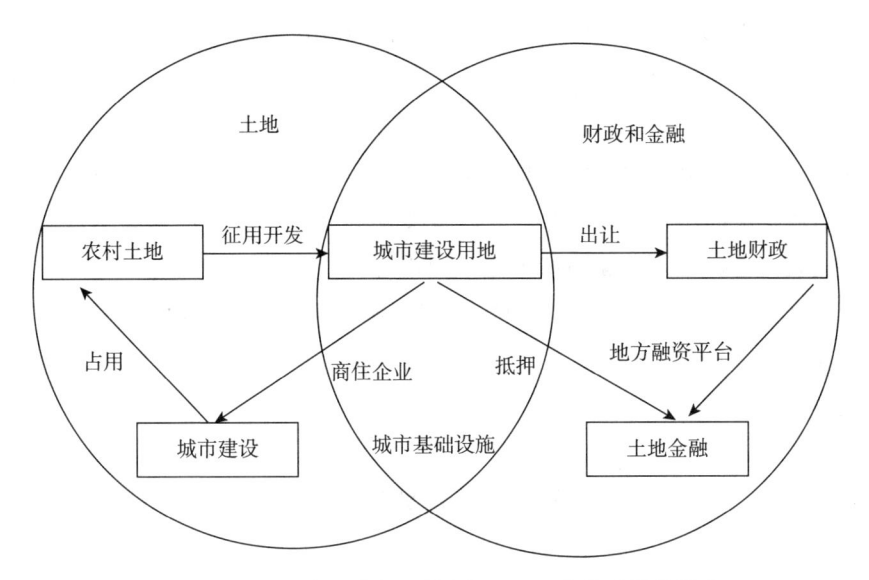

图 6-1 "土地-财政-金融"三位一体的城镇化模式

资料来源：周飞舟等（2018）。

多数只能在城市扩张过程中形成的城中村、城边村及城郊村落脚（刘守英、熊雪锋，2018）。又如，民生支出的城乡偏差问题。如 2008~2010 年，地方政府的土地出让收入主要用于城市中的城市建设支出（66.27%、48.64% 和 61.65%）、国有土地收益基金（6.77%、6.41%、8.25%）和保障房安居工程支出（3.19%、2.72%、3.80%）。相应地，土地出让收入用于安置失地农民和农村、农业的部分仍然偏低（刘守英，2018：193）。城市支出更多的是服务于经济增长的目标（何艳玲等，2014）。由此，自 20 世纪 90 年代中后期中国全面推进城市化运动以来，各地发生的矛盾纠纷与"化地不化人"的城市化模式（文贯中，2014）有着潜在的联系。例如，一些地区出现的强征和强拆事件，虽然各类案例在具体的情境中具有不同的发生机制，但共同的背景仍然是地方政府在推动城市化过程中对土地利益的追逐。近年来，中央政府三令五申禁止地方强拆和强行征地，这虽然在一定程度上遏制了恶性事件的发生，但不能有效缓解地方政府/基层政府与农民之间存在的矛盾。在"农民上楼""宅基地换社保""危房改造"等地方政府推动的大型工程中，地方政府是以社会工程的"公益"名义动员农民参与的，双方的矛盾和纠纷仍不时出现在政策执行的过程中（陈颀，2019b；王春光，2013）。

显然，问题的症结在于现行的"土地城市化"模式以及相关的一整套制度机制。近年来，随着中国经济增长的速度放缓，"土地城市化"模式诱发的社会问题越发凸显。其中，如何保障农民在城市化中的权利是亟待解决的问题。在此背景下，2012年召开的中国共产党第十八次全国代表大会提出了"新型城镇化"的概念，2013年召开的党的十八届三中全会又进一步提出"走中国特色新型城镇化道路"。其中的核心，即以人为核心。党的十八届三中全会之后，国家推动的一系列农地新政就此应运而生。

二　再赋权：农地新政的推进

2013年党的十八届三中全会通过《中共中央关于全面深化改革若干重大问题的决定》，其中关于农地制度的表述如下：

> （11）建立城乡统一的建设用地市场。在符合规划和用途管制前提下，允许农村集体经营性建设用地出让、租赁、入股，实行与国有土地同等入市、同权同价（集体经营性建设用地入市改革）。缩小征地范围，规范征地程序，完善对被征地农民合理、规范、多元保障机制。扩大国有土地有偿使用范围，减少非公益性用地划拨（农村土地征收制度改革）。建立兼顾国家、集体、个人的土地增值收益分配机制，合理提高个人收益。完善土地租赁、转让、抵押二级市场。
>
> （21）赋予农民更多财产权利。保障农民集体经济组织成员权利，积极发展农民股份合作，赋予农民对集体资产股份占有、收益、有偿退出及抵押、担保、继承权。保障农户宅基地用益物权，改革完善农村宅基地制度，选择若干试点，慎重稳妥推进农民住房财产权抵押、担保、转让，探索农民增加财产性收入渠道（宅基地制度改革）。建立农村产权流转交易市场，推动农村产权流转交易公开、公正、规范运行。

在这样的背景下，农村土地征收、集体经营性建设用地入市、宅基地制度改革是国家推动改革的主要方向。其中，在全国范围内的33个县、市、区推动的试点工作是同期启动的《土地管理法》修正工作的基础。在试点地区，地方政府被允许暂时不受1998年《土地管理法》和1994年《城市房地产管理法》等法律的约束，围绕三项改革展开试验性的探索工作。试点工作获得的绩效和经验为《土地管理法》对于相关法条的修正提供借鉴。2017年5月23日，《土地管理法（修正案）》（征求意见稿）向社会公众公开，在此基础上形成的《土地管理法（修正案）》于2019年提交全国人民代表大会常务委员会审议并最终通过，新法于2020年1月1日开始实施。在此过程中，学界对试点地区进行了深入的考察，并围绕着《土地管理法》的修正进行了争论。结合试点工作经验考察以及已经公开的《土地管理法（修正案）》的文本，我们可以看到，农地新政的核心取向与实践逻辑即突破1998年修订后的《土地管理法》的制度约束，重构村集体和农民的土地发展权。

（一）农村土地征收制度改革

土地征收制度是自计划经济时期以来一直延续至今的制度。1953年，政务院颁布的《国家建设征用土地办法》是新中国成立后第一部有关土地征收的政策，其对与征地相关的国家建设用地类型、征地程序和农民补偿方式等做了详细规定。1954年新中国第一部《宪法》出台，其中第十三条规定，国家为了公共利益的需要，可以依照法律规定对城乡土地和其他生产资料实行征购、征用或收归国有。此后，在整个计划经济时期，征地的实施办法尽管进行过调整，但总体制度框架未变（参见第三章）。改革开放后，征地制度在市场经济环境下被延续和再构。1982年，《宪法修正案》提出"国家为了公共利益的需要，可以依照法律规定对土地实行征用"，1986年新中国成立以来第一部《土地管理法》继续沿用这一法律条款，还提出"国家进行经济、文化、国防建设以及兴办社会公共事业，需要征用集体所有的土地或者使用国有土地的，按照本章规定办理"（第二十一条）。由此，在市场经济背景下，土地利用是否与"公共利益"相关，是国家能否进行征地的前提条件。此后，《土地管理法》又历经了1988年的修正、1998年的修订以及2004年的修正，但并未突破前述的制度框架。①

聚焦市场经济建设初期的土地征收制度（主要为1998年修订并沿用到2019年的《土地管理法》），以下三方面的规定制约了农民的土地发展权，导致农民无法公平享有城市化带来的增值收益。一是"国家为公共利益的需要，可以依法对集体所有的土地实行征用"的规定（1998年《土地管理法》中的第二条）。土地征收制度对于国家以公共利益为名进行征地的范围未做明确规定，尤其没有列出公共利益用地的具体项目，因而在实践中常常出现地方政府对征地权力的过度使用，它们甚至以公共利益为名从事经营性开发行为。由此，公共利益的边界模糊以及征地权力的滥用导致农民的合法权益受到侵犯。二是现行制度关于征地补偿上限的规定。1998年的《土地管理法》第四十七条规定："征用土地的，按照被征用土地的原用途给予补偿。征用耕地的补偿费用包括土地补偿费、安置补助费以及地上附着物和青苗的补偿费。征用耕地的土地补偿费，为该耕地被征用前三年平均年产值的六至十倍。征用耕地的安置补助费，按照需要安置的农业人口数计算。需要安置的农业人口数，按照被征用的耕地数量除以征地前被征用单位平均每人占有耕地的数量计算。每一个需要安置的农业人口的安置补助费标准，为该耕地被征用前三年平均年产值的四至六倍。但是，每公顷被征用耕地的安置补助费，最高不得超过被征用前三年平均年产值的十五倍。"这一规定导致农民在征地中很难获得与土地市场价值相当的补偿。与土地经地方政府征收以及"招拍挂"出让之后所产生的巨额价值相比，农民获得的征地补偿显然相差较大。② 三是农地必须经过征收才能进入市场的规定。1998年《土地管理法》规定"任何单位和个人进行建设，需要使用土地的，必须依

---

① 征地制度的历史沿革可参见王克稳（2016）、刘守英（2014：48~53）。需要指出的是，在2004年修正的《土地管理法》中，只是对征收和征用这两个概念的内涵和法律适用范围进行了仔细的区分，但征地制度的基本框架没有改变。由此，直到2019年《土地管理法》修正前，征地制度沿用的是1998年修订的《土地管理法》的基本框架。

② 因各地情况不同及统计数据不全，目前尚无法看到全国各地区农民所获征地补偿占政府土地出让收入具体比例的统一研究，但二者的巨大差距已经被一些案例研究证实。如周飞舟（2007）通过对东部地区两个县与一个市的实地调查发现，政府出让土地所获收益往往是给予农民补偿的数十倍；肖屹（2008）对江苏三个城市的土地收益相关数据的测算也表明，农民获取的土地收益平均仅占政府征地并出让所获土地收益的4.38%。

法申请使用国有土地"(第四十三条);"建设占用土地,涉及农用地转为建设用地的,应当办理农用地转用审批手续"(第四十四条)。这意味着农村集体土地失去了直接进入市场的可能,村集体组织和农民也由此无法借助开发集体土地的机遇来获得城市化的发展红利。

以上三项分支制度构成了征地制度的总体框架。其中,国家以公共利益为名进行征地确保征地制度的合法性,征地补偿的上限规定则让地方政府获得低成本征地的便利,限制农地入市则进一步给予地方政府借征地垄断土地开发的制度空间。三者相互作用下,征地制度构成对农民土地发展权的整体约束。

以向农民赋权为中心目标的农地新政首先聚焦的就是农村土地征收制度改革。2019年修正并于2020年开始实施的《土地管理法》中,有以下三点内容值得注意。

一是对公益征地范围和具体项目的明确规定。2019年修正的《土地管理法》第四十五条提出,为了公共利益的需要,有下列情形之一,确需征收农民集体所有的土地的,可以依法实施征收:(一)军事和外交需要用地的;(二)由政府组织实施的能源、交通、水利、通信、邮政等基础设施建设需要用地的;(三)由政府组织实施的科技、教育、文化、卫生、体育、生态环境和资源保护、防灾减灾、文物保护、社区综合服务、社会福利、市政公用、优抚安置、英烈保护等公共事业需要用地的;(四)由政府组织实施的扶贫搬迁、保障性安居工程建设需要用地的;(五)在土地利用总体规划确定的城镇建设用地范围内,经省级以上人民政府批准由县级以上地方人民政府组织实施的成片开发建设需要用地的;(六)法律规定为公共利益需要可以征收农民集体所有的土地的其他情形。这些规定限定了国家可以征地的具体条目,有利于缩小征地范围,并有助于解决以往地方政府在征地过程中存在的权力滥用问题。

二是取消征地补偿上限的规定,采用区片综合定价进行补偿,将社保费用纳入征地补偿中。在2019年修正的《土地管理法》中,第四十八条删除了原来有关土地补偿不得超过上限的规定,提出"征收土地应当给予公平、合理的补偿,保障被征地农民原有生活水平不降低、长远生计有保障。征收土地应当依法及时足额支付土地补偿费、安置补助费以及农村村民住宅、其他地上附着物和青苗等的补偿费用,并安排被征地农民的社会保障费用"。同时要求"征收农用地的土地补偿费、安置补助费标准由省、自治区、直辖市通过制定公布区片综合地价确定"。值得注意的是,"区片综合地价"一般通过综合评估征地区片的土地资源条件、土地产值、区位、供求关系以及经济社会发展水平等因素来确定,并根据经济社会发展水平,适时调整区片综合地价标准。这显然比以往设置上限的征地补偿更能让农民享有所在区域的经济增长,尤其是土地价格上涨的收益。此外,第四十八条还第一次明确将被征地农民的住宅补偿以及社会保障费用纳入征地补偿安置费用中,这不仅明确了农民住宅的财产权属性,还提高了农民在征地中的获益水平。

三是明晰征地程序,强调公共参与。2019年修正后的《土地管理法》规定的征地程序如下。(1)集体公告,听取被征地的农村集体经济组织和农民意见。其中,征收范围、土地现状、征收目的、补偿标准、安置方式和社会保障等作为主要的公告内容。(2)市、县人民政府根据征求意见情况进行征地执行政策调整,必要时组织开展社会稳定风险评估。(3)相关前期工作完成后,市、县人民政府组织有关部门与被征地农民、农村集体经济组织就补偿安置等签订协议,测算征地补偿安置费用并保证足额到位。[①]可见,如果上述法律能够有效落实,农民在征地中的权益将能获得更为切实的法律保障,而且他们还可更为自主地参与到征地过程中,从而对地方政府进行有效的监督。

(二)集体经营性建设用地入市

前文提及,1998年《土地管理法》规定,"农民集体所有的土地的使用权不得出让、转让或者出租用于非农业建设"(第六十三条);"任何单位和个人进行建设,需要使用土地的,必须依法申请使用国有土地"(第四十三条);"建设占用土地,涉及农用地转为建设用地的,应当办理农用地转用审批手续"(第四十四条)。同时要求"农村集体经济组织使用乡(镇)土地利用总体规划确定的建设用地兴办企业或者与其他单位、个人以土地使用权入股、联营等形式共同举办企业""乡(镇)村

[①] 具体参见2019年修正的《土地管理法》的第四十六条、第四十七条。

公共设施、公益事业建设""农村村民建住宅"等涉及占用农用地的，必须依照该法第四十四条的规定办理农用地转用审批手续（参见第六十条、第六十一条、第六十二条）。这意味着村集体组织、农民以及乡镇政府、外来企业或私人投资者等其他使用农地的相关方均不能直接将农地用于非农建设项目，而必须通过农地转变为国有土地的形式，并经过县级以上人民政府的审批才能获得国有土地的使用权。由此，这些规定构成了一个整体的限权制度框架，约束了农村集体土地进入市场的可能。

2019年修正并出台的《土地管理法》删除了1998年《土地管理法》的第四十三条和第六十三条，解除了原来的法律中有关集体建设用地不能出让的禁令，同时在新修正的第六十三条规定中对集体经营性建设用地入市的范围、条件等进行原则性规定，明确提出"土地利用总体规划、城乡规划确定为工业、商业等经营性用途，并经依法登记的集体经营性建设用地，土地所有权人可以通过出让、出租等方式交由单位或者个人使用"①，此外还补充："集体经营性建设用地的出租，集体建设用地使用权的出让及其最高年限、转让、互换、出资、赠与、抵押等，参照同类用途的国有建设用地执行。具体办法由国务院制定。"这为完善相关法律的具体执行细则预留了空间。

以上法律条款的修正，无疑确认了集体经营性建设用地入市的合法性和操作空间。众所周知，中国农村地区闲置的集体经营性建设用地大部分是以前乡镇企业的闲置用地。从理论上看，新政赋予这部分土地进入市场的权利，可有效激活农村土地和产业的市场价值，有助于推进乡村工业化的发展，由此也为重建村集体组织和农民的土地发展权提供了契机。

---

① 按照2019年修正的《土地管理法》，农村集体经营性建设用地是指具有生产经营性质的农村建设用地。农村集体建设用地主要包括乡（镇）村公益事业用地和公共设施用地、农村居民住宅用地（宅基地）以及经营性用地。由于宅基地性质特殊，其涉及集体土地的资源利用和农民个人产权（指房屋产权）等问题，在当前的现实背景下不具备推动市场化改革的条件。为了谨慎起见，中央文件将集体建设用地市场的范围限于"集体经营性建设用地"，其主要指土地分类中的商服用地和工矿仓储用地。而宅基地制度改革则被单独作为试点工作的一项，其并没有按照市场化改革的思路展开，而是以下放宅基地审批权、保障农民宅基地的有偿退出等方式实现给农民赋权的目标。

从现实来看，试点地区经验初步揭示了允许集体经营性建设用地入市对于村集体组织和农民的意义。官方数据显示，截至2018年12月，试点地区的集体经营性建设用地入市地块有1万余宗，面积为9万余亩，总价款约为257亿元。[①] 这些收益的分配是建立在夯实村集体组织和农民的土地发展权基础上的。研究表明，在目前的地区试点工作（见表6-1）中，主要的入市主体有四种：村民委员会、股份经济合作社（联合社）、土地股份合作社/土地专营公司、集体资产管理公司。这些主体或属于村集体组织的不同类型，或属于村集体组织直接介入管理的组织，或与村集体组织建立了委托-代理关系，总之是不同地区在地方治理逻辑和经济基础下适应新政的制度框架的产物。[②] 在试点地区允许集体经营性建设用地进入市场的情况下，这些地区的村集体组织获得土地发展权的空间被落实了，集体经营性建设用地入市所获得的收益通常被作为村集体资产的公益资金，用于壮大集体经济、社区公共建设、公共服务配套等方面。同时，试点地区的农民通过民主参与村集体资产管理、入股参与、承包经营小型工商业、进入新入驻企业就业等方式来分享集体土地入市的收益（唐健、谭荣，2019；陈明，2018；周应恒、刘余，2018；坚德慧，2018）。

不难发现，试点地区以集体土地发展权的初步做实及其所呈现的形态，与20世纪80年代至90年代乡村工业大发展时期具有颇多相似之处。在此意义上，我们可以称为：这是以村集体为中心的土地发展权实践模式的复归。

---

① 《国务院关于农村土地征收、集体经营性建设用地入市、宅基地制度改革试点情况的总结报告——2018年12月23日在第十三届全国人民代表大会常务委员会第七次会议上》，中国人大网，http://www.npc.gov.cn/npc/xinwen/2018-12/23/content_2067609.htm，最后访问日期：2019年3月18日。

② 一般来说，尚未成立集体经济组织的地区由村民委员会作为入市主体，比如贵州省湄潭县等；已经推行产权制度改革、成立相应集体经济组织的地区通常由股份经济合作社（联合社）作为入市主体，比如浙江省德清县等。以上均属于村集体组织的不同类型。此外，部分地区由村集体委托授权组建了专门机构作为入市主体，比如广东省佛山市南海区、北京市大兴区以镇为单位组建了土地股份合作社/土地专营公司，四川省郫都区则由以村为单位的集体资产管理公司行使入市主体职能。这些机构则是在"委托-代理"关系基础上建立的（陈明，2018）。

表6-1 集体经营性建设用地入市试点地区的概况（截至2018年12月）

入市主体	典型地区
村民委员会	贵州省湄潭县
股份经济合作社（联合社）	浙江省德清县
土地股份合作社/土地专营公司	广东省佛山市南海区、北京市大兴区
集体资产管理公司	四川省郫都区

资料来源：陈明（2018）。

此外，试点地区通过征收土地增值收益调节金的方式协调村集体组织、农民和市/县政府的利益分配格局。

目前，各试点地区征收方式和标准存在显著的差异，既有按固定比例征收的，也有差别化征收的；差别化征收又存在按交易环节、土地区位、转让方式等若干征收标准（见表6-2）。不难看到，土地增值收益调节金是对土地出让金的一种替代。在原来的土地出让金模式下，农村集体土地必须先经过征收途径转为国有土地后，才能进入市场实现增值，增值部分被市/县政府所垄断。在土地增值收益调节金模式下，农村集体土地能够直接进入市场而无须经过征收程序，由此，村集体组织和农民能够享有大部分的土地增值收益。而土地增值收益调节金则成为协调村集体组织、农民、乡村地区的投资方和市、县、乡镇政府[①]等各方的收益分配的一种机制。

表6-2 试点地区土地增值收益调节金征收方式和征收标准

征收方式	征收标准	典型地区
固定比例征收	12%	贵州省湄潭县

[①] 2016年4月，财政部、国土资源部联合发布《农村集体经营性建设用地土地增值收益调节金征收使用管理暂行办法》，规定"调节金由试点县财政部门会同国土资源主管部门负责组织征收"。在试点地区，土地增值收益调节金征收机关有国土局和地方税务部门，以国土局为主。市/县政府以商定的比例给乡镇返回一部分调节金（参见林超等，2019；陈明，2018）。

续表

征收方式	征收标准	典型地区
差别化征收	按交易环节	山西省泽州县：一级市场出让、租赁、作价的按15%入股；二级市场转让、出租按照增值部分50%收取
	按土地区位	浙江省德清县：商业32%（乡镇规划外）、40%（乡镇规划区内）、48%（县城规划区内）；工业16%（乡镇规划外）、20%（乡镇规划区内）、24%（县城规划区内）
	按转让方式	广东省佛山市南海区：以出售方式转让的，增值不超过100%部分按增值额20%征收，超过部分按30%征收；以交换方式转让，存在补偿的，由接受方按照补偿价差或者实物评估价格的40%缴纳
	综合考虑多重因素	河南省长垣市：商业用地最高30%、工业用地最低5%；出租和作价出资（入股）方式入市3%

资料来源：陈明（2018）。

从试点地区的经验来看，土地增值收益调节金多是各地基于不同的集体经济发育水平、出让地块所处的区位和性质（如区分商业服务业地块和工业地块）等来确定收取方式的（林超等，2019；解直凤，2017；于淼等，2019）。从政策属性来看，调节金既不属于税，也不属于费，[①] 其是国家为了解决地方政府和农民之间的收益平衡问题而选取的一种干预再分配的政策工具（陈明，2018）。在某种程度上，土地增值收益调节金是国家为激励地方政府推动农地入市而实施的政策。由于其仅仅在试点地区实践且实践时间较短，这种激励政策如何实现地方政府与村集体组织、农民、农村的外来投资方的利益兼容，仍有待进一步考察。从长远来看，这种政策分配工具如何制度化是未来集体经营性建设用地入市改革全面推广后必须解决的制度配套问题，必须通过立法等制度化渠道予以规范。

（三）宅基地制度改革

宅基地制度改革是"三块地"改革中颇为特殊的一项内容。按照土地类型，宅基地属于农村集体建设用地的一种，但宅基地上的附着物是农民的住房，是受到法律保护的农民私有财产。由此，如何协调集体产

[①] 土地增值收益调节金在某种意义上类似于二战后英国一度实施的"土地开发费"（参见第二章）。

权（宅基地产权归集体所有）与个人产权（住房产权）的矛盾是宅基地制度改革的难点。而且，在城市化快速发展的背景下，宅基地制度改革要兼顾农村闲置宅基地资源的再利用议题，还要解决一些农村地区的宅基地违法入市、"小产权房"现象频发等一系列问题（胡新艳等，2019）。在诸多错综复杂的关系约束下，宅基地制度改革不能像集体经营性建设用地入市改革那样，完全推进市场化改革思路。如何在多重关系衍生的矛盾中实现给农民赋权的目标，是改革者面临的考验。

从历史路径来看，我国的宅基地制度经历了国家规制逻辑不断强化的过程。1986年《土地管理法》第四十一条规定，"城镇非农业户口居民建住宅，需要使用集体所有的土地的，必须经县级人民政府批准"。这意味着宅基地的对外流转尚存在制度空间。1998年《土地管理法》将此条款删除，并规定"农民集体所有的土地的使用权不得出让、转让"。1999年《国务院办公厅关于加强土地转让管理严禁炒卖土地的通知》进一步明确："农民的住宅不得向城市居民出售，也不得批准城市居民占用农民集体土地建住宅，有关部门不得为违法建造和购买的住宅发放土地使用证和房产证。"1998年，《土地管理法》将农民的宅基地归为建设用地，农村宅基地的总量受建设用地指标约束。2004年，《国务院关于深化改革严格土地管理的决定》规定农用地使用年度计划实行指令性管理，并且明确将农村集体建设用地纳入土地使用年度计划。同年，国土资源部发布的《关于加强农村宅基地管理的意见》提出，要坚决贯彻"一户一宅"的法律规定，严格宅基地申请条件，将宅基地流转禁止主体的范围由"城市居民"扩大为"城镇居民"。这一系列制度导致农民无论是出让宅基地和住房还是农村进行大规模建房、发展房地产业都无法获得制度空间（参见吴毅、陈颀，2015；陈明，2018；胡新艳等，2019）。尽管2007年国家颁布了《物权法》，将宅基地使用权上升为法定的用益物权，从立法层面保障了宅基地的财产权属性，但是《物权法》关于宅基地使用权的规定中，仅赋予了农民对宅基地的占有、使用权利，未赋予收益、处分权能。

在2019年修正的《土地管理法》中，针对农民的赋权主要表现在以下两个方面。①

其一，保障村庄的"无地无房户"享有分地权，即宅基地的"资格权"。2019年修正的《土地管理法》第六十二条提出，"人均土地少、不能保障一户拥有一处宅基地的地区，县级人民政府在充分尊重农村村民意愿的基础上，可以采取措施，按照省、自治区、直辖市规定的标准保障农村村民实现户有所居。"同时下拨宅基地审批权，使用存量建设用地的，在"依法经村民代表大会同意后，由乡（镇）人民政府审核批准"，使用新增建设用地即涉及占用农用地的，由县级人民政府批准。②

其二，以宅基地有偿退出的形式赋予农民对于宅基地的收益权。第六十二条提及，"国家允许进城落户的农村村民依法自愿有偿退出宅基地，鼓励农村集体经济组织及其成员盘活利用闲置宅基地和闲置住宅"。"有偿退出"的规定在2018年以来"所有权、资格权和使用权"——"三权分置"的试点改革中有所推进。③ 其中，宅基地的"所有权"属于村集体是无须讨论的，"资格权"是为了让农民在符合"一户一宅"规定的前提下享有使用宅基地建房的权利，"使用权"则是为了保障非集体组织的外来户通过流转、出租、购买等方式使用宅基地的权利（宋志红，2018），宅基地使用权的流转提供了"有偿退出"的可能。

目前，使用权的享受群体如何界定尤为值得关注。从宅基地制度改革的试点经验来看，一些地区将宅基地流转的范围扩大到乡镇乃至市/县

---

① 除了针对农民的赋权外，宅基地制度改革的内容还包括以"宅基地使用权有偿退出""严格限制农户一户一宅"等思路来解决农村宅基地被违法占用、宅基地资源被占用等问题。这实际上也是在给农民赋权的同时，建立相应的"权利-义务"边界。
② 在现行的《土地管理法》中，建设用地占用农用地的审批权在省一级政府，且受到建设用地指标约束，造成农民的宅基地申请常常很难通过。
③ 2018年，《中共中央、国务院关于实施乡村振兴战略的意见》（中央一号文件）提出：完善农民闲置宅基地和闲置农房政策，探索宅基地所有权、资格权、使用权"三权分置"，落实宅基地集体所有权，保障宅基地农户资格权和农民房屋财产权，适度放活宅基地和农民房屋使用权。这就是所谓的宅基地的"三权分置"。此后，山东禹城、浙江义乌和德清、四川泸县等试点地区结合实际，探索了宅基地"三权分置"模式的具体操作经验。由于试点时间短促，尚无法判断其可行性。宅基地"三权分置"的思路如何落实，将是未来的焦点议题。

辖区内的农村居民。① 这种"半市场化"的流转方式不仅激活了农村宅基地的市场价值,还增加了农民利用宅基地使用权获得收益的可能性,强化了宅基地使用权的用益物权权能。不过,这种方式突破了现行制度对于宅基地流转群体(本集体经济组织成员)的限定,② 其是否能够推广,仍存在很大的变数。拓展农民财产性收入更为常见的方法是十多年来在"增减挂钩"政策背景下各地实施的"宅基地换用地指标模式"。在一些试点地区,地方政府通过回购农民宅基地,整理宅基地来置换建设用地,进而以出让指标的收益来解决回购宅基地费用(高圣平,2019;张勇,2019;高强,2019)。这种混合着行政和市场机制的操作方式给农民兑现宅基地的市场价值提供了另一种可能。综合以上的讨论,我们可以看到,相比以往法律制度对于农民宅基地权益的约束,2019年修正的《土地管理法》和宅基地制度改革的试点工作在增进农民权益等方面前进了一大步。

总的来看,农村土地征收制度改革、集体经营性建设用地入市和宅基地制度改革均具有给村集体组织和农民赋权的意义,而且三项改革并非单独发生作用的,而是具有互相连带的影响力。其中,农村土地征收制度改革是村集体组织和农民的土地发展权能够真正落实的前提。地方政府对征地权力的过度使用是导致农民的土地权益受损的主要原因,只有缩小征地范围,约束地方政府对征地权力的过度使用,才能保障集体经营性建设用地入市和宅基地制度改革等获得实施的空间。否则,后两项改革将可能在实践中空转。集体经营性建设用地入市有助于村集体组织直接、自主地将土地用于二、三产业的建设中,从而夯实集体地权和农民个人权利的基础。宅基地制度改革则是在夯实集体地权的基础上进一步保障农民的财产权,并确认由此衍生的"权利-义务"边界。如此,三项改革实际构成了一个互为嵌套的制度框架,其如何在未来的时

---

① 例如,云南大理市将宅基地使用权转让的范围扩展至同一乡(镇)、办事处辖区内符合宅基地申请条件的农村村民。湖南浏阳市、青海湟源县、新疆伊宁市、浙江义乌市等试点地区则将宅基地使用权转让的范围扩展至县(市)域范围内的村集体经济组织成员(参见宋志红,2018;刘圣欢、杨砚池,2018;钱泓澎、易龙飞,2019)。
② 2019年修正的《土地管理法》并未提及宅基地的流转是否能够突破以往所说的"同一集体经济组织"的群体。这意味着既有的制度限制仍未在法律上放开。

空环境中实践和发展，将是影响中国的城市化转型和乡村振兴战略推进的重要因素。

三 改革的前景与局限

2020年1月1日后，2019年修正的《土地管理法》才在全国范围全面实施，因而农地新政的实践前景到底如何仍有待观测。不过，若考察目前新政已然呈现的实践经验和问题，仍可观测到农地改革在新政铺就的路径中的前景和局限。本书在导论中指出，考察"初始事件"形成的政府权力机制是研究路径依赖问题的核心，由此将20世纪90年代土地制度改革诱发的地权的"时空切割"机制[1]定位为制度的路径依赖。循着这一线索，我们通过以下方式研究制度的路径依赖如何影响新政实施。其一，对比分析2019年修正版和1998年修订版——这两个版本的《土地管理法》，也可以称为法律文本释义法，这是法学界常用的方法。自新的《土地管理法》启动修订后，法学界对于新法（2019年修正版）与旧法（1998年修订版）的差异、具体条款的修订细则、新法修订后将怎样受到旧法的影响等问题，都有详尽讨论。借鉴这些讨论，本书重点考察1998年版本中哪些法律条款和既有的土地利用规划、城乡建设规划等制度交互作用，从而构成"旧制度"[2]框架下的"时空切割"机制，并影响新政实施。这是研究路径依赖的延续效应。其二，考察新政试点经验。在《土地管理法》修订过程中，全国33个县、市、区的试点工作启动，其中包括农村土地征收制度改革试点3个，集体经营性建设用地入市改革试点15个，宅基地制度改革试点15个。试点被赋予单独实施新政的权力，且采取封闭运作模式，具有典型个案的意义。试点的实践经验已经初步积累了研究文献。本书聚焦这些试点经验，重点分析地方政府如何借用农地新政的制度框架再构"时空切割"机制，从而影响新政施行。这是研究路径依赖的再生产。

---

[1] 具体论证参见第五章。
[2] 也就是说，"旧制度"不但包含2019年修正后的《土地管理法》沿用1998年版本的部分，还包括既有的土地利用规划制度、用途管制、城乡建设规划制度等互构下的总体框架。下文与"旧制度"相关的分析皆以此为准。

（一）农村土地征收制度改革与矛盾的延续

征地模式下的农民与地方政府的利益张力仍可能延续。

其一，农地新政很可能在给农民赋权的同时，进一步诱发民众对于土地权益的更高诉求，从而与力求在征地中获取收益的地方政府难以完全兼容。由此，征地中的矛盾纠纷甚至是冲突仍可能出现在国家赋权于农民的政策背景下（吴毅、陈颀，2015）。

诚然，农村土地征收制度改革对于约束地方政府的权力滥用具有显著的意义；区片综合地价取代原来征地补偿"不得超过土地被征收前三年平均年产值的30倍"的规定有助于农民享有更多收益；将农民住宅作为征地补偿的专门规定保障了农民的财产权收益；将社保费用纳入征地补偿则起到政策性兜底的作用。但是，以上制度仍是行政权力嵌入土地产权的定价逻辑，而不是完全市场环境下土地真实价格信号的反映。换言之，农民获得更多土地补偿的可能性仍然受限于地价的行政限定机制。然而，在市场经济以及国家不断赋予农民更为完整的土地权利的双重背景下，农民之于土地的权利意识正在不断发育，他们并不会完全服从政府控制土地补偿价格的政策，而是具有不断要求提高政府给予的补偿收益的行为惯性，且在"父爱主义国家"的观念制度下，他们更可能强化此种要价的合理性基础。[①]

[①] 国家赋权逻辑对于农民土地权利诉求的强化已经不可逆转。一些经济发达地区的农民不断提高要价为其拓展收益提供了相当的空间，他们实际获得的收益早就突破了1998年修订的《土地管理法》中征地补偿"不得超过土地被征收前三年平均年产值的30倍"的规定。近年来，征地拆迁等补偿性支出的不断增多以及这些支出占土地出让收益的比例不断提高则可作为土地权利诉求强化及以此展开博弈的现象的佐证（刘守英，2014：103~104）。在其他国家惠民政策的实践过程中，民众的利益诉求也出现不断强化的现象。例如，吕晓波的研究就表明，近年来，中国政府减免义务教育学费的政策在减轻民众负担的同时，也激发了民众更高的诉求。他们希望获得更多的政府资助，使政府面临更大的财政支出压力（Lü，2014）。某地危房改造的案例则表明，国家的惠民政策唤醒了潜藏在人们心中的"父爱主义国家"的形象，进而刺激了他们的获益期望，由此让执行政策的基层政府陷入既不能推卸民生任务又很难完全满足社会诉求的困境（陈颀，2019b）。总之，这些现象实际表明，单单是福利救济——给农民群体某些生活方面的资源补给并不能够完全解决问题，更重要的是权利救济以及如何由此形塑农民的"权利-义务"观念（陈颀，2019b：206）。由此，国家赋予农民土地产权政策背景下矛盾纠纷仍可能局部发生的情况，即农民的权利赋予及其义务观念转变逻辑尚待推进的一类表现。

总之，农民不断提高的土地权利诉求是"新"的市场环境激励和"旧有"的"父爱主义国家"观念制度作用下的产物。在此机制的延续下，农地新政的赋权政策很可能成为强化农民要价行为的"政治机会空间"。[①]这成为地方政府不得不应对的难题。从理论上讲，地方政府当然希望既满足农民诉求，又能以较低成本获得土地。但现实可能是地方政府有限的资源和无限增长的社会诉求存在张力。特别是在一些对土地财政已经形成依赖的地区，当地政府常常难以兼顾以地谋发展与满足民众诉求等多元目标，也很难在实践中将征地中的社会风险放置在可控范围内。而征地过程中，基层行政嵌入的"压力型体制""行政包干制"均具有以完成任务为先的行政惯性，这可能进一步诱发承担征地拆迁任务的一线执行者与农民之间的博弈和冲突（郭亮，2015；祝天智，2014；张永宏、李静君，2012）。

尤其需要注意的是，在2019年修正的《土地管理法》中，有一条规定提及，"在土地利用总体规划确定的城市建设用地范围内，经省级以上人民政府批准由县级以上地方人民政府组织实施的成片开发建设需要用地的"，可使用征地模式。该条款涉及城郊地区的农村土地的开发问题。以往的研究表明，城郊地区由于涉及的土地收益体量庞大，利益关系复杂，因而这些地区在征地中发生的矛盾纠纷往往较为激烈（Hsing，2010）。如果沿用城郊土地征地模式，就可能让这些地区仍然处于地方政府垄断收益的状态下。由此，这些地区因地方政府限制农民收益空间而诱发的官民矛盾很可能延续到新政的实施环境下。

其二，在新政模式下，地方政府拥有替代征地模式的"以地谋发展"策略，在替代策略下，矛盾纠纷仍存在发生的可能性。

这一替代策略就是地方政府借用"增减挂钩"政策来整理农民的宅基地的各种政策变体，包括"农民上楼"、"宅基地换社保"及"地票"

---

① "政治机会结构"一词源于1973年美国学者艾辛杰探讨都市运动的文章，其指涉都市的政治环境因素（Eisinger，1973），后来被其他学者发展，逐渐成为社会运动研究中的重要概念。不过由于其涵盖的外延宽泛，其具体指涉，包括研究的适用性等都颇受争议（比如Goodwin & Jasper，1999）。但笔者以为就当前中国而言，这一概念仍然有适用价值，至少国家赋权于民的法律政策、当代中国上下级政府的矛盾、意识形态话语的亲民性、媒体的公共参与等，都是民众集体行动的机会空间所在。

制度等。这些政策的实践原理是：在"增减挂钩"的政策规定下，地方政府首先通过回收农民宅基地、进行土地整理并还原为耕地的形式，置换出建设用地指标，然后将指标用于工商业建设。其中，在一些发达地区，置换出的用地指标还被作为"地票"由用地企业购买。在上述操作中，农民退出宅基地的补偿通常是经由地方政府筹措经费或企业投资实现的。不同地区的宅基地补偿价不等，如中西部地区一般只有每亩几万元，而东部地区则可能达到每亩几十万元甚至更多。在征地权力受到现行土地管理体制的指标化约束下，"增减挂钩"及其政策变体是地方政府克服制度约束，进一步向农村地区扩展权力触角、垄断土地收益的政策工具（谭明智，2014；陈颀，2019a）。在此情况下，尽管农地新政试图通过缩小征地范围的形式约束地方政府的权力滥用行为，但是地方政府可通过"增减挂钩"政策的一系列变通实践规避新政对其权力的约束。例如，在农地新政的试点地区，一些地方政府就通过回购农民宅基地，整理宅基地来置换建设用地，进而以出让指标的收益解决回购宅基地费用的形式来展开运作（高圣平，2019；张勇，2019；高强，2019）。

然而，这种操作模式的风险在于，一些地方政府和基层政府很可能在谋取用地指标的利益驱动下，不断扩展权力深入的触角，大肆扩大回收农民宅基地的范围，甚至普遍突破了政策规定。例如，在近年来"裁村并居""农民上楼"等大型社会 - 经济工程中，一些地方政府就将权力触角深入农村社会以获取经济发展的各种资源，如农民的宅基地、住房、承包地等，而这些运作常常违背"增减挂钩"政策"不得跨越县域出让用地指标"的规定，且往往不经过农民的同意。公权力汲取土地资源的运作模式很可能导致社会矛盾。因为地方政府在获取经济发展资源时，也面临重建新社区、安置农户等社会责任的压力，且权力运作对于社会资源的汲取越多，地方政府的责任负荷就越大。政府的资源不足即可能诱发群众的不满（王春光，2013）。在极端情况下，个别地方 - 基层政府为了更快地占有农民的宅基地，还可能在执行政策时把控不当，进而引发强拆等恶性事件。如此，我们不难发现，如果"增减挂钩"作为一项强化地方政府经营土地权力的政策工具并未被有效约束，那么农村土地征收制度改革对地方政府的权力约束很可能产生逆向效应：地方政府以"增减挂钩"作为替代策略。因而，在这一替代策略下，基层政府与农民的矛盾很难完全协调，个别情况下甚至可能激化。

（二）"农地入市"与地权"差序格局"的再生产

在允许集体建设用地入市①的背景下，国有土地和集体土地——这两种地权的差序格局可能仍会被"再生产"出来，各方围绕着土地发展权的时空控制权的争夺可能更趋激烈。

前文提及，地权的差序格局指国有土地和集体土地处于不对等的权利地位格局下，典型表现为：国有土地的控制方享有完整的入市权和收益处置权，而集体土地的控制方不具备这两种权利。在实践中，上述地权的差序格局是通过地方政府（主要为市/县政府）的土地发展权的"时空切割"机制而得以实践的。虽然在农地新政中，允许集体经营性建设用地入市对于扭转地权的差序格局具有重要意义，但地方政府的土地发展权的"时空切割"机制仍可能显著地发挥作用，进而再生产出地权的差序格局。

地权的差序格局首先反映为"空间排斥"机制的延续，即征地、规划权力以及"增减挂钩"政策捆绑的大型社会工程，仍作为旧制度下的时间切割机制影响集体经营性建设用地入市。由于集体经营性建设用地入市可扩大村集体组织、农民自主开发土地的空间，弱化地方政府的土地控制权，由此，地方政府仍可能延续旧制度下有利于其的制度机制。例如，扩大农地新政中"成片开发建设"对于政府征地的适用范围来抢先控制集体经营性建设用地；以修订城市总体规划、城乡建设规划的方式绕开土地利用总体规划对于集体经营性建设用地范围的限定，抢先垄断农村集体土地；等等。更重要的是，在改革试点中，已经出现地方政府将"增减挂钩"与旧村改造、拆旧建新、耕地复垦等捆绑实施，将原先经营性建设用地以外的集体建设用地（甚至农用地）通过重新布局和土地整理纳入流转范围。这在事实上已超出中央试点政策关于"集体经营性建设用地"的限定范围。对于集体经营性建设用地入市范围的限定，

---

① 在农地新政中，宅基地的三权分置尤其是使用权的设置，以及对于农民住房出让的有限放开均具有一种市场化运作的意义。鉴于宅基地也属于集体建设用地的一种，本书也将上述宅基地制度改革中的市场化机制作为集体建设用地入市改革的研究范畴。

典型反映了地权的"空间排斥"在新政中的延续。在2019年修正的《土地管理法》中，集体经营性建设用地入市的前提条件是"符合土地利用总体规划"，且规定"在土地利用总体规划确定的城镇建设用地范围内"时，仍沿用征地模式。这就引发了集体经营性建设用地入市范围的"圈内"和"圈外"之争（宋志红，2018；吴义龙，2020）。2019年修正的《土地管理法》规定，"土地利用总体规划确定的城镇建设用地"包含了集镇的集体经营性建设用地，这部分土地的价值潜力是农村土地中最高的。农地新政对这部分土地沿用征地模式就意味着市/县政府仍具有对该类农村土地的空间控制权，由此，市/县政府就可能为了保持"中心－边缘"的极差地租优势而对农村集体建设用地开发进行暂时约束，即使在集镇土地获得开发机遇时，这部分土地的收益仍会在"土地征收－土地储备－土地招拍挂"模式下（陈颀，2021）被牢牢控制在市/县政府手中。① 可见，这种圈内控制（市/县政府掌握控制权）、圈外放开的实践模式仍沿袭着以往地方政府对农村土地实施的空间区隔模式。在此模式下，集体经营性建设用地的入市权并不完整（只有偏远地区的农村集体建设用地具有入市权），而且具有显著的"空间排斥"特征。在此情况下，新政是否有助于赋予农村发展二、三产业的自主权，增进农民、村集体组织乃至乡镇政府等集体地权的相关方的收益，仍存在相当大的疑问。②

尤其需要注意的是，作为集体建设用地的一种，农村宅基地在新政中受到的制度约束大于一般的集体经营性建设用地：与集体经营性建设

---

① 在"土地用途管制"及该制度依托的建设用地指标化机制的约束下，市/县政府更倾向于将用地指标投入更具经济升值空间的城市化项目中，且更倾向于集中开发城市地区的房地产项目，而约束农村的房地产开发以维持房地产市场的开发秩序。此外，市/县政府还通过将农村集镇土地纳入"土地征收－土地储备－土地招拍挂"机制中，以强化其对农村土地的控制权，约束农民、村集体组织和乡镇政府等集体土地相关方的违规行为（参见陈颀，2019a）。

② 从新政的一些试点地区反映的情况来看，不少地区因土地区位欠佳、市场需求不旺而难以找到合适的集体建设用地入市；即使有成功入市的，也常常是因为地方政府的积极推动而非源自市场的激励作用（唐健、谭荣，2019；陈明，2018；陆剑、陈振涛，2019）。这表明，如果只允许"圈外"的边缘地区（除了土地利用总体规划确定的城镇建设用地之外的集体建设用地）集体经营性建设用地入市，那么这一新政对于农村经济发展的意义也许不如想象中那么乐观。

用地获得法律上的放开相比，宅基地在2019年修正的《土地管理法》中并未明确获得市场出让的权利。这意味着以往对宅基地对外转让的严格限制仍会发挥效力。换言之，旧制度的地权"时间切割"机制之一——限制宅基地转让而只能通过土地征收入市的形式——得以延续在新政环境下。

类似地，在集体经营性建设用地和宅基地均受到农地新政对其入市权利进行约束的情况下，地方政府仍可能沿用另一种地权的"时间切割"机制来垄断宅基地开发的收益。那就是地方政府的捆绑"增减挂钩"政策模式，其借助推动"农民上楼"、宅基地换社保、宅基地换"地票"等形式（本质是借"增减挂钩"政策来整理宅基地并置换为建设用地指标）抢抓农村宅基地的开发权。典型证据是，在试点地区，当地政府通过"异地调整"入市的方式将偏远农村的宅基地平整为农用地，进而将置换出的建设用地指标用于帮助区位更好的农村地区的土地入市（唐健、谭荣，2019；陈明，2018）。这种运作策略比受到"时间切割"机制约束的征地模式更具有操作的灵活性，其可突破时间限制从而"更快"地抢抓农村土地的开发权，由此可视作地方政府对土地发展权的时间控制逻辑。

此外，空间排斥对于农民宅基地产权的实践也会在新政中延续。例如，地方政府还可能以征地权和建设用地指标控制权来约束农村集体土地尤其是宅基地的开发，且在宅基地不允许转让的情况下将其纳入地方政府征地的范围。由于上述策略圈定了哪些区域和空间范围内的农村土地（包括宅基地在内）能够开发，即可视为一类"空间排斥"机制。又如，在目前国家强调农村"一户一宅"的规定且要求严格治理各地多占宅基地的背景下，还出现地方政府借整治宅基地违规占用行为来控制农村土地空间的现象，[①] 这是"空间排斥"机制的另一典型表现。

即使在宅基地的所有权、资格权、使用权"三权分置"的改革试点中，一些地区或将宅基地出让群体扩大到市/县辖区范围内的农民，或以"宅基地换用地指标"的模式扩大宅基地的市场转让权能。不过，这不

[①] 笔者2020年7月在湖北某地调研时发现，当地市国土局借治理农村宅基地违规占用行为来进行土地整治，以置换为"增减挂钩"政策允许的用地指标。

属于完全意义上的宅基地的市场转让权能（未将宅基地的出让群体扩大到城市居民），且这些试点的操作并未在《土地管理法》的修正条款中得到体现，其推广的可能性存疑。在一般集体经营性建设用地和宅基地均受到农地新政对其入市权利进行约束的情况下，地方政府仍可能沿用以往的土地发展权的"时空切割"机制垄断宅基地开发的收益。

以上是比较1998年修订和2019年修正的《土地管理法》以及考察新政地方试点经验所获得的研究发现可概括为表6-3。实际上，地权的"时空切割"机制的影响不限于上文的讨论。在这一政府权力机制中，"以规划权来切割农民的土地发展权""以增减挂钩政策抢抓农地增值收益权""以治理土地违规来控制农村土地市场""以不均衡的建设用地指标分配来约束农村的土地市场"等行为模式并不是农地新政涉及的议题，因而这一旧制度下的行为机制仍会延续到新政的制度环境下。由此，未来地权的"时空切割"机制如何在地方实践层面产生效应，新政下各方的利益博弈及利益分配模式如何演化，值得进一步研究。

表6-3 农地新政如何受到旧制度的制约

新政议题	赋权的主要内容	如何受到地权的"时空切割"机制的制约
农村土地征收制度改革	缩小征地范围，以区片综合地价补偿农民	征地、规划权、"增减挂钩"政策的"时间切割"效应仍会延续
集体经营性建设用地入市	允许农地在符合规划的前提下入市	征地、规划权、"增减挂钩"的捆绑政策作为"时间切割"制约农地入市；新政规定的规划权力所切割的"圈内征收、圈外出让"是"空间排斥"的延续
宅基地制度改革	推动宅基地有偿退出，实行所有权、资格权和使用权的分置	征地、规划权、"增减挂钩"的捆绑政策作为"时间切割"制约农民的宅基地权利；以违规名义整治宅基地也是"空间排斥"机制

资料来源：笔者根据前文内容自制。

总之，无论是集体经营性建设用地入市还是宅基地制度改革，都不足以让集体建设用地获得与城市国有土地一样平等的入市权，反而可能促使市/县政府沿用土地发展权的"时空切割"机制再生产出两种地权不对等的地位格局，因而，新政对于集体土地的赋权逻辑存在相当大的局限性。这就意味着以往受到制度约束的集体地权相关方——农民、村集体组织、乡镇政府、下乡的企业仍会继续借用制度缝隙突破上级管制，进而以违规开发的形式与市/县政府进行博弈。例如，以租代征、开发"小产权房"、违规将农地用于非农用途等各类"反行为"仍可能在新政背景下延续，其中衍生的治理难题和矛盾纠纷也许仍将困扰各级地方政府。如何厘清因争夺土地发展权的时空控制权而可能不断激化各个群体间（市/县政府、乡镇政府、农民、村集体组织以及在城市地区和农村地区的投资者）交互缠绕的矛盾，[①] 这是考验制度的顶层设计者的棘手难题。

总结上文对于农地新政的前景和局限性的分析，我们还可以发现，新政的赋权逻辑在农地增值收益分配制度牵连的结构性矛盾中很可能无法完全发挥其预期的社会效用。换言之，新政对于农民、村集体组织的赋权效益可能遭遇实践的困境。农地新政能在多大程度上摆脱这一制度困境的约束，进而实践为农民赋权的制度目标？这将有待制度的顶层设计者在复杂制度逻辑下的权衡以及新制度在地方实践中的利益磨合。总之，这是农地制度自20世纪80年代的赋权再到90年代的限权又到如今的再赋权的钟摆性变迁轨迹中所呈现的一系列问题。对于这些问题，唯有进一步分析上述制度钟摆的内在逻辑，才有可能获得更为深入和准确的解答。

---

① 各方争夺土地开发权所进行的空间博弈可参见 Hsing（2010）和陈颀（2019a）。

第七章

结论与讨论

自工业革命以来，在发达国家启动工业化、城市化的历史进程中，土地产权如何变动、产权相关方与国家的关系具有怎样的特征和互动机制，从来都是影响社会转型和国家政体建构的重要问题。历史社会学家巴林顿·摩尔关于迈向现代化的英国、法国、日本、中国等国的历史分析表明，在19世纪至20世纪之间，这些国家分别走向了民主政体、法西斯主义政体和共产主义政体等路径，这源于这些国家内部的农业商品化进程的彻底程度、商品化冲击下农村土地产权的变动以及由此引发的地主和农民的社会角色的变化。他特别提醒我们，在类似于英国圈地运动的历史经验中，农民的失地以及由此带来的社会动荡是英国等国家走向民主政体过程中所付出的沉重代价（摩尔，2013）。这种转型的阵痛应让后人引以为戒。与西方历经数百年的历史进程相比，中国的工业化、城市化进程虽仅仅推进了短短数十年，但其发展规模是相当惊人的。与极速推进的城市化相伴生的是因农地增值收益分配而引发的一系列矛盾纠纷。由此，如何建构公平、合理的农地增值收益分配制度，一直是中国学界关心的问题。特别是在40余年的历史路径下，农地增值收益分配制度积累了不同时期的发展经验，如何对这一制度变迁的历史路径进行整体性、历史性的考察，如何从中归纳制度变迁的一般机制，亟待深入的学术探索。

经由前文的分析，本书揭示了自20世纪80年代以来，农地增值收益分配制度经历的三大阶段的变化逻辑。在第一个阶段，也就是20世纪

80年代"乡村工业化"勃兴时期，农民和村集体因国家的赋权让利一度获得了土地发展权，由此建构了具有"共享型"特征的农地增值收益分配制度。但在第二个阶段，即90年代市场经济建设以及城市化运动全面推进后，村集体和农民的土地发展权被限制，"城占乡利"的收益分配制度取代了原先的制度。由于此种分配制度引发了矛盾纠纷和风险，到了第三个阶段，党的十八届三中全会推动的农地新政中，重建农民和村集体的土地发展权成为核心的改革思路，这就回到了类似于"乡村工业化"时期的制度轨道。上述国家对农民赋权到限权到再赋权所呈现的"制度钟摆"是本书的中心发现。在下面的讨论中，本书进一步分析此制度钟摆如何发生的问题，并讨论该概念对于理解当代中国农地改革的理论意义。

一 赋权、限权与再赋权：改革的制度钟摆

基于前文的分析，本书简要总结农地增值收益分配制度改革所呈现的制度钟摆轨迹。

制度钟摆启动于"乡村工业化"时期。沿袭计划经济时期的土地无偿使用制度，国家对村集体和农民使用集体土地开办企业、流转土地等行为的许可，以及分级审批制对于农村土地的宽松管理，均激励了以村集体为中心的土地发展权的建构；强调"平均主义"的社会制度则实践于村办企业的资源分配过程，进而建构了"人人共享"的收益分配模式。由此，在具有统合结构特征的农村土地发展权被夯实的情况下，农民、村集体组织、乡镇政府、市/县政府均发展出了多种策略以分享乡村工业发展带来的收益，这就建构了具有"共享型"特征的农地增值收益分配制度。

制度钟摆的摆点发生在城市化全面启动时期。土地出让制度和管理制度的改革解构了原有的收益分配制度。一方面，城市国有土地使用权的有偿出让、"招拍挂"制度的推行，让市/县政府享有了垄断土地出让收益的权力；另一方面，国家对土地管理进行的集权化改革——从分级限额审批改为土地用途管制——则全面限制了村集体和农民实践土地发展权的空间。由此，市/县政府借助国家赋予的土地市场垄断权以及国家对村集体和农民实践土地发展权的限制，将经营土地的触角伸向农村土地，垄断了农村土地增值的大部分收益。其中，市/县政府对土地发展权

的"时空切割"——切割在未来时间中农民享有土地增值收益的可能性以及对农村区域内的土地开发者的空间限制和排斥——是它们垄断收益的核心机制。由此,国有地权与集体地权之间形成了具有地位差序特点的二元地权结构。"城占乡利"的农地增值收益分配制度成形。

制度钟摆的回摆点正作用于国家当前推动农地新政的背景下。国家通过于2019年修正《土地管理法》和推进"农村土地征收制度改革""集体经营性建设用地入市""宅基地制度改革"的试点重新赋予农民和村集体土地发展权。农地新政主要包括缩小征地范围,以区片综合地价的模式提高征地补偿,准许集体经营性建设用地入市,扩大宅基地使用权流转群体的范围等方面。这将极大地扩展农民和村集体获得土地增值收益的制度空间。然而,既有制度的路径依赖仍可能制约农地新政的赋权成效。其一,农村土地征收制度改革将缩小地方政府的收益空间,后者可能违规扩大征地权力,或借助"增减挂钩"的制度变通来替代征地模式,进而与农民争利。其二,集体经营性建设用地入市和宅基地制度改革不足以让农地获得与城市国有土地平等的入市权,借助土地发展权的"时空切割"机制,地方政府可继续强化城乡二元的地权结构。总之,"城占乡利"的农地增值收益分配制度仍可能继续维持。

二 制度钟摆何以可能

以上讨论可以引出一个重要的问题:为什么会出现农地制度变革的历史钟摆?这与中国渐进式改革的性质及其内在矛盾息息相关。

中国渐进式改革是在不触动原有的社会主义体制的前提下("存量"逻辑),国家通过设置新的激励变量来解决旧的计划经济体制的效率困境("增量"逻辑)。由此,"存量+增量"并置是渐进式改革的基本特征。[①] 在农地增值收益分配制度的改革中,存量逻辑是土地公有制以及城乡二

---

① 其中,存量的合法性可被视作意识形态合法性,其是用于证成社会主义基本制度框架的根基。增量的合法性可被视作绩效合法性,其不仅可解决计划经济体制的激励困难和效率低下的难题,还可在增量改革"成功"的情况下,夯实存量体制的合法性(赵鼎新,2016)。由此,存量改革与增量改革在理论上具有相互促进、相辅相成的关系。这也是学界理解和分析渐进式改革的一般预设(渠敬东等,2009)。

元的土地产权结构。这确定了国家作为土地增值收益的协调者以及各级地方政府（国有地权的相关方）和村集体组织、农民（集体地权相关方）作为增值收益相关方的基本制度框架。其中，存量制度的内部元素是相互关联的。土地公有制的两种实践形式是城市土地国有制和农村土地集体所有制。两种不同类型的土地产权的空间分割逻辑形成了城乡二元的地权结构。① 国家建构存量逻辑是为了维持土地公有制下的国家权威，以及两种地权互不影响、并行不悖的关系。② 增量逻辑是国家对于土地使用权和出让权的赋予。具体表现即城市土地使用权有偿出让制度的推广以及农村土地被允许用于工商业的建设。③ 在增量改革下，赋予农民、村级组织土地使用权和出让权产生激励效用，带来中国经济从"乡村工业化"到"全面城市化"的不断繁荣和极速发展。然而，存量机制和增量机制并不总是相辅相成的关系。这是因为：城市国有土地的控制方和农村集体土地的控制方存在潜在的竞争关系，即在城市化、工业化进程中，由于土地产权边界的不断扩展和融合，两种地权的控制方会在界定产权收益过程中出现博弈和矛盾。矛盾虽然在计划经济时期因国家实施限制城市化扩张的策略且不允许土地出让而暂时没有显化（此时期城乡二元的地权结构也形成并行不悖的协调关系），但随着城市化带

---

① 在计划经济和市场经济时期，两种所有制的制度确认逻辑是不同的。计划经济时期遵循政治确认逻辑，即国家推动政治运动来确定公有制的基本制度框架，但没有在《宪法》等相关法律中确认两种产权的内涵和外延。在计划经济时期，土地公有制下的城市土地产权和农村集体产权容易出现矛盾，但国家和政党权威可作为协调产权矛盾的机制。市场经济时期遵循法律确认逻辑，即国家通过修订法律作为制度化确定公有制的基本框架的中心机制，由此，从20世纪80年代至今，国家在修订宪法时，明确了城市土地国有制和农村土地集体所有制的内涵和外延，并陆续出台了《土地管理法》《城市房地产管理法》《农村土地承包法》《物权法》等配套性的法律，用于清晰界定两种地权的法律概念范畴。相应地，面对市场经济衍生的两种产权的矛盾，以法律为基础的权力实践是协调矛盾的核心机制。
② 在计划经济时期以及农村改革后的相当长的一段时间，城乡二元的地权结构是国家实行城乡分治的土地管理模式的基础，这种管理模式在维持土地资源利用和城乡经济发展的平衡方面起到相当大的作用。在20世纪90年代中后期，各地城市化运动全面启动，带来大规模农村土地转为城市土地。这种空间扩张逻辑才打破了城乡分治的土地管理模式的框架。
③ 城市和农村的土地使用权、出让权的改革模式不尽相同，农村土地使用权和出让权的改革始于20世纪80年代末，但很快停止。同时，城市国有土地使用权的有偿出让制度在各地试点，并最终成为国家认可的正式制度。

来的空间扩张、产权重组和利益分配等进程的推进而最终被诱发。其中，占据权力优势地位的地方政府自然更倾向于强化国有地权的产权地位，因而它们才以地权的"时空切割"来弱化集体地权的市场出让权能，引发矛盾纠纷。进而，城市化背景下的产权纠纷给作为协调方的国家（中央政府被视作国家代理人）带来巨大的治理负荷，乃至带来治理风险（周雪光，2011；曹正汉，2011）。

可见，在渐进式改革的逻辑中，增量机制与存量机制存在颇为复杂的关系。一方面，要解决存量机制——土地公有制下城市国有土地和农村集体土地的资源利用的低效问题，就有赖于增量机制——对两大地权的相关方的赋权；另一方面，以赋权为核心的增量改革强化了两大产权的相关方的利益意识和博弈关系，不断冲击存量制度的合法性基础，由此国家常常需要调整存量制度，以协调、平衡土地公有制下的两大产权及其利益相关方的矛盾。存量机制与增量改革的互构形塑了农地增值收益分配制度改革中独特的"钟摆"现象。在20世纪80年代的改革中，国家赋予村集体和农民土地发展权，尽管制造了"乡村工业化"快速发展的经济奇迹，但在90年代城市国有土地的市场潜力被激活并引发国有产权相关方与集体产权相关方的博弈时，① 国家对村集体和农民土地发展权的限制就成为城市化全面启动时期的核心举措。当这一制度对于推动城市化和地方经济的绩效逐渐递减，且衍生出一系列矛盾纠纷时，国家又出台了农地新政来重新赋予农民和村集体土地发展权，以此重新协调集体地权与国有地权的利益分配关系，从而形成兼容城市和农村发展的新激励增量。总而言之，只有从农地增值收益分配制度的存量逻辑与增量逻辑的矛盾关系中，我们才可以清晰地看到，在40多年的改革历程中，为什么会出现从对农民赋权到限权再到再赋权的钟摆路径。

---

① 乡村工业化衍生的土地资源滥用问题是强化国家对农地的资源管制的因素，由此，在集权化的土地用途管制以及国家赋予地方政府垄断土地市场的权力的交互作用下，农民和村集体的土地发展权被全面限制。

三 制度变迁的时序、路径依赖与改革困境

还需要追问的是,既然当前的农地新政表明农地改革的制度钟摆正在走向赋权于农民的回摆点,为何回摆点时期推动的农地新政可能很难获得 20 世纪 80 年代初期的改革绩效?我们借鉴历史制度主义视角来回答这一问题。该视角强调特定制度在不同时点下所发生"事件"的先后逻辑对于制度发展的意义,并认为不同制度事件所建构的时序安排形成了独特的利益结构,即构成锁定制度发展的"路径依赖"(皮尔逊,2014; Levi, 1997)。本书将影响制度变迁的时点聚焦于 20 世纪 80 年代国家制度建构的"不完全产权",以及 90 年代出台的"国家垄断城镇土地一级市场"和"土地用途管制"制度。笔者认为,这一系列事件建构了前后接续的逻辑机制,最终形成制约制度回摆的结构性因素。

首先,"乡村工业化"时期建构的社会产权是一种"不完全产权",这为后来的权力嵌入埋下了伏笔。此时的社会产权是一种集体支配、个体分有的统合地权结构。其中的统合基础是集体地权,集体建设用地的控制是集体地权的核心,农民分有的产权收益则是个体产权的基础,这些个体权益包括了集体经营的分红权、集体产业的就业权、公共品享有权以及作为宅基地上的附属物的住房产权。一般意义上的产权具备所有权、使用权、处分权和收益权等一系列完整的权利链条,且这些权利链条具有法律的明晰性。与之相比,统合地权是一种"不完全产权",无论是集体还是个体,都未在法律层面明确其完整的权利链条。一方面,集体地权中的转让权和收益权尽管获得了国家的许可,但其在国家制度的认证逻辑下是相对模糊的,具体表现为:1988 年修正的《土地管理法》尽管规定"国有土地和集体所有的土地的使用权可以依法转让",提出"土地使用权转让的具体方法,由国务院另行规定",但具体的政策条例未见落实。[①] 另外,与集体土地使用权出让问题的制度模糊相比,

---

[①] 1991 年,国家推动了"宅基地有偿使用""乡镇企业用地有偿使用"的试点,但试点未推行多久即停止了,且试点的具体做法没有在相关法律的修正或修订中采用。与国有土地有偿出让陆续出台具体的实施条例,且最终制度化为法律规定相比,80 年代末一度启动的集体土地使用权有偿出让显然影响力有限。

农民个体的使用权出让问题更未曾在制度上落实。而就农地增值收益分配议题而言，农民享有的分红权、集体产业的就业权、公共品享有权均建立在集体地权能够实践的基础上。一旦集体地权因权属模糊受到外部侵入，农民个体享有的权益就失去了意义。① 此外，尽管当时也有农民将宅基地卖给城市居民，但这只是国家土地管理体系尚在建设中且仍缺乏足够治理能力背景下所默许的"灰色"权利，且在20世纪90年代中后期逐渐被国家管控宅基地的行动所限制。总而言之，在乡村工业化时期，村集体的土地发展权是一种"不完全产权"，也就无法避免后来的权力侵入带来的问题。②

其次，"国家垄断城镇一级土地市场"和"土地用途管制"的制度建构引发国家权力对农民和村集体的土地产权的嵌入。后两种制度同时发生在20世纪90年代国家启动市场经济建设和全面推动城市化进程的背景下。两种制度各自的背景和改革目标不尽相同："国家垄断城镇一级土地市场"是国家在分税制改革和国有土地使用权有偿出让制度的双重背景下给予地方政府的赋权激励；"土地用途管制"是国家为了治理日益严重的土地资源滥用尤其是耕地流失的问题。但两大制度的目标均与农村集体土地的出让权利的实践存在张力。要维持国家对于城镇一级土地市场的垄断权，就需要约束农村集体土地的出让权；要实践"土地用途管制"的目标，也要"一刀切"地割裂农村集体土地进入（建设用地）市场的可能。在此情况下，集体地权具有的"不完全产权"形态给上述两项制度带来的权力嵌入奠定了基础。其中，两种制度形塑了市/县政府既作为土地市场的垄断收益方又作为土地资源管理方这种既是裁判员又是运动员的双重角色。这为其最大化地谋取土地收益以及规避土地资源管制的约束提供了便利。相应地，农村集体地权及其相关方（农民、村集体组织、乡镇政府和外来投资者）则既无入市出让权，又受到保护

---

① 这一问题在20世纪90年代初的乡镇企业改制中尤为显著。
② 一些学者强调20世纪80年代国家赋权的意义，他们的理由是当时《宪法》和《土地管理法》允许集体土地使用权出让（周其仁，2004；刘守英，2014）。但这种观点忽视了80年代的国家赋权具有的局限性，实际上，在制度模糊的情况下，国家的赋权建构的是一种"不完全产权"。"不完全产权"意味着国家可以收回集体地权的某项权利，且在法律未确认的情况下，国家更具有上收社会权利的制度空间。20世纪90年代的改革充分体现了这点。

农地资源的法律法规的极大约束。由此，市/县政府以国家制度赋予的权力嵌入了集体地权，并建构了"城占乡利"的农地增值收益分配制度。它们具有维持这一制度的动机和惯性。

最后，国家权力嵌入农村土地产权形成的利益结构制约了农地新政的赋权目标。农地新政以"农村土地征收制度改革""集体经营性建设用地入市""宅基地制度改革"来重新赋予村集体和农民土地发展权。这与乡村工业化时期十分相似，且新政还通过提高征地补偿、拓展宅基地的用益物权属性来进一步保障农民个体的土地产权收益。然而，地方政府的收益可能与赋权于民的制度存在矛盾。它们仍可借助"时空切割"机制来维持其在获取土地增值收益中的垄断地位。这就是既有制度强化的路径依赖所诱发的问题：如果说"国家垄断城镇一级土地市场"和"土地用途管制"的制度建构中强化了地方政府垄断土地收益的空间，那么在农地新政未触及这两项制度的基本框架的情况下，地方政府就可能继续强化既有制度赋予的收益空间。由此，农地新政赋权于民的目标仍存在局限性，其具体如何发展取决于新政与旧制度的交互融合，以及地方政府与农民的利益如何实现兼容。

以上过程表明中国城市化进程中社会产权与国家权力交互形塑的独特性。一般发达国家对于土地资源的管制和市场介入是沿着自由市场到政府管制、界分国家与社会二元关系的路径而来的，在时序上，遵循着私有产权不断夯实、土地市场逐渐发达、国家管制权力渐次强化的动态轨迹（郭洁，2013）。换言之，国家公权力介入土地使用和开发领域是以土地市场交易和私法自治的充分发达为前提的（徐键，2017）。与之相比，中国的城市化是沿着社会产权未完全发育、国家权力主导土地市场秩序的制度路径发展而来的。在这样的路径下，不完全的社会产权在遭遇权力主导市场形成的利益结构之后，就很难获得发展和建构的空间。尤其在国家-社会不对等的关系格局下，一旦地方公权力在垄断土地收益中获得了"先占"地位，农民的土地发展权就更难以绕开此种权力结构的制约。[①] 即使

[①] 在一些东部地区，村集体组织、农民抢在1998年国家修订《土地管理法》并出台"土地用途管制"制度之前就大规模开发了农村土地，与后来试图控制土地开发权的地方政府博弈。这些地区尽管存在土地开发无序化、土地违规问题的治理困难等一系列问题，但也表明土地开发的"先占"效应对于建构社会产权的意义。

当前国家实施赋权的新政，也可能无法重建农民的土地发展权的完整形态。由此，从这种制度发展的时序及其衍生的路径依赖的角度，我们可更深入地理解，为什么回摆点时期推动的农地新政可能很难获得20世纪80年代初期的改革绩效？

基于上述讨论，本书可回应有关"农地增值收益分配制度如何建构"问题的学术讨论。笔者在导论中提及，学界的讨论基本围绕着国家和农民（村集体）谁应享有更多的土地发展和收益权的议题展开，形成了"国有地权论"和"集体地权论"两种观点。其中，前一种观点强调，在社会主义体制背景下，公有制是协调利益与产权分配的基础，国家/政府作为公共利益的代表应优于农民享有土地发展权。研究者认为国家垄断土地收益是制造中国经济发展奇迹的比较优势；提出土地财政本质上是一种解决地方政府融资问题的信用机制，其对地方经济发展起到主导作用，等等，总之是论述国有地权之于中国经济社会发展的意义（贺雪峰，2010，2013；陈柏峰，2012；桂华、贺雪峰，2014；贾康、梁季，2015；赵燕菁，2014）。后一种观点认为，在城市化带来矛盾纠纷频发的背景下，赋予农民完全意义上的土地发展权是解决矛盾纠纷的根本途径。研究者认为：土地发展权既是一种独立的物权，也是集体所有权派生出的一部分权利，应受国家保护；以行政定价作为农民的土地补偿有违公平原则，限制了后者的议价和否决权利，是公权对私权的限制。他们还强调农村集体土地应享有与城市土地一样的进入市场的权利，提出赋予农民地权是尊重其公民权的体现，认为这将有助于推进中国城市化和社会发展的转型（周其仁，2004；程雪阳，2014；刘永湘、杨明洪，2003；黄小虎，2011；文贯中，2014；张曙光，2007）。从历史发展轨迹来看，"国有地权论"与"集体地权论"的争议在1980年《宪法》修正政界争论"农村土地应当国家所有还是集体所有"的问题时就已经凸显，且在《土地管理法》的修订和修正（1998年和2019年）以及《物权法》出台（2007年）的过程中持续发展，近期在农地新政推行的背景下再度成为焦点。因而两派观点可以称为研究农地改革问题的主流观点。

诚然，"国有地权论"和"集体地权论"论证了建构农地增值收益分配制度涉及的制度方案，揭示了不同方案下农地增值收益分配模式的优势和问题，而且二者的针锋相对恰好形成了理论上的互补，从而提供了思考统筹建立兼容不同制度优势的总体制度方案的可能。然而，任何制度方案都不是在历史和现实的真空中展开的，而中国农地增值收益分配制度在40多年的变革路径中几经转折，积累了一系列历史遗留问题，这更决定了这一制度在当前实践中很难以两种方案的实践理念为转移。由此，本书认为，农地增值收益分配制度如何建构并不取决于不同制度方案具有怎样的比较优势，亦不取决于顶层设计者是否可统合不同制度方案进而设计出具有兼容性的总体制度，而是决定于国家是否能够解决农地新政在"赋权－限权－再赋权"的"制度钟摆"下衍生的矛盾。尤其当前的农地新政改革正处于制度钟摆的回摆点，很难绕开前一周期限权制度的制约而完全实现赋权于农民的目标。[①] 这就形成了制度延续的路径依赖。在此意义上，当前的改革就不是如何选择更优制度，或综合不同制度模式中的优势问题，而是如何在既有的制度框架下尽可能地解决"制度钟摆"逻辑下社会权利的重构难题。在当前的城市化进程中，农村集体的地权将继续依附于地方政府的权力实践，前者的权利实践空间有赖于其能否为地方政府经营土地提供新的激励。由此，无论是强调国有地权优势的学说还是提出集体地权意义的观点都需要进行思路转换。在未来的制度周期中，如何在政府权力嵌入的环境下实践社会产权将是政界和学界必须直面的问题。

据此延伸，不难发现这样的悖论：以国家赋权为起点的中国农地改革，在历经城市化、市场化改革的兜兜转转之后，又重新面临如何在权力嵌入的背景下重建农民和村集体的土地权利问题。这也许正是中国渐进式改革必然遭遇的难题。

[①] 在新政中，地方政府更倾向于借用国家对农民的限权去规避赋权于民的新政可能给其带来的利益损失（吴毅、陈颀，2015）。其中，正如本书所分析的，尽管缩小征地范围和准许集体经营性建设用地入市的新政改革可能会弱化国家制度中限权逻辑的影响力，但地方政府还是具有其他替代的限权策略来约束农民的土地发展权。

参考文献

中文论文和专著：

[1] 阿西莫格鲁，德隆，詹姆斯·A. 罗宾逊，2015，《国家为什么会失败》，李增刚译，长沙：湖南科学技术出版社。

[2] 白苏珊，2009，《乡村中国的权力与财富：制度变迁的政治经济学》，郎友兴、方小平译，杭州：浙江人民出版社。

[3] 柏兰芝，2013，《集体的重构：珠江三角洲地区农村产权制度的演变——以"外嫁女"争议为例》，《开放时代》第3期。

[4] 北京大学国家发展研究院综合课题组，2010，《还权赋能——成都土地制度改革探索的调查研究》，《国际经济评论》第2期。

[5] 彼得斯，B. 盖伊，2011，《政治科学中的制度理论："新制度主义"》（第二版），王向民、段红伟译，上海：上海人民出版社。

[6] 卞耀武、李元主编，1998，《中华人民共和国土地管理法释义》，北京：法律出版社。

[7] 蔡继明、苏俊霞，2006，《中国征地制度改革的三重效应》，《社会科学》第7期。

[8] 曹亚鹏，2014，《"指标漂移"的社会过程——一个基于重庆"地票"制度的实证研究》，《社会发展研究》第2期。

[9] 曹正汉，1998，《中国国有经济的等级制产权结构及其演变》，《佛山科学技术学院学报》第1期。

[10] 曹正汉，2007，《土地集体所有制：均平易、济困难——一个特殊

村庄案例的一般意义》,《社会学研究》第3期。

[11] 曹正汉,2008a,《产权的社会建构逻辑——从博弈论的观点评中国社会学家的产权研究》,《社会学研究》第1期。

[12] 曹正汉,2008b,《地权界定中的法律、习俗与政治力量——对珠江三角洲滩涂纠纷案例的研究》,载张曙光主编《中国制度变迁的案例研究》(第六集),北京:中国财政经济出版社。

[13] 曹正汉,2011,《中国上下分治的治理体制及其稳定机制》,《社会学研究》第1期。

[14] 曹正汉、冯国强,2016,《地方分权层级与产权保护程度——一项"产权的社会视角"的考察》,《社会学研究》第5期。

[15] 曹正汉、史晋川,2008,《中国民间社会的理:对地方政府的非正式约束——一个法与理冲突的案例及其一般意义》,《社会学研究》第3期。

[16] 曹正汉、史晋川,2009,《中国地方政府应对市场化改革的策略:抓住经济发展的主动权——理论假说与案例研究》,《社会学研究》第4期。

[17] 柴强编著,1993,《各国(地区)土地制度与政策》,北京:北京经济学院出版社。

[18] 陈柏峰,2012,《土地发展权的理论基础与制度前景》,《法学研究》第4期。

[19] 陈柏峰,2015,《城镇规划区违建执法困境及其解释——国家能力的视角》,《法学研究》第1期。

[20] 陈柏峰,2016,《信访机制的异化与基层治理的转型——从武汉山乡个案展开》,载黄宗智主编《中国乡村研究》(第十三辑),福州:福建教育出版社。

[21] 陈柏峰,2020,《"祖业"观念与民间地权秩序的构造——基于鄂南农村调研的分析》,《社会学研究》第1期。

[22] 陈明,2018,《农村集体经营性建设用地入市改革的评估与展望》,《农村经济问题》第4期。

[23] 陈颀,2018,《"公益经营者"的形塑与角色困境——一项关于转型期中国农村基层政府角色的研究》,《社会学研究》第2期。

[24] 陈颀，2019a，《从"一元垄断"到"二元垄断"——土地开发中的地方政府行为机制研究》，《社会学研究》第2期。

[25] 陈颀，2019b，《公益经营者：基层政府的新角色与实践困境》，北京：社会科学文献出版社。

[26] 陈颀，2021，《产权实践的场域分化——土地发展权研究的社会学视角拓展与启示》，《社会学研究》第1期。

[27] 陈颀、燕红亮，2021，《地权的时空切割：农地新政如何受到制度路径依赖的制约》，《学术月刊》第3期。

[28] 陈甦，2000，《城市化过程中集体土地的概括国有化》，《法学研究》第3期。

[29] 陈小君，2019，《〈土地管理法〉修法与新一轮土地改革》，《中国法律评论》第5期。

[30] 陈晓芳，2011，《我国土地储备制度正当性考辨——以收储范围为视角》，《北京大学学报》（哲学社会科学版）第5期。

[31] 陈映芳，2008，《城市开发的正当性危机与合理性空间》，《社会学研究》第3期。

[32] 陈映芳，2015，《社会生活正常化：历史转折中的"家庭化"》，《社会学研究》第5期。

[33] 程雪阳，2013a，《城市土地国有规定的由来》，《炎黄春秋》第6期。

[34] 程雪阳，2013b，《中国的土地管理出了什么问题》，《甘肃行政学院学报》第3期。

[35] 程雪阳，2014，《土地发展权与土地增值收益的分配》，《法学研究》第5期。

[36] 程雪阳，2015，《也论中国土地制度的宪法秩序：与贺雪峰先生商榷》，《中国法律评论》第2期。

[37] 程雪阳，2018，《中国地权制度的反思与变革》，上海：上海三联书店。

[38] 程宇，2016，《嵌入性政治下的地权配置——基于南县农地产权改革的观察》，《公共管理学报》第1期。

[39] 《当代中国土地管理》编辑委员会编，2009，《当代中国土地管理》

(上），北京：当代中国出版社；香港：香港祖国出版社。

[40] 邓小平，1996，《邓小平文选（第三卷）》，北京：人民出版社。

[41] 狄金华，2015，《被困的治理：河镇的复合治理与农户策略（1980—2009）》，北京：生活·读书·新知三联书店。

[42] 丁关良，2008，《1949 年以来中国农村宅基地制度的演变》，《湖南农业大学学报》（社会科学版）第 4 期。

[43] 丁建定，2015，《英国社会保障制度史》，北京：人民出版社。

[44] 董祚继，2019，《新中国 70 年土地制度的演进及其经验》，《中国土地》第 10 期。

[45] 杜月，2017，《制图术：国家治理研究的一个新视角》，《社会学研究》第 5 期。

[46] 房维廉主编，1995，《中华人民共和国城市地产管理法释义》，北京：人民法院出版社。

[47] 费孝通，1984，《小城镇 大问题》，《江海学刊》第 1 期。

[48] 费孝通，1985，《小城镇四记》，北京：新华出版社。

[49] 符平，2009，《"嵌入性"：两种取向及其分歧》，《社会学研究》第 5 期。

[50] 甘藏春，2011，《重温〈土地管理法〉的全面修订》，《中国土地》第 10 期。

[51] 甘霆浩，2017，《资源依赖与保护性执法：基于基层土地执法机构运作的解释》，《思想战线》第 4 期。

[52] 高洁、廖长林，2011，《英、美、法土地发展权制度对我国土地管理制度改革的启示》，《经济社会体制比较》第 4 期。

[53] 高强，2019，《宅基地制度改革试点回顾与未来走向》，《农村经营管理》第 3 期。

[54] 高圣平，2019，《宅基地制度改革政策的演进与走向》，《中国人民大学学报》第 1 期。

[55] 高王凌，2013，《中国农民反行为研究（1950-1980）》，香港：香港中文大学出版社。

[56] 高峥，2019，《接管杭州：城市改造与干部蝉变（1949-1954）》，香港：香港中文大学出版社。

[57] 管兵，2019，《农村集体产权的脱嵌治理与双重嵌入——以珠三角地区 40 年的经验为例》，《社会学研究》第 6 期。

[58] 桂华、贺雪峰，2014，《宅基地管理与物权法的适用限度》，《法学研究》第 4 期。

[59] 桂华，2017，《中国土地制度的宪法秩序》，北京：法律出版社。

[60] 郭洁，2013，《土地用途管制模式的立法转变》，《法学研究》第 2 期。

[61] 郭亮，2015，《土地征收中的"行政包干制"及其后果》，《政治学研究》第 1 期。

[62] 郭亮，2017，《"土地财政"中的地方政府权力运作机制研究》，《华中科技大学学报》（社会科学版）第 1 期。

[63] 郭亮，2021，《从理想到现实："涨价归公"的实践与困境》，《社会学研究》第 3 期。

[64] 郭云超、刘锐，2014，《论拆违中的选择性治理——以豫中市郊征拆村为讨论基础》，《学术论坛》第 5 期。

[65] 韩曼曼，2022，《土地发展权交易中的地方治理创新——以重庆"地票"为例》，博士学位论文，浙江大学。

[66] 何艳玲，2013，《中国土地执法摇摆现象及其解释》，《法学研究》第 6 期。

[67] 何艳玲、汪广龙、陈时国，2014，《中国城市政府支出政治分析》，《中国社会科学》第 7 期。

[68] 何志强，2008，《"大决策"的前前后后——访原国家土地管理局长、中国土地学会理事长邹玉川》，《中国土地》第 6 期。

[69] 河连燮，2014，《制度分析：理论与争议》（第二版），李秀峰、柴宝勇译，北京：中国人民大学出版社。

[70] 贺雪峰，2010，《地权的逻辑：中国农村土地制度向何处去》，北京：中国政法大学出版社。

[71] 贺雪峰，2013，《地权的逻辑Ⅱ：地权变革的真相与谬误》，北京：东方出版社。

[72] 洪正、胡勇锋，2017，《中国式金融分权》，《经济学》（季刊）第 2 期。

[73] 胡兰玲，2002，《土地发展权论》，《河北法学》第 2 期。

[74] 胡新艳、罗明忠、张彤，2019，《权能拓展、交易赋权与适度管制——中国农村宅基地制度的回顾与展望》，《农业经济问题》第 2 期。

[75] 华生，2013，《城市化转型与土地陷阱》，北京：东方出版社。

[76] 华生，2015，《新土改：土地制度改革焦点难点辨析》，北京：东方出版社。

[77] 黄冬娅，2013，《企业家如何影响地方政策过程——基于国家中心的案例分析和类型建构》，《社会学研究》第 5 期。

[78] 黄小虎主编，2006，《新时期中国土地管理研究》（下卷），北京：当代中国出版社。

[79] 黄小虎，2011，《征地制度改革的历史回顾与思考》，《上海国土资源》第 2 期。

[80] 黄小虎，2017，《建立土地使用权可以依法转让的宪法秩序》，《中国改革》第 5 期。

[81] 黄晓春，2010，《技术治理的运作机制研究——以上海市 L 街道一门式电子政务中心为案例》，《社会》第 4 期。

[82] 黄亚生，2013，《中国经济是如何起飞的?》，《经济社会体制比较》第 2 期。

[83] 黄玉，2009，《乡村中国变迁中的地方政府与市场经济》，广州：中山大学出版社。

[84] 黄卓、蒙达、张占录，2014，《基于"涨价归公"思想的大陆征地补偿模式改革——借鉴台湾市地重划与区段征收经验》，《台湾农业探索》第 3 期。

[85] 惠彦、陈雯，2008，《英国土地增值管理制度的演变及借鉴》，《中国土地科学》第 7 期。

[86] 李稻葵，1995，《转型经济中的模糊产权理论》，《经济研究》第 4 期。

[87] 贾康、梁季，2015，《市场化、城镇化联袂演绎的"土地财政"与土地制度变革》，《改革》第 5 期。

[88] 坚德慧，2018，《农村集体经营性建设用地土地增值收益分配机制

探析——以甘肃省定西市陇西县为例》，《天水师范学院学报》第4期。

[89] 简新华，2014，《新型城镇化与旧型城市化之比较》，《管理学刊》第6期。

[90] 姜楠，2020，《英美法系土地发展权制度的经验与启示》，《法治现代化研究》第2期。

[91] 蒋省三、刘守英、李青，2010，《中国土地政策改革：政策演进与地方实施》，上海：上海三联书店。

[92] 焦长权、周飞舟，2016，《"资本下乡"与村庄的再造》，《中国社会科学》第1期。

[93] 解直凤，2017，《集体经营性建设用地入市试点增值收益分配研究》，《山东科技大学学报》（社会科学版）第6期。

[94] 金文龙，2016，《早期工业化、决策自由度与集体资产认知——对村集体资产股份合作制改革的观察》，博士学位论文，上海大学。

[95] 靳相木、沈子龙，2010，《国外土地发展权转让理论研究进展》，《经济地理》第10期。

[96] 卡林沃思，巴里、罗杰·凯夫斯编著，2016，《美国城市规划：政策、问题与过程》，吴建新、杨至德译，武汉：华中科技大学出版社。

[97] 卡林沃思，巴里、文森特·纳丁，2011，《英国城乡规划》（第14版），陈闵齐、周剑云、戚冬瑾、周国艳、顾大治、徐震等译，南京：东南大学出版社。

[98] 李凤章，2018，《"土地开发权国有"之辩误》，《东方法学》第5期。

[99] 李洁，2016，《农村改革过程中的试点突破与话语重塑》，《社会学研究》第3期。

[100] 李强、陈宇琳、刘精明，2012，《中国城镇化"推进模式"研究》，《中国社会科学》第7期。

[101] 李强、王昊，2017，《什么是人的城镇化？》，《南京农业大学学报》（社会科学版）第2期。

[102] 李铁映，1994，《国务委员李铁映在全国土地使用制度改革工作

会议闭幕式上的讲话》，《中国土地》第 11 期。

[103] 李晓妹、袭燕燕，2003，《美国的土地发展权》，《国土资源》第 7 期。

[104] 李友梅，2015，《浦东新区开发开放过程中农村向城市突变提出的问题——基于 20 世纪 90 年代中后期的实地调查》，载张江华、沈关宝等《深入与反思：费孝通的小城镇理论与 30 年来的中国城镇化实践》，北京：社会科学文献出版社。

[105] 李忠夏，2015，《农村土地流转的合宪性分析》，《中国法学》第 4 期。

[106] 林超、曲卫东、毛春悦，2019，《集体经营性建设用地增值收益调节金制度探讨——基于征缴视角及 4 个试点县市的经验分析》，《湖南农业大学学报》（社会科学版）第 1 期。

[107] 林坚、许超诣，2014，《土地发展权、空间管制与规划协同》，《城市规划》第 1 期。

[108] 林坚、赵冰、刘诗毅，2019，《土地管理制度视角下现代中国城乡土地利用的规划演进》，《国际城市规划》第 4 期。

[109] 林青松、威廉·伯德主编，1989，《中国农村工业：结构、发展与改革》，北京：经济科学出版社。

[110] 林毅夫，1994，《关于制度变迁的经济学理论：诱致性变迁与强制性变迁》，载 R. 科斯、A. 阿尔钦、D. 诺斯等《财产权利与制度变迁——产权学派与新制度学派译文集》，刘守英等译，上海：上海三联书店、上海人民出版社。

[111] 刘成，2003，《理想与现实：英国工党与公有制》，南京：江苏人民出版社。

[112] 刘成良，2015，《基层国土执法的困境与逻辑——以对制度性规则的制度化拒斥为视角》，《北京社会科学》第 7 期。

[113] 刘国臻，2005，《中国土地发展权论纲》，《学术研究》第 10 期。

[114] 刘国臻，2007，《论美国的土地发展权制度及其对我国的启示》，《法学评论》第 3 期。

[115] 刘国臻，2008，《论英国土地发展权制度及其对我国的启示》，《法学评论》第 4 期。

[116] 刘景琦，2018，《工业园区产业转型的"拆违"路径——以上虞经济技术开发区为例》，《城市问题》第 10 期。

[117] 刘连泰，2016，《"土地属于集体所有"的规范属性》，《中国法学》第 3 期。

[118] 刘明明，2008a，《论我国土地发展权的归属和实现》，《农村经济》第 10 期。

[119] 刘明明，2008b，《土地发展权的域外考察及其带来的启示》，《行政与法》第 10 期。

[120] 刘圣欢、杨砚池，2018，《农村宅基地"三权分置"的权利结构与实施路径——基于大理市银桥镇农村宅基地制度改革试点》，《华中师范大学学报》（人文社会科学版）第 5 期。

[121] 刘世定，1999，《嵌入性与关系合同》，《社会学研究》第 4 期。

[122] 刘世定，2006，《占有制度的三个维度及占有认定机制：以乡镇企业为例》，载中国社会科学院社会学研究所编《中国社会学》（第 5 卷），上海：上海人民出版社。

[123] 刘守英，2008，《集体土地资本化与农村城市化——北京市郑各庄村调查》，《北京大学学报》（哲学社会科学版）第 6 期。

[124] 刘守英，2012，《以地谋发展模式的风险与改革》，《国际经济评论》第 2 期。

[125] 刘守英，2014，《直面中国土地问题》，北京：中国发展出版社。

[126] 刘守英，2018，《土地制度与中国发展》，北京：中国人民大学出版社。

[127] 刘守英、熊雪锋，2018，《二元土地制度与双轨城市化》，《城市规划学刊》第 1 期。

[128] 刘雅灵，2012，《中国准计划行政体制：乡镇政府从企业经营到土地收租的软预算财政》，《台湾社会学刊》第 45 期。

[129] 刘永湘、杨明洪，2003，《中国农民集体所有土地发展权的压抑与抗争》，《中国农村经济》第 6 期。

[130] 刘玉照、金文龙，2013，《集体资产分割中的多重逻辑——中国农村股份合作制改造与"村改居"实践》，《西北师大学报》（社会科学版）第 6 期。

[131] 刘玉姿，2020，《台湾区段征收制度检讨及启示》，《中国土地科学》第9期。

[132] 刘正山，2015，《当代中国土地制度史》（下），大连：东北财经大学出版社。

[133] 刘祚臣，1999，《历史大跨跃——中国土地管理制度变革备忘录》，《中国土地》第1期。

[134] 龙文懋，2004，《西方财产权哲学的演进》，《哲学动态》第7期。

[135] 卢晖临，2015，《通向集体之路：一项关于文化观念和制度形成的个案研究》，北京：社会科学文献出版社。

[136] 陆剑、陈振涛，2019，《集体经营性建设用地入市改革试点的困境与出路》，《南京农业大学学报》（社会科学版）第2期。

[137] 吕翾，2013，《土地发展权研究》，博士学位论文，南京大学。

[138] 法律出版社法规中心编，2018，《中华人民共和国土地法律法规全书》，北京：法律出版社。

[139] 罗小朋，1994，《改革与中国大陆的等级产权》，《当代中国研究》（美）第2期。

[140] 麻宝斌、郭蕊，2010，《权责一致与权责背离：在理论与现实之间》，《政治学研究》第1期。

[141] 马戎、刘世定、邱泽奇主编，2000，《中国乡镇组织变迁研究》，北京：华夏出版社。

[142] 摩尔，巴林顿，2013，《专制与民主的社会起源：现代世界形成过程中的地主和农民》，王茁、顾洁译，上海：上海译文出版社。

[143] 莫天松，1985，《谈谈乡镇企业的税收负担》，《中国税务》第5期。

[144] 倪星、王锐，2017，《从邀功到避责：基层政府官员行为变化研究》，《政治学研究》第2期。

[145] 倪学德，2005，《略论战后初期英国的福利国家建设》，《齐鲁学刊》第4期。

[146] 裴小林，1999，《集体土地制：中国乡村工业发展和渐进转轨的根源》，《经济研究》第6期。

[147] 裴小林，2003，《集体土地所有制对中国经济转轨和农村工业化

的贡献：一个资源配置模型的解说》，载黄宗智主编《中国乡村研究》（第一辑），北京：商务印书馆。

[148] 彭錞，2016a，《八二宪法土地条款：一个原旨主义的解释》，《法学研究》第 3 期。

[149] 彭錞，2016b，《土地发展权与土地增值收益分配——中国问题与英国经验》，《中外法学》第 6 期。

[150] 彭亚平，2020，《照看社会：技术治理的思想素描》，《社会学研究》第 6 期。

[151] 皮尔逊，保罗，2014，《时间中的政治：历史、制度与社会分析》，黎汉基、黄佩璇译，南京：江苏人民出版社。

[152] 皮特，何，2008，《谁是中国土地的拥有者？——制度变迁、产权和社会冲突》，林韵然译，北京：社会科学文献出版社。

[153] 钱泓澎、易龙飞，2019，《宅基地使用权流转市场：形成、发展与交易成本》，《中国国土资源经济》第 7 期。

[154] 秦晖，2007，《农民地权六论》，《社会科学论坛》（学术评论卷）第 5 期。

[155] 屈茂辉、周志芳，2009，《中国土地征收补偿标准研究——基于地方立法文本的分析》，《法学研究》第 3 期。

[156] 渠敬东，2013，《占有、经营与治理：乡镇企业的三重分析概念（上）重返经典社会科学研究的一项尝试》，《社会》第 1 期。

[157] 渠敬东、周飞舟、应星，2009，《从总体性支配到技术治理——基于中国 30 年改革经验的社会学分析》，《中国社会科学》第 6 期。

[158] 容志，2010，《土地调控中的中央与地方博弈——政策变迁的政治经济学分析》，北京：中国社会科学出版社。

[159] 申静、王汉生，2005，《集体产权在中国乡村生活中的实践逻辑——社会学视角下的产权建构过程》，《社会学研究》第 1 期。

[160] 沈守愚，1998，《论设立农地发展权的理论基础和重要意义》，《中国土地科学》第 1 期。

[161] 施芸卿，2014，《增长与道义：城市开发的双重逻辑——以 B 市 C 城区"开发带危改"阶段为例》，《社会学研究》第 6 期。

[162] 斯科特，詹姆斯·C.，2011，《国家的视角：那些试图改善人类状况的项目是如何失败的》（修订版），王晓毅译，北京：社会科学文献出版社。

[163] 宋志红，2018，《宅基地"三权分置"的法律内涵和制度设计》，《法学评论》第4期。

[164] 孙弘，2004，《中国土地发展权研究：土地开发与资源保护的新视角》，北京：中国人民大学出版社。

[165] 孙建伟，2018a，《城乡建设用地置换中土地指标法律问题研究》，《法学评论》第1期。

[166] 孙建伟，2018b，《土地开发权应作为一项独立的财产权》，《东方法学》第5期。

[167] 孙潭镇、朱钢，1993，《我国乡镇制度外财政分析》，《经济研究》第9期。

[168] 谭明智，2014，《严控与激励并存：土地增减挂钩的政策脉络及地方实施》，《中国社会科学》第7期。

[169] 谭秋成，1999，《乡镇集体企业在中国的历史起源——一个经济组织与产权制度相关的案例》，《中国经济史研究》第2期。

[170] 谭术魁、宋海朋，2013，《我国土地城市化与人口城市化的匹配状况》，《城市问题》第11期。

[171] 唐健、谭荣，2019，《农村集体建设用地入市路径——基于几个试点地区的观察》，《中国人民大学学报》第1期。

[172] 唐贤兴，2000，《西方社会私人财产权的起源、发展及其政治后果》，《政治学研究》第2期。

[173] 陶然、陆曦、苏福兵、汪晖，2009，《地区竞争格局演变下的中国转轨：财政激励和发展模式反思》，《经济研究》第7期。

[174] 陶然、王瑞民，2014，《城中村改造与中国土地制度改革：珠三角的突破与局限》，《国际经济评论》第3期。

[175] 田传浩，2018，《土地制度兴衰探源》，杭州：浙江大学出版社。

[176] 田莉，2004，《从国际经验看城市土地增值收益管理》，《国外城市规划》第6期。

[177] 田莉、夏菁、于江浩，2022，《国土空间规划体系中的土地发展

权：理论溯源、国际经验与本土思考》，《经济纵横》第 10 期。

[178] 田雪原，2013，《城镇化还是城市化》，《人口学刊》第 6 期。

[179] 佟德志，2014，《西方财产权与公民权矛盾结构的历史与逻辑》，《天津社会科学》第 3 期。

[180] 汪晖、陶然，2013，《中国土地制度改革：难点、突破与政策组合》，北京：商务印书馆。

[181] 汪晖、王兰兰、陶然，2011，《土地发展权转移与交易的中国地方试验——背景、模式、挑战与突破》，《城市规划》第 7 期。

[182] 汪维宏，2016，《社会公正导向的治理实践》，博士学位论文，南京大学。

[183] 汪越、谭纵波，2019，《英国近现代规划体系发展历程回顾及启示——基于土地开发权视角》，《国际城市规划》第 2 期。

[184] 王春光，2013，《城市化中的"撤并村庄"与行政社会的实践逻辑》，《社会学研究》第 3 期。

[185] 王大鹏、杨佳妮，2019，《美国土地发展权法律制度的历史演进》，《世界农业》第 4 期。

[186] 王海光，2003，《当代中国户籍制度形成与沿革的宏观分析》，《中共党史研究》第 4 期。

[187] 王汉生、刘世定、孙立平，2011，《作为制度运作和制度变迁方式的变通》，载应星、周飞舟、渠敬东编《中国社会学文选》（下册），北京：中国人民大学出版社。

[188] 王克稳，2016，《我国集体土地征收制度的构建》，《法学研究》第 1 期。

[189] 王庆明，2015，《单位组织变迁过程中的产权结构：单位制产权分析引论》，《学习与探索》第 6 期。

[190] 王先进主编，1990，《土地法全书》，长春：吉林教育出版社。

[191] 王先进，1992，《王先进同志在第三次全国土地管理局长会议上的讲话》（1991 年 12 月 24 日），载国家土地管理局编《中国土地管理总览》，北京：法律出版社。

[192] 王先进，2008，《城镇土地使用制度改革回顾》，《今日国土》第 6 期。

[193] 王小映，2003，《我国城镇土地收购储备的动因、问题与对策》，《管理世界》第10期。

[194] 王媛，2017，《土地运作、政府经营与中国城市化》，上海：华东师范大学出版社。

[195] 魏莉华，2021，《新〈土地管理法实施条例〉释义》，北京：中国大地出版社。

[196] 温铁军、朱守银，1996，《土地资本的增殖收益及其分配——县以下地方政府资本原始积累与农村小城镇建设中的土地问题》，《中国土地》第4期。

[197] 文贯中，2014，《吾民无地——城市化、土地制度与户籍制度的内在逻辑》，北京：东方出版社。

[198] 文振富，1988，《乡镇企业社会基金浅析》，《企业经济》第6期。

[199] 吴光荣，2011，《征收制度在我国的异化与回归》，《法学研究》第3期。

[200] 吴介民，2000，《压榨人性空间：身分差序与中国式多重剥削》，《台湾社会研究季刊》第39期。

[201] 吴淼、吴雪梅，2011，《国家政策调控与社队企业的生存》，《中共党史研究》第11期。

[202] 吴胜先，2019，《改革开放初期中国城市土地制度的回顾与启示》，《法制与社会》第22期。

[203] 吴义龙，2020，《集体经营性建设用地入市的现实困境与理论误区——以"同地同权"切入》，《学术月刊》第4期。

[204] 吴毅，2007，《小镇喧嚣——一个乡镇政治运作的演绎与阐释》，北京：生活·读书·新知三联书店、生活书店出版有限公司。

[205] 吴毅，2009，《理想抑或常态：农地配置探索的世纪之摆——理解20世纪中国农地制度变迁史的一个视角》，《社会学研究》第3期。

[206] 吴毅、陈颀，2015，《农地制度变革的路径、空间与界限——"赋权—限权"下行动互构的视角》，《社会学研究》第5期。

[207] 伍德，艾伦，2019，《西方政治思想的社会史：自由与财产》，曹帅译、刘训练译校，南京：译林出版社。

[208] 项飙，2018，《跨越边界的社区——北京"浙江村"的生活史》，北京：生活·读书·新知三联书店、生活书店出版有限公司。

[209] 肖蔚云，1986，《我国现行宪法的诞生》，北京：北京大学出版社。

[210] 肖屹，2008，《失地农民权益受损与中国征地制度改革研究》，博士学位论文，南京农业大学。

[211] 谢志岿，2015，《弹簧上的行政：中国土地行政运作的制度分析》，北京：商务印书馆。

[212] 邢幼田，2009，《乡镇政府权力经济与土地产权操弄》，载孙立平、沈原、李友梅主编《转型社会的研究立场和方法》，北京：社会科学文献出版社。

[213] 熊晖，2006，《异化与回归：我国城市土地储备制度的正当性考辨》，《现代法学》第4期。

[214] 休谟，大卫，2016，《人性论》，关文运译，北京：商务印书馆。

[215] 徐键，2017，《建设用地国有制的逻辑、挑战及变革》，《法学研究》第5期。

[216] 徐世荣，2016，《土地正义：从土地改革到土地征收，一段被掩盖、一再上演的历史》，台湾新北：远足文化出版社。

[217] 徐斯俭、吕尔浩，2009，《市场化国家资本主义（1990-2005）：中国两个地级城市个案研究》，《中国大陆研究》（台湾）第2期。

[218] 徐万刚，2010，《我国土地储备制度变迁的路径分析》，《中州学刊》第3期。

[219] 许坚、吴茨芳、高海燕，2002a，《连载之一 新中国的土地立法》，《资源·产业》第4期。

[220] 许坚、吴茨芳、高海燕，2002b，《连载之二 新中国的土地立法》，《资源·产业》第5期。

[221] 许坚、吴茨芳、高海燕，2003，《连载之四 新中国的土地立法》，《资源·产业》第1期。

[222] 荀丽丽、包智明，2007，《政府动员型环境政策及其地方实践——关于内蒙古S旗生态移民的社会学分析》，《中国社会科学》第5期。

［223］颜公平，2007，《对1984年以前社队企业发展的历史考察与反思》，《当代中国史研究》第2期。

［224］杨辰、周嘉宜、范利、寇怀云，2022，《央地关系视角下法国城市更新理念的演变和实施路径》，《上海城市规划》第6期。

［225］杨宏星、赵鼎新，2013，《绩效合法性与中国经济奇迹》，《学海》第3期。

［226］杨磊、李云新，2017，《谋利空间、分利秩序与违建现象的制度逻辑——基于中部地区M县的个案研究》，《公共行政评论》第2期。

［227］杨帅、温铁军，2010，《经济波动、财税体制变迁与土地资源资本化——对中国改革开放以来"三次圈地"相关问题的实证分析》，《管理世界》第4期。

［228］杨松龄，2013，《区段征收本质之探讨》，《台湾环境与土地法学杂志》第8期。

［229］叶必丰，2014，《城镇化中土地征收补偿的平等原则》，《中国法学》第3期。

［230］叶敬忠、孟英华，2012，《土地增减挂钩及其发展主义逻辑》，《农村经济问题》第10期。

［231］于淼、吕萍、林馨，2019，《农村集体经营性建设用地入市的实践探索——以广西北流市为例》，《南方国土资源》第1期。

［232］喻海龙，2020，《可转移的土地开发权能否作为一种新的补偿手段？——美国经验对中国问题的启示》，《中国不动产法研究》第1期。

［233］袁方成、王栀韩，2014，《中国农村灰色土地市场的生成和发展逻辑——基于近十年〈国土资源统计年鉴〉的数据分析》，《武汉大学学报》（哲学社会科学版）第6期。

［234］臧得顺，2012，《臧村"关系地权"的实践逻辑——一个地权研究分析框架的构建》，《社会学研究》第1期。

［235］张成立，2009，《回顾与反思——新中国土地征收制度变迁及立法完善》，《中国国土资源经济》第6期。

［236］张浩，2013，《农民如何认识集体土地产权——华北河村征地案

例研究》，《社会学研究》第5期。

[237] 张建君，2005，《政府权力、精英关系和乡镇企业改制——比较苏南和温州的不同实践》，《社会学研究》第5期。

[238] 张静，2003，《土地使用规则的不确定：一个解释框架》，《中国社会科学》第1期。

[239] 张静，2007，《基层政权：乡村制度诸问题》，上海：上海人民出版社。

[240] 张鹂，2014，《城市里的陌生人：中国流动人口的空间、权力与社会网络的重构》，袁长庚译，南京：江苏人民出版社。

[241] 张千帆，2012，《城市土地"国家所有"的困惑与消解》，《中国法学》第3期。

[242] 张曙光，2007，《城市化背景下土地产权的实施和保护》，《管理世界》第12期。

[243] 张小军，2004，《象征地权与文化经济——福建阳村的历史地权个案研究》，《中国社会科学》第3期。

[244] 张闫龙，2006，《财政分权与省以下政府间关系的演变——对20世纪80年代A省财政体制改革中政府间关系变迁的个案研究》，《社会学研究》第3期。

[245] 张益峰，2015，《大城市边缘区土地与空间问题的动因与对策》，北京：中国建筑工业出版社。

[246] 张永宏，2006，《发展型政府与地方产业的成长：乐从现象分析》，《广东社会科学》第2期。

[247] 张永宏、李静君，2012，《制造同意：基层政府怎样吸纳民众的抗争》，《开放时代》第7期。

[248] 张勇，2019，《农村宅基地有偿退出的政策与实践——基于2015年以来试点地区的比较分析》，《西北农林科技大学学报》（社会科学版）第2期。

[249] 张媛媛、王国恩、黄经南，2022，《新中国成立以来我国农村土地制度变迁与乡村规划趋势》，《城市与区域规划研究》第1期。

[250] 张占录，2009，《征地补偿留用地模式探索——台湾市地重划与区段征收模式借鉴》，《经济与管理研究》第9期。

[251] 赵鼎新，2016，《国家合法性和国家社会关系》，《学术月刊》第8期。

[252] 赵力，2019，《美国土地利用规划权的配置》，北京：法律出版社。

[253] 赵燕菁，2014，《土地财政：历史、逻辑与抉择》，《城市发展研究》第1期。

[254] 赵阳，2007，《共有与私用：中国农地产权制度的经济学分析》，北京：生活·读书·新知三联书店。

[255] 赵晔琴，2018，《法外住房市场的生成逻辑与治理逻辑——以上海城中村拆违为例》，《华东师范大学学报》（哲学社会科学版）第4期。

[256] 赵德余，2009，《土地征用过程中农民、地方政府与国家的关系互动》，《社会学研究》第2期。

[257] 赵志，2020，《我国城乡一体化土地管理法律制度的改革与完善研究》，博士学位论文，对外经济贸易大学。

[258] 折晓叶，1996，《村庄边界的多元化——经济边界开放与社会边界封闭的冲突与共生》，《中国社会科学》第3期。

[259] 折晓叶，2008，《合作与非对抗性抵制——弱者的"韧武器"》，《社会学研究》第3期。

[260] 折晓叶，2014，《县域政府治理模式的新变化》，《中国社会科学》第1期。

[261] 折晓叶，2018，《土地产权的动态建构机制——一个"追索权"分析视角》，《社会学研究》第3期。

[262] 折晓叶、艾云，2014，《城乡关系演变的制度逻辑和实践过程》，北京：中国社会科学出版社。

[263] 折晓叶、陈婴婴，2000，《社区的实践："超级村庄"的发展历程》，杭州：浙江人民出版社。

[264] 折晓叶、陈婴婴，2005，《产权怎样界定——一份集体产权私化的社会文本》，《社会学研究》第4期。

[265] 郑雄飞，2017，《地租的时空解构与权利再生产——农村土地"非农化"增值收益分配机制探索》，《社会学研究》第4期。

[266] 郑振源，2007，《郑振源土地利用文集》，北京：中国大地出版社。

[267] 《中国土地》编辑部，1998，《非农建设用地大清查 土地管理秩序大整顿——来自国家土地管理局清查办公室的报告》，《中国土地》第 4 期。

[268] 周诚，1994，《论土地增值及其政策取向》，《经济研究》第 11 期。

[269] 周诚，2003，《土地经济学原理》，北京：商务印书馆。

[270] 周诚，2006，《"涨价归农"还是"涨价归公"》，《中国改革》第 1 期。

[271] 周飞舟，2007，《生财有道：土地开发和转让中的政府和农民》，《社会学研究》第 1 期。

[272] 周飞舟，2012，《以利为利——财政关系与地方政府行为》，上海：上海三联书店。

[273] 周飞舟、王绍琛，2015，《农民上楼与资本下乡：城镇化的社会学研究》，《中国社会科学》第 1 期。

[274] 周飞舟、吴柳财、左雯敏、李松涛，2018，《从工业城镇化、土地城镇化到人口城镇化：中国特色城镇化道路的社会学考察》，《社会发展研究》第 1 期。

[275] 周黎安，2007，《中国地方官员的晋升锦标赛模式研究》，《经济研究》第 7 期。

[276] 周黎安，2014，《行政发包制》，《社会》第 6 期。

[277] 周其仁，1995，《中国农村改革：国家与土地所有权关系的变化——一个经济制度变迁史的回顾》，《中国社会科学季刊》（香港）第 6 期。

[278] 周其仁，2004，《农地产权与征地制度——中国城市化面临的重大选择》，《经济学季刊》第 4 期。

[279] 周其仁，2014a，《土地入市的路线图》，《经济观察报》8 月 18 日，第 47 版。

[280] 周其仁，2014b，《为什么城市化离不开农地农房入市》，《经济观察报》9 月 8 日，第 50 版。

[281] 周其仁、刘守英，1997，《湄潭：一个传统农区的土地制度变迁》，载中共贵州省委政策研究室、中共贵州省湄潭县委编《土地制度建设试验监测与评估》（内部发行）。

[282] 周雪光，2005，《"关系产权"：产权制度的一个社会学解释》，《社会学研究》第2期。

[283] 周雪光，2011，《权威体制与有效治理：当代中国国家治理的制度逻辑》，《开放时代》第10期。

[284] 周怡，2006，《中国第一村：华西村转型经济中的后集体主义》，香港：牛津大学出版社。

[285] 周应恒、刘余，2018，《集体经营性建设用地入市实态：由农村改革试验区例证》，《改革》第2期。

[286] 朱晓阳，2011，《小村故事：地志与家园（2003－2009）》，北京：北京大学出版社。

[287] 朱晓阳，2016，《地势与政治：社会文化人类学的视角》，北京：社会科学文献出版社。

[288] 祝天智，2014，《边界模糊的灰色博弈与征地冲突的治理困境》，《经济社会体制比较》第2期。

[289] 邹谠，1996，《二十世纪中国政治：从宏观历史和微观行动的角度看》，香港：牛津大学出版社。

[290] 邹家华，1994，《深化改革　加强管理　促进国民经济持续、快速健康发展——邹家华副总理在全国土地使用制度改革工作会议上的讲话（一九九四年八月三十一日）》，《中国土地》第11期。

[291] 邹玉川，1992，《国家土地管理局邹玉川副局长在江苏省首期土地使用制度改革县（市、区）长研讨班上的讲话（1992年4月13日）》，载江苏省土地管理局编印《土地使用制度改革——理论与实践研究》（内部发行）。

[292] 邹玉川主编，1998，《当代中国土地管理》（上），北京：当代中国出版社。

英文论文和专著

[1] Deng, Yanhua. 2017. "Autonomous Redevelopment: Moving the Masses

to Remove the Nail Households." *Modern China* 43 (5): 494 – 522.

[2] Eisinger, P. 1973. "The Conditions of Protest Behavior in American Cities." *American Political Science Review* 67 (1): 11 – 28.

[3] Goodwin, J. & J. M. Jasper. 1999. "Caught in a Winding, Snarling Vine: The Structural Bias of Political Process Theory." *Sociological Forum* 14 (1): 27 – 54.

[4] Hsing, You-tien. 2010. *The Great Urban Transformation: Politics of Land and Property in China*. Oxford: Oxford University Press.

[5] Kaplowitza Michael D., Patricia Machemerb, & Rick Pruetz. 2008. "Planners' Experiences in Managing Growth Using Transferable Development Rights (TDR) in the United States. 2017." *Land Use Policy* 25 (3): 378 – 387.

[6] Lai, Yani, Edwin Hon Wan Chan, & Lennon Choy. 2017. "Village-led Land Development under State-led Institutional Arrangements in Urbanising China: The Case of Shenzhen." *Urban Studies* 54 (7): 1736 – 1759.

[7] Levi, Margaret. 1997. "A Model, a Method, and a Map: Rational Choice in Comparative and Historical Analysis." In Mark Irving Lichbach and Alan S. Zuckerman (ed.), *Comparative Politics: Rationality, Culture, and Structure*. NewYork: Cambridge University Press.

[8] Lin, George C. S., Xun Li, Fiona F. Yang, and Fox Z. Y. Hu. 2015. "Strategizing Urbanism in the Era of Neoliberalization: State Power Reshuffling, Land Development and Municipal Finance in Urbanizing China." *Urban Studies* 52 (11): 1962 – 1982.

[9] Lü, Xiaobo. 2014. "Social Policy and Regime Legitimacy: The Effects of Education Reform in China." *American Political Science Association* 108 (2): 423 – 437.

[10] Mitchell, Timothy. 2002. *Rule of Experts—Egypt, Techno-Politics, Modernity*. University of California Press.

[11] Oi, Jean. 1992. "Fiscal Reform and the Economic Foundation of Local State Corporatism in China." *World Politics* 45 (1): 99 – 126.

[12] Oi, Jean. 1999. *Rural China Takes off: Institutional Foundations of*

Economic Reform. Berkeley: University of California Press.

[13] Pierson, Paul and Theda Skcopl. 2002. "Historical Institution and Contemporary Political Science." In Helen Milner and Ira Katznelson (ed.), *The State of the Discipline.* New York: W. W. Norton.

[14] Wank, David. 2002. "Business-State Clientelism in China: Decline or Evolution?" In Thomas Gold, Douglas Guthrie, and David Wank (eds.), *Social Connections in China: Institutions, Cultures, and the Changing Nature of Guanxi.* New York: Cambridge University Press.

[15] Walder, Andrew G. 1995. "Local Governments as Industrial Firms: An Organizational Analysis of China's Transitional Economy." *American Journal of Sociology* 101 (2): 263 – 301.

[16] Xu, Nannan. 2019. "What Gave Rise to China's Land Finance?" *Land Use Policy* 87: 1 – 12.

[17] Rithmire, Meg. 2013. "Land Politics and Local State Capacities: The Political Economy of Urban Change in China." *The China Quarterly* 216: 872 – 895.

[18] Demsetsz, Harold. 1967. "Toward a Theory of Property Rights." *American Econmic Journal* 57 (2): 61 – 70.

[19] Ziegler, Edward H. 1996. "Transfer Development Right and Land Use Planninginthe United States." *The Liverpool Law Review* 18 (2): 147 – 166.

[20] Timothy Mitchell. 2002. *Rule of Experts—Egypt, Techno-Politics, Modernity.* University of California Press.

[21] Shue, V. 1988. *The Reach of the State: Sketches of the Chinese Body Politic.* Stanford: Stanford University Press.

网络文献

[1] 陈竹沁、刘璨：《专访经济学家李铁：打破区域行政管理界限，释放中小城市活力》，澎湃新闻网，https://www.thepaper.cn/newsDetail_forward_1636197，最后访问日期：2019年1月6日。

[2]《国务院关于农村土地征收、集体经营性建设用地入市、宅基地制

度改革试点情况的总结报告——2018年12月23日在第十三届全国人民代表大会常务委员会第七次会议上》，中国人大网，http://www.npc.gov.cn/npc/xinwen/2018-12/23/content_2067609.htm，最后访问日期：2019年3月18日。

［3］焦思颖：《我国今年将修改土地管理法》，中华人民共和国自然资源部网站，http://www.mnr.gov.cn/dt/ywbb/201903/t20190305_2397547.html，最后访问日期：2019年3月14日。

［4］李昌平：《我为什么主张把村集体建设用地的使用审批权下放到乡镇政府或村民代表大会》，"土地法制研究院"微信公众号，最后访问日期：2020年3月31日。

［5］王先进：《土地管理三大制度改革回顾及期待——访原国家土地管理局第一任局长王先进》，中华人民共和国国土资源部网站，http://www.mlr.gov.cn/xwdt/jrxw/200812/t20081205_112823.htm，最后访问日期：2018年12月30日。

附录一

新中国成立以来重要土地政策、法规编目和释义

一 计划经济时期（1949~1978年）

文本全称	部门、机构	时间	备注和释义
《中华人民共和国土地改革法》	中央人民政府委员会	1950年	将封建半封建的土地所有制改变为农民的土地所有制，实现耕者有其田
《城市郊区土地改革条例》	中央人民政府政务院	1950年	该政策最早提出城市范围内土地和房屋实行国有化，规定城市郊区所有没收和征收得来的农业土地，一律归国家所有，由市人民政府管理（第9条）
《铁路留用土地办法》	中央人民政府政务院	1950年	最早涉及土地征收的中央政策文件，规定"铁路因建筑关系，原有土地不敷应用或有新设施需要土地时，由铁路局通过地方政府收买或征购之"
《国家建设征用土地办法》	中央人民政府政务院	1953年	新中国第一部关于土地征收的专门规章政策，涉及社会主义过渡时期的土地征收问题，规定国家为市政建设及其他需要征用私人所有的农业土地时，应给以适当代价或以相当的国有土地进行调换；国家因市政建设或其他需要须收回由农民耕种的固有土地时，应对有关农民给以适当安置，公平合理地补偿其损失。确立土地无偿划拨制，规定国有土地使用权不能在土地使用者之间流转，确立土地的无偿划拨制

续表

文本全称	部门、机构	时间	备注和释义
《中华人民共和国宪法》	全国人民代表大会	1954年	中华人民共和国的生产资料所有制现在主要有下列各种：国家所有制，即全民所有制；合作社所有制，即劳动群众集体所有制；个体劳动者所有制；资本家所有制（第五条）
《国务院关于城乡划分标准的规定》	国务院	1955年	明确城乡的地区分界标准，为土地的城乡分治提供基础
《关于目前城市私有房产基本情况及进行社会主义改造的意见》	中央书记处第二办公室	1956年	明确提到私人占有的地产一律收归国家，包括城市空地、街基地。该指示还确定地方政府划拨给使用者相关的城市国有土地，不再需要缴纳租金
《国家建设征用土地办法（修正）》	中央人民政府国务院	1958年	从1958年颁行到1978年改革开放前未再修订。在1953年的基础上进行如下修正：一是提出节约用地的要求，提出将克服多征少用、早征迟用甚至征而不用等浪费土地的现象以法律的形式加以规范；二是征用土地范围的扩大，被征用土地除个体农民私有土地外，还有农业合作社的集体所有土地，并对征地补偿、被征地农民安置均做出了调整，补偿对象原则上由个体农民转变为农业生产合作社；三是补偿标准由1953年原征用办法规定的"最近三年至五年产量的总值"调整为"最近二年至四年产量的总值"，强调被征地农民在农业生产方面安置的必要性和移民（工作）的慎重性
《中共中央关于在农村建立人民公社问题的决议》	中共中央书记处	1958年	包括土地在内的生产资料归人民公社集体所有，由人民公社统一核算与调配
《农业部关于加强人民公社土地利用规划工作的通知》	农业部	1959年	规定按社按队编制土地利用规划，按地块建立土地档案
《国家房管局、财政部、税务总局答复关于城镇土地国有化请示提纲的记录》	国家房管局、财政部、税务总局	1967年	进一步提出将城市私人宅基地收归国有

195

二 乡村工业化发展时期（1978~1993年）

文本全称	部门、机构	时间	备注和释义
《中国共产党第十一届中央委员会第三次全体会议公报》	中共中央	1978年	确定全党工作重点转移到社会主义现代化建设上来，确定首先在农村实施改革，推行联产计酬责任制，调动我国几亿农民的社会主义积极性
《中共中央关于加快农业发展若干问题的决定》	中共中央	1979年	提出"社队企业要有一个大发展"，"凡是符合经济合理的原则，宜于农村加工的农副产品，要逐步由社队企业加工"，"城市工厂要把一部分宜于在农村加工的产品或零部件，有计划地扩散给社队企业经营，支援设备，指导技术"
《国务院关于发展社队企业若干问题的规定（试行草案）》	国务院	1979年	细化《中共中央关于加快农业发展若干问题的决定》中关于社队企业发展的方案和原则，强调"社队企业是社会主义集体所有制经济，社办社有，队办队有"，"不准把社队企业收归国有"
《关于实行"划分收支、分级包干"财政管理体制的暂行规定》	国务院	1980年	明确划分了中央与地方的收支范围，核定地方财政收支包干基数，是乡村工业化时期"分灶吃饭"体制奠定的起点
《国务院关于社队企业贯彻国民经济调整方针的若干规定》	国务院	1981年	肯定了社队企业已成为农村经济的重要组成部分，符合农村经济综合发展的方向
《中华人民共和国宪法》	全国人民代表大会	1982年	新中国成立后第一次从法律层面界定农村土地集体所有的内涵及外延，第十条规定："城市的土地属于国家所有。农村和城市郊区的土地，除由法律规定属于国家所有的以外，属于集体所有；宅基地和自留地、自留山，也属于集体所有。"
《1982年中央一号文件：全国农村工作会议纪要》	中共中央、国务院	1982年	正式承认包产到户的合法性，提出"目前实行的各种责任制，包括小段包工定额计酬，专业承包联产计酬，联产到劳，包产到户、到组，包干到户、到组，等等，都是社会主义集体经济的生产责任制。不论采取什么形式，只要群众不要求改变，就不要变动"
《关于实行政社分开建立乡政府的通知》	中共中央、国务院	1983年	人民公社体制的历史终结，规定乡的规模一般以原有公社的管辖范围为基础，要求各地有领导、有步骤地搞好农村政社分开的改革，争取在1984年底以前大体上完成建立乡政府的工作，改变党不管党、政不管政和政企不分的状况

续表

文本全称	部门、机构	时间	备注和释义
《中共中央关于一九八四年农村工作的通知》	中共中央	1984年	强调要继续稳定和完善联产承包责任制，延长土地承包期，"一般应在十五年以上"
《关于征用土地费实行包干使用暂行办法》	农牧渔业部、国家计划委员会、城乡建设环境保护部	1984年	确定市场经济建设背景下地方政府作为土地征收的主体，改变了计划经济时期由企事业单位、地方政府等作为主体的情况，征地费用的包干实施被首次提及，征地费用指由用地单位支付的各项因征地产生的费用和土地管理费的总称，县、市政府按照项目情况提取2%~4%不等的征地费用用于征地拆迁、安置和人员费用。征地费用的包干制后来演变为主要实践模式
《关于进一步活跃农村经济的十项政策》	中共中央、国务院	1985年	强调"进一步扩大城乡经济交往，加强对小城镇建设的指导"，规定"农村地区性合作经济组织按规划建成店房及服务设施自主经营可出租"
《关于加强土地管理、制止乱占耕地的通知》	中共中央、国务院	1986年	"决定成立国家土地管理局，作为国务院的直属机构。国家土地管理局负责全国土地、城乡地政的统一管理工作"，这也是新中国设立的第一个专门的土地部门，结束了计划经济时期土地管理"多头共管"的局面
《中华人民共和国土地管理法》	全国人民代表大会	1986年	新中国第一部专门的土地管理法，对土地的所有权和使用权、土地利用和保护、国家建设用地的使用和管理、乡镇（村）建设用地的使用和管理、土地管理和使用的法律责任进行了详尽规定。该法与国家土地管理局的设立是相辅相成的，总体沿用了"分级审批制"，开启了我国在市场经济建设时期国家通过统一的机构和法律法规来管理土地资源和协调人地关系的新时代
《关于建立健全土地管理机构若干问题的通知》	劳动人事部、国家土地管理局	1987年	由自上而下设置的土地管理局统管城乡的土地资源管理工作，结束了原有土地管理体制因城乡分割而无从统一的局面，规定"原设在城乡建设环境保护部和农牧渔业部的有关土地管理业务连同人员"划归国家土地管理局，要求县以上地方各级人民政府按照统一管理土地的原则，建立健全土地管理机构
《中华人民共和国宪法》修正案	全国人民代表大会	1988年	原来的第十条第四款"任何组织或者个人不得侵占、买卖、出租或者以其他形式非法转让土地"修改为"任何组织或者个人不得侵占、买卖或者以其他形式非法转让土地。土地的使用权可以按照法律的规定转让"

续表

文本全称	部门、机构	时间	备注和释义
《中华人民共和国土地管理法》修正案	全国人民代表大会	1988年	因应《宪法》修正案的精神进行了修订，提出"国有土地和集体所有的土地的使用权可以依法转让。土地使用权转让的具体办法，由国务院另行规定"
《中华人民共和国城镇国有土地使用权出让和转让暂行条例》	国务院	1990年	因应1988年《宪法》修正案和《土地管理法》修正案的要求，对城镇国有土地使用权出让、抵押的操作原则进行了详细规定
《国务院批转国家土地管理局关于加强农村宅基地管理工作请示的通知》	国务院	1990年	下发后的两年间，全国共有28个省（区、市）1400多个县（市、区）1万多个乡镇施行了宅基地有偿使用。同期，乡镇企业用地有偿使用的改革也扩展到全国140多个县（市、区）

三 市场经济全面建设时期（1993～2013年）

文本全称	部门、机构	时间	备注和释义
《中共中央关于建立社会主义市场经济体制若干问题的决定》	中共中央	1993年	确定我国经济体制改革的目标是建立社会主义市场经济体制，其中在土地制度建设方面提出"国家垄断城镇土地一级市场。实行土地使用权有偿有限期出让制度"的战略部署
《中华人民共和国城市房地产管理法》	全国人民代表大会	1994年	新中国出台的第一部《城市房地产管理法》，第八条规定："城市规划区内的集体所有的土地，经依法征用转为国有土地后，该幅国有土地的使用权方可有偿出让。""城市规划区"指的是城市市区、近郊区及城市行政区域内因城市建设和发展需要实行规划控制的区域。此规定取消了位于城市内部和城市郊区的集体土地直接进入市场的权利
《关于非农建设的集体土地交易应征为国有的试点方案》	国家土地管理局	1995年	规定"市、县人民政府对可以集中的乡镇企业、私营、个体工商业的用地，应实行统一规划、统一征用、统一开发、统一出让、统一管理的制度，严格控制在城市规划区外供应非农建设用地"。值得注意的是，这一规定第一次将城市规划区外的集体土地纳入禁止出让的范畴，是对1994年《城市房地产管理法》的相关规定（要求城市规划区内的集体土地必须转为国有土地才能出让）的进一步强化

续表

文本全称	部门、机构	时间	备注和释义
《中共中央 国务院关于进一步加强土地管理切实保护耕地的通知》	中共中央、国务院	1997年	中国土地管理史上著名的"11号文件",提出强化土地的国家管理职能,改革土地分级限额审批制度,实行农地与非农建设项目用地的用途管制制度,以及加强农村集体土地管理,扭转农村集体土地利用、流转的混乱状况等政策要求。同时,开展对1991年以来非农建设占用土地情况的大清查工作,并冻结一年之内的建设占用耕地以及县改市的审批工作
《中华人民共和国土地管理法》修订案	全国人民代表大会	1998年	对1986年出台的法案进行了较大幅度的修改。取消农地入市的合法途径,第六十三条规定:"农民集体所有的土地的使用权不得出让、转让或者出租用于非农业建设";修订之后,土地管理体制从原来的"分级审批制"改为"土地用途管制"。新体制将土地分为农用地、建设用地和未利用地,明确各类土地的使用边界,严格限制用途变更。其中,建设用地指标关系着土地从农用地向非农用途的变更,成为与土地开发最为相关的权力资源
《国务院关于加强国有土地资产管理的通知》	国务院	2001年	通知提出,"把土地利用引导到对存量建设用地的调整和改造上来,优化土地利用结构",要求"有条件的地方政府要对建设用地试行收购储备制度",这是土地储备制度开始推广的起点
《招标拍卖挂牌出让国有土地使用权规定》	国土资源部	2002年	废除了沿用多年的土地协议出让方式,要求当年从7月1日起,商业、旅游、娱乐和商业住宅等各类经营性用地必须通过招标、拍卖、挂牌方式出让
《中华人民共和国宪法》修正案	全国人民代表大会	2004年	将原第十条第三款修订为"国家为了公共利益的需要,可以依照法律规定对土地实行征收或者征用并给予补偿"
《中华人民共和国土地管理法》修正案	全国人民代表大会	2004年	对1998年修订的法案进行局部调整,也因应当年《宪法》修正案进行修正,主要是区分了征收和征用的不同法律适用性,征收改变土地所有权性质,征用不改变土地所有权性质
《全国工业用地出让最低价标准》	国土资源部	2006年	划定各地出让工业用地的价格红线,为工业用地招拍挂程序的规范化提供制度支撑
《招标拍卖挂牌出让国有建设用地使用权规定》	国土资源部	2007年	要求工业经营性用地必须完全执行"招拍挂"出让,标志着国有土地使用权的出让模式得以全面推广

续表

文本全称	部门、机构	时间	备注和释义
《土地储备管理办法》	国土资源部、财政部、中国人民银行	2007年	统一规定了土地储备制度的主要内容，包括收购、储备和出让等环节，并要求该制度在全国市/县政府中实施。到了2010年前后，全国已经有土地储备机构2000多家，土地储备制度在城市一级土地市场上占据了主导地位
《中华人民共和国物权法》	全国人民代表大会	2007年	新中国成立以来第一部《物权法》，确立了公民财产权的权利义务关系和保障边界；将农民的土地承包经营权利以及宅基地使用权定为"用益物权"
《中华人民共和国城乡规划法》	全国人民代表大会	2007年	新中国成立以来第一部《城乡规划法》，也是首次将城市和乡村作为统一规划实践的对象，为农村土地的利用、开发以及其转变为城市土地的过程提供了规划层面的法律依据
《国有土地上房屋征收与补偿条例》	国务院	2011年	明确界定了公共利益的范围且规定政府是公共利益征收唯一补偿主体，明确对被征收房屋价值的补偿，不得低于房屋征收决定公告之日被征收房屋类似房地产的市场价格。此条例为后来农地征收制度改革提供了范本，且开启了城市拆迁货币化补偿而不是以往的房屋置换模式，对于城中村改造、城市更新乃至后来的农地征收制度都有延续性影响

四　新型城镇化转型时期（2013年至今）

文本全称	部门、机构	时间	备注和释义
《中共中央关于全面深化改革若干重大问题的决定》	中共中央	2013年	提出新时期全面深化改革的总目标是完善和发展中国特色社会主义制度，推进国家治理体系和治理能力现代化。提出"建立城乡统一的建设用地市场""赋予农民更多财产权利""保障农民公平分享土地增值收益"等战略部署。特别指出，在符合规划和用途管制前提下，允许农村集体经营性建设用地出让、租赁、入股，实行与国有土地同等入市、同权同价（注：集体经营性建设用地改革）。缩小征地范围，规范征地程序，完善对被征地农民合理、规范、多元保障机制。扩大国有土地有偿使用范围，减少非公益性用地划拨（注：农村土地征收制度改革）。要保障农户宅基地用益物权，改革完善农村宅基地制度，选择若干试点，慎重稳妥推进农民住房财产权抵押、担保、转让，探索农民增加财产性收入渠道。上述部署为农地制度改革提供总体性支撑

续表

文本全称	部门、机构	时间	备注和释义
《关于农村土地征收、集体经营性建设用地入市、宅基地制度改革试点工作的意见》	中共中央办公厅和国务院办公厅	2015年	对农村土地征收制度改革、集体经营性建设用地入市、宅基地制度改革进行了总体实施方案的设计，因应此意见，2015年3月，国土资源部宣布在全国33个县（市、区）启动以上三项改革的试点工作。试点地区获得授权调整实施《土地管理法》《城市房地产管理法》等相关法律法规，以为这些法律的后续修订提供借鉴
《农村集体经营性建设用地土地增值收益调节金征收使用管理暂行办法》	财政部、国土资源部	2016年	属于"集体经营性建设用地入市"试点改革的配套制度，从政策属性来看，调节金既不属于税，也不属于费，其是国家进行干预再分配的政策工具。该办法规定调节金"由试点县财政部门会同国土资源主管部门负责组织征收"
《关于实施乡村振兴战略的意见》	中共中央、国务院	2018年	提出完善农民闲置宅基地和闲置农房政策，探索宅基地所有权、资格权、使用权"三权分置"，落实宅基地集体所有权，保障宅基地农户资格权和农民房屋财产权，适度放活宅基地和农民房屋使用权。这就是所谓的宅基地的"三权分置"。此后，山东禹城、浙江义乌和德清、四川泸县等试点地区结合实际，探索了宅基地"三权分置"模式的具体操作经验。但截至目前，该方法都处于局部探索阶段，还没到国家立法确认的阶段
《中华人民共和国城市房地产管理法》	全国人民代表大会	2019年	与修订后的《土地管理法》进行某些地方的衔接，表现在第九条，除了规定"城市规划区内的集体所有的土地，经依法征收转为国有土地后，该幅国有土地的使用权方可有偿出让"，也给集体土地的出让预留了通道——"但法律另有规定的除外"
《中华人民共和国土地管理法》修正案	全国人民代表大会	2019年	对1998年《土地管理法》进行了大幅修正。在征地制度方面，对公益征地范围和具体项目进行了明确规定，包括国防和外交的需要、政府实施的基础设施建设需要、公共事业需要等六类情形，实施区片综合定价而废除规定原产值上限的征地补偿方式。在集体经营性建设用地入市改革方面，提出符合土地利用总体规划和城乡规划的集体经营性建设用地，土地所有权人可以采取出让、租赁、作价出资或者入股方式由单位或个人使用，集体经营性建设用地使用权可以转让、出租、抵押。在宅基地制度改革方面，保障无地户的分地权，第六十二条规定，"人均土地少、不能保障一户拥有一处宅基地的地区，县级人民政府在充分尊重农村村民意愿的基础上，可以采取措施，按照省、自治区、直辖市规定的标准保障农村村民实现户有所居"。同时下拨了宅基地审批权，要求使用存量建设用地的，在依法经村民

续表

文本全称	部门、机构	时间	备注和释义
			代表大会同意后，由乡（镇）人民政府审核批准，使用新增建设用地即涉及占用农用地的，由县级人民政府批准。探索宅基地有偿退出的可行方式，第六十二条提及，"国家允许进城落户的农村村民依法自愿有偿退出宅基地，鼓励农村集体经济组织及其成员盘活利用闲置宅基地和闲置住宅"

笔者注：以上法律法规和政策有些是本书主要使用的材料，另有一些是本书没有使用但十分重要的制度文本，本书一并列出，以供参考。

附录二

《中华人民共和国土地管理法》（1998年）

1986年6月25日第六届全国人民代表大会常务委员会第十六次会议通过。根据1988年12月29日第七届全国人民代表大会常务委员会第五次会议《关于修改〈中华人民共和国土地管理法〉的决定》修正。1998年8月29日第九届全国人民代表大会常务委员会第四次会议修订。

第一章 总 则

第一条 为了加强土地管理，维护土地的社会主义公有制，保护、开发土地资源，合理利用土地，切实保护耕地，促进社会经济的可持续发展，根据宪法，制定本法。

第二条 中华人民共和国实行土地的社会主义公有制，即全民所有制和劳动群众集体所有制。

全民所有，即国家所有土地的所有权由国务院代表国家行使。

任何单位和个人不得侵占、买卖或者以其他形式非法转让土地。土地使用权可以依法转让。

国家为公共利益的需要，可以依法对集体所有的土地实行征用。

国家依法实行国有土地有偿使用制度。但是，国家在法律规定的范围内划拨国有土地使用权的除外。

第三条 十分珍惜、合理利用土地和切实保护耕地是我国的基本国策。各级人民政府应当采取措施，全面规划，严格管理，保护、开发土地资源，制止非法占用土地的行为。

第四条　国家实行土地用途管制制度。

国家编制土地利用总体规划，规定土地用途，将土地分为农用地、建设用地和未利用地。严格限制农用地转为建设用地，控制建设用地总量，对耕地实行特殊保护。

前款所称农用地是指直接用于农业生产的土地，包括耕地、林地、草地、农田水利用地、养殖水面等；建设用地是指建造建筑物、构筑物的土地，包括城乡住宅和公共设施用地、工矿用地、交通水利设施用地、旅游用地、军事设施用地等；未利用地是指农用地和建设用地以外的土地。

使用土地的单位和个人必须严格按照土地利用总体规划确定的用途使用土地。

第五条　国务院土地行政主管部门统一负责全国土地的管理和监督工作。

县级以上地方人民政府土地行政主管部门的设置及其职责，由省、自治区、直辖市人民政府根据国务院有关规定确定。

第六条　任何单位和个人都有遵守土地管理法律、法规的义务，并有权对违反土地管理法律、法规的行为提出检举和控告。

第七条　在保护和开发土地资源、合理利用土地以及进行有关的科学研究等方面成绩显著的单位和个人，由人民政府给予奖励。

第二章　土地的所有权和使用权

第八条　城市市区的土地属于国家所有。

农村和城市郊区的土地，除由法律规定属于国家所有的以外，属于农民集体所有；宅基地和自留地、自留山，属于农民集体所有。

第九条　国有土地和农民集体所有的土地，可以依法确定给单位或者个人使用。使用土地的单位和个人，有保护、管理和合理利用土地的义务。

第十条　农民集体所有的土地依法属于村农民集体所有的，由村集体经济组织或者村民委员会经营、管理；已经分别属于村内两个以上农村集体经济组织的农民集体所有的，由村内各该农村集体经济组织或者村民小组经营、管理；已经属于乡（镇）农民集体所有的，由乡（镇）

农村集体经济组织经营、管理。

第十一条　农民集体所有的土地，由县级人民政府登记造册，核发证书，确认所有权。

农民集体所有的土地依法用于非农业建设的，由县级人民政府登记造册，核发证书，确认建设用地使用权。

单位和个人依法使用的国有土地，由县级以上人民政府登记造册，核发证书，确认使用权；其中，中央国家机关使用的国有土地的具体登记发证机关，由国务院确定。

确认林地、草原的所有权或者使用权，确认水面、滩涂的养殖使用权，分别依照《中华人民共和国森林法》、《中华人民共和国草原法》和《中华人民共和国渔业法》的有关规定办理。

第十二条　依法改变土地权属和用途的，应当办理土地变更登记手续。

第十三条　依法登记的土地的所有权和使用权受法律保护，任何单位和个人不得侵犯。

第十四条　农民集体所有的土地由本集体经济组织的成员承包经营，从事种植业、林业、畜牧业、渔业生产。土地承包经营期限为三十年。发包方和承包方应当订立承包合同，约定双方的权利和义务。承包经营土地的农民有保护和按照承包合同约定的用途合理利用土地的义务。农民的土地承包经营权受法律保护。

在土地承包经营期限内，对个别承包经营者之间承包的土地进行适当调整的，必须经村民会议三分之二以上成员或者三分之二以上村民代表的同意，并报乡（镇）人民政府和县级人民政府农业行政主管部门批准。

第十五条　国有土地可以由单位或者个人承包经营，从事种植业、林业、畜牧业、渔业生产。农民集体所有的土地，可以由本集体经济组织以外的单位或者个人承包经营，从事种植业、林业、畜牧业、渔业生产。发包方和承包方应当订立承包合同，约定双方的权利和义务。土地承包经营的期限由承包合同约定。承包经营土地的单位和个人，有保护和按照承包合同约定的用途合理利用土地的义务。

农民集体所有的土地由本集体经济组织以外的单位或者个人承包经

营的，必须经村民会议三分之二以上成员或者三分之二以上村民代表的同意，并报乡（镇）人民政府批准。

第十六条　土地所有权和使用权争议，由当事人协商解决；协商不成的，由人民政府处理。

单位之间的争议，由县级以上人民政府处理；个人之间、个人与单位之间的争议，由乡级人民政府或者县级以上人民政府处理。

当事人对有关人民政府的处理决定不服的，可以自接到处理决定通知之日起三十日内，向人民法院起诉。

在土地所有权和使用权争议解决前，任何一方不得改变土地利用现状。

第三章　土地利用总体规划

第十七条　各级人民政府应当依据国民经济和社会发展规划、国土整治和资源环境保护的要求、土地供给能力以及各项建设对土地的需求，组织编制土地利用总体规划。

土地利用总体规划的规划期限由国务院规定。

第十八条　下级土地利用总体规划应当依据上一级土地利用总体规划编制。

地方各级人民政府编制的土地利用总体规划中的建设用地总量不得超过上一级土地利用总体规划确定的控制指标，耕地保有量不得低于上一级土地利用总体规划确定的控制指标。

省、自治区、直辖市人民政府编制的土地利用总体规划，应当确保本行政区域内耕地总量不减少。

第十九条　土地利用总体规划按照下列原则编制：

（一）严格保护基本农田，控制非农业建设占用农用地；

（二）提高土地利用率；

（三）统筹安排各类、各区域用地；

（四）保护和改善生态环境，保障土地的可持续利用；

（五）占用耕地与开发复垦耕地相平衡。

第二十条　县级土地利用总体规划应当划分土地利用区，明确土地用途。

乡（镇）土地利用总体规划应当划分土地利用区，根据土地使用条件，确定每一块土地的用途，并予以公告。

第二十一条　土地利用总体规划实行分级审批。

省、自治区、直辖市的土地利用总体规划，报国务院批准。

省、自治区人民政府所在地的市、人口在一百万以上的城市以及国务院指定的城市的土地利用总体规划，经省、自治区人民政府审查同意后，报国务院批准。

本条第二款、第三款规定以外的土地利用总体规划，逐级上报省、自治区、直辖市人民政府批准；其中，乡（镇）土地利用总体规划可以由省级人民政府授权的设区的市、自治州人民政府批准。

土地利用总体规划一经批准，必须严格执行。

第二十二条　城市建设用地规模应当符合国家规定的标准，充分利用现有建设用地，不占或者尽量少占农用地。

城市总体规划、村庄和集镇规划，应当与土地利用总体规划相衔接，城市总体规划、村庄和集镇规划中建设用地规模不得超过土地利用总体规划确定的城市和村庄、集镇建设用地规模。

在城市规划区内、村庄和集镇规划区内，城市和村庄、集镇建设用地应当符合城市规划、村庄和集镇规划。

第二十三条　江河、湖泊综合治理和开发利用规划，应当与土地利用总体规划相衔接。在江河、湖泊、水库的管理和保护范围以及蓄洪滞洪区内，土地利用应当符合江河、湖泊综合治理和开发利用规划，符合河道、湖泊行洪、蓄洪和输水的要求。

第二十四条　各级人民政府应当加强土地利用计划管理，实行建设用地总量控制。

土地利用年度计划，根据国民经济和社会发展计划、国家产业政策、土地利用总体规划以及建设用地和土地利用的实际状况编制。土地利用年度计划的编制审批程序与土地利用总体规划的编制审批程序相同，一经审批下达，必须严格执行。

第二十五条　省、自治区、直辖市人民政府应当将土地利用年度计划的执行情况列为国民经济和社会发展计划执行情况的内容，向同级人民代表大会报告。

第二十六条　经批准的土地利用总体规划的修改，须经原批准机关批准；未经批准，不得改变土地利用总体规划确定的土地用途。

经国务院批准的大型能源、交通、水利等基础设施建设用地，需要改变土地利用总体规划的，根据国务院的批准文件修改土地利用总体规划。

经省、自治区、直辖市人民政府批准的能源、交通、水利等基础设施建设用地，需要改变土地利用总体规划的，属于省级人民政府土地利用总体规划批准权限内的，根据省级人民政府的批准文件修改土地利用总体规划。

第二十七条　国家建立土地调查制度。

县级以上人民政府土地行政主管部门会同同级有关部门进行土地调查。土地所有者或者使用者应当配合调查，并提供有关资料。

第二十八条　县级以上人民政府土地行政主管部门会同同级有关部门根据土地调查成果、规划土地用途和国家制定的统一标准，评定土地等级。

第二十九条　国家建立土地统计制度。

县级以上人民政府土地行政主管部门和同级统计部门共同制定统计调查方案，依法进行土地统计，定期发布土地统计资料。土地所有者或者使用者应当提供有关资料，不得虚报、瞒报、拒报、迟报。

土地行政主管部门和统计部门共同发布的土地面积统计资料是各级人民政府编制土地利用总体规划的依据。

第三十条　国家建立全国土地管理信息系统，对土地利用状况进行动态监测。

第四章　耕地保护

第三十一条　国家保护耕地，严格控制耕地转为非耕地。

国家实行占用耕地补偿制度。非农业建设经批准占用耕地的，按照"占多少，垦多少"的原则，由占用耕地的单位负责开垦与所占用耕地的数量和质量相当的耕地；没有条件开垦或者开垦的耕地不符合要求的，应当按照省、自治区、直辖市的规定缴纳耕地开垦费，专款用于开垦新的耕地。

省、自治区、直辖市人民政府应当制定开垦耕地计划，监督占用耕地的单位按照计划开垦耕地或者按照计划组织开垦耕地，并进行验收。

第三十二条　县级以上地方人民政府可以要求占用耕地的单位将所占用耕地耕作层的土壤用于新开垦耕地、劣质地或者其他耕地的土壤改良。

第三十三条　省、自治区、直辖市人民政府应当严格执行土地利用总体规划和土地利用年度计划，采取措施，确保本行政区域内耕地总量不减少；耕地总量减少的，由国务院责令在规定期限内组织开垦与所减少耕地的数量与质量相当的耕地，并由国务院土地行政主管部门会同农业行政主管部门验收。个别省、直辖市确因土地后备资源匮乏，新增建设用地后，新开垦耕地的数量不足以补偿所占用耕地的数量的，必须报经国务院批准减免本行政区域内开垦耕地的数量，进行易地开垦。

第三十四条　国家实行基本农田保护制度。下列耕地应当根据土地利用总体规划划入基本农田保护区，严格管理：

（一）经国务院有关主管部门或者县级以上地方人民政府批准确定的粮、棉、油生产基地内的耕地；

（二）有良好的水利与水土保持设施的耕地，正在实施改造计划以及可以改造的中、低产田；

（三）蔬菜生产基地；

（四）农业科研、教学试验田；

（五）国务院规定应当划入基本农田保护区的其他耕地。

各省、自治区、直辖市划定的基本农田应当占本行政区域内耕地的百分之八十以上。

基本农田保护区以乡（镇）为单位进行划区定界，由县级人民政府土地行政主管部门会同同级农业行政主管部门组织实施。

第三十五条　各级人民政府应当采取措施，维护排灌工程设施，改良土壤，提高地力，防止土地荒漠化、盐渍化、水土流失和污染土地。

第三十六条　非农业建设必须节约使用土地，可以利用荒地的，不得占用耕地；可以利用劣地的，不得占用好地。

禁止占用耕地建窑、建坟或者擅自在耕地上建房、挖砂、采石、采矿、取土等。

禁止占用基本农田发展林果业和挖塘养鱼。

第三十七条　禁止任何单位和个人闲置、荒芜耕地。已经办理审批手续的非农业建设占用耕地，一年内不用而又可以耕种并收获的，应当由原耕种该幅耕地的集体或者个人恢复耕种，也可以由用地单位组织耕种；一年以上未动工建设的，应当按照省、自治区、直辖市的规定缴纳闲置费；连续二年未使用的，经原批准机关批准，由县级以上人民政府无偿收回用地单位的土地使用权；该幅土地原为农民集体所有的，应当交由原农村集体经济组织恢复耕种。

在城市规划区范围内，以出让方式取得土地使用权进行房地产开发的闲置土地，依照《中华人民共和国城市房地产管理法》的有关规定办理。

承包经营耕地的单位或者个人连续二年弃耕抛荒的，原发包单位应当终止承包合同，收回发包的耕地。

第三十八条　国家鼓励单位和个人按照土地利用总体规划，在保护和改善生态环境、防止水土流失和土地荒漠化的前提下，开发未利用的土地；适宜开发为农用地的，应当优先开发成农用地。

国家依法保护开发者的合法权益。

第三十九条　开垦未利用的土地，必须经过科学论证和评估，在土地利用总体规划划定的可开垦的区域内，经依法批准后进行。禁止毁坏森林、草原开垦耕地，禁止围湖造田和侵占江河滩地。

根据土地利用总体规划，对破坏生态环境开垦、围垦的土地，有计划有步骤地退耕还林、还牧、还湖。

第四十条　开发未确定使用权的国有荒山、荒地、荒滩从事种植业、林业、畜牧业、渔业生产的，经县级以上人民政府依法批准，可以确定给开发单位或者个人长期使用。

第四十一条　国家鼓励土地整理。县、乡（镇）人民政府应当组织农村集体经济组织，按照土地利用总体规划，对田、水、路、林、村综合整治，提高耕地质量，增加有效耕地面积，改善农业生产条件和生态环境。

地方各级人民政府应当采取措施，改造中、低产田，整治闲散地和废弃地。

第四十二条　因挖损、塌陷、压占等造成土地破坏，用地单位和个人应当按照国家有关规定负责复垦；没有条件复垦或者复垦不符合要求的，应当缴纳土地复垦费，专项用于土地复垦。复垦的土地应当优先用于农业。

第五章　建设用地

第四十三条　任何单位和个人进行建设，需要使用土地的，必须依法申请使用国有土地；但是，兴办乡镇企业和村民建设住宅经依法批准使用本集体经济组织农民集体所有的土地的，或者乡（镇）村公共设施和公益事业建设经依法批准使用农民集体所有的土地的除外。

前款所称依法申请使用的国有土地包括国家所有的土地和国家征用的原属于农民集体所有的土地。

第四十四条　建设占用土地，涉及农用地转为建设用地的，应当办理农用地转用审批手续。

省、自治区、直辖市人民政府批准的道路、管线工程和大型基础设施建设项目、国务院批准的建设项目占用土地，涉及农用地转为建设用地的，由国务院批准。

在土地利用总体规划确定的城市和村庄、集镇建设用地规模范围内，为实施该规划而将农用地转为建设用地的，按土地利用年度计划分批次由原批准土地利用总体规划的机关批准。在已批准的农用地转用范围内，具体建设项目用地可以由市、县人民政府批准。

本条第二款、第三款规定以外的建设项目占用土地，涉及农用地转为建设用地的，由省、自治区、直辖市人民政府批准。

第四十五条　征用下列土地的，由国务院批准：

（一）基本农田；

（二）基本农田以外的耕地超过三十五公顷的；

（三）其他土地超过七十公顷的。

征用前款规定以外的土地的，由省、自治区、直辖市人民政府批准，并报国务院备案。

征用农用地的，应当依照本法第四十四条的规定先行办理农用地转用审批。其中，经国务院批准农用地转用的，同时办理征地审批手续，不再另行办理征地审批；经省、自治区、直辖市人民政府在征地批准权限内批准农用地转用的，同时办理征地审批手续，不再另行办理征地审批，超过征地批准权限的，应当依照本条第一款的规定另行办理征地审批。

第四十六条　国家征用土地的，依照法定程序批准后，由县级以上地方人民政府予以公告并组织实施。

被征用土地的所有权人、使用权人应当在公告规定期限内，持土地权属证书到当地人民政府土地行政主管部门办理征地补偿登记。

第四十七条　征用土地的，按照被征用土地的原用途给予补偿。

征用耕地的补偿费用包括土地补偿费、安置补助费以及地上附着物和青苗的补偿费。征用耕地的土地补偿费，为该耕地被征用前三年平均年产值的六至十倍。征用耕地的安置补助费，按照需要安置的农业人口数计算。需要安置的农业人口数，按照被征用的耕地数量除以征地前被征用单位平均每人占有耕地的数量计算。每一个需要安置的农业人口的安置补助费标准，为该耕地被征用前三年平均年产值的四至六倍。但是，每公顷被征用耕地的安置补助费，最高不得超过被征用前三年平均年产值的十五倍。

征用其他土地的土地补偿费和安置补助费标准，由省、自治区、直辖市参照征用耕地的土地补偿费和安置补助费的标准规定。

被征用土地上的附着物和青苗的补偿标准，由省、自治区、直辖市规定。

征用城市郊区的菜地，用地单位应当按照国家有关规定缴纳新菜地开发建设基金。

依照本条第二款的规定支付土地补偿费和安置补助费，尚不能使需要安置的农民保持原有生活水平的，经省、自治区、直辖市人民政府批准，可以增加安置补助费。但是，土地补偿费和安置补助费的总和不得超过土地被征用前三年平均年产值的三十倍。

国务院根据社会、经济发展水平，在特殊情况下，可以提高征用耕地的土地补偿费和安置补助费的标准。

第四十八条　征地补偿安置方案确定后，有关地方人民政府应当公告，并听取被征地的农村集体经济组织和农民的意见。

第四十九条　被征地的农村集体经济组织应当将征用土地的补偿费用的收支状况向本集体经济组织的成员公布，接受监督。

禁止侵占、挪用被征用土地单位的征地补偿费用和其他有关费用。

第五十条　地方各级人民政府应当支持被征地的农村集体经济组织和农民从事开发经营，兴办企业。

第五十一条　大中型水利、水电工程建设征用土地的补偿费标准和移民安置办法，由国务院另行规定。

第五十二条　建设项目可行性研究论证时，土地行政主管部门可以根据土地利用总体规划、土地利用年度计划和建设用地标准，对建设用地有关事项进行审查，并提出意见。

第五十三条　经批准的建设项目需要使用国有建设用地的，建设单位应当持法律、行政法规规定的有关文件，向有批准权的县级以上人民政府土地行政主管部门提出建设用地申请，经土地行政主管部门审查，报本级人民政府批准。

第五十四条　建设单位使用国有土地，应当以出让等有偿使用方式取得；但是，下列建设用地，经县级以上人民政府依法批准，可以以划拨方式取得：

（一）国家机关用地和军事用地；

（二）城市基础设施用地和公益事业用地；

（三）国家重点扶持的能源、交通、水利等基础设施用地；

（四）法律、行政法规规定的其他用地。

第五十五条　以出让等有偿使用方式取得国有土地使用权的建设单位，按照国务院规定的标准和办法，缴纳土地使用权出让金等土地有偿使用费和其他费用后，方可使用土地。

自本法施行之日起，新增建设用地的土地有偿使用费，百分之三十上缴中央财政，百分之七十留给有关地方人民政府，都专项用于耕地开发。

第五十六条　建设单位使用国有土地的，应当按照土地使用权出让等有偿使用合同的约定或者土地使用权划拨批准文件的规定使用土地；确需改变该幅土地建设用途的，应当经有关人民政府土地行政主管部门同意，报原批准用地的人民政府批准。其中，在城市规划区内改变土地用途的，在报批前，应当先经有关城市规划行政主管部门同意。

第五十七条　建设项目施工和地质勘查需要临时使用国有土地或者农民集体所有的土地的，由县级以上人民政府土地行政主管部门批准。其中，在城市规划区内的临时用地，在报批前，应当先经有关城市规划行政主管部门同意。土地使用者应当根据土地权属，与有关土地行政主管部门或者农村集体经济组织、村民委员会签订临时使用土地合同，并按照合同的约定支付临时使用土地补偿费。

临时使用土地的使用者应当按照临时使用土地合同约定的用途使用土地，并不得修建永久性建筑物。

临时使用土地期限一般不超过二年。

第五十八条　有下列情形之一的，由有关人民政府土地行政主管部门报经原批准用地的人民政府或者有批准权的人民政府批准，可以收回国有土地使用权：

（一）为公共利益需要使用土地的；

（二）为实施城市规划进行旧城区改建，需要调整使用土地的；

（三）土地出让等有偿使用合同约定的使用期限届满，土地使用者未申请续期或者申请续期未获批准的；

（四）因单位撤销、迁移等原因，停止使用原划拨的国有土地的；

（五）公路、铁路、机场、矿场等经核准报废的。

依照前款第（一）项、第（二）项的规定收回国有土地使用权的，对土地使用权人应当给予适当补偿。

第五十九条　乡镇企业、乡（镇）村公共设施、公益事业、农村村民住宅等乡（镇）村建设，应当按照村庄和集镇规划，合理布局，综合开发，配套建设；建设用地，应当符合乡（镇）土地利用总体规划和土地利用年度计划，并依照本法第四十四条、第六十条、第六十一条、第六十二条的规定办理审批手续。

第六十条　农村集体经济组织使用乡（镇）土地利用总体规划确定的建设用地兴办企业或者与其他单位、个人以土地使用权入股、联营等形式共同举办企业的，应当持有关批准文件，向县级以上地方人民政府土地行政主管部门提出申请，按照省、自治区、直辖市规定的批准权限，由县级以上地方人民政府批准；其中，涉及占用农用地的，依照本法第四十四条的规定办理审批手续。

按照前款规定兴办企业的建设用地，必须严格控制。省、自治区、直辖市可以按照乡镇企业的不同行业和经营规模，分别规定用地标准。

第六十一条　乡（镇）村公共设施、公益事业建设，需要使用土地的，经乡（镇）人民政府审核，向县级以上地方人民政府土地行政主管部门提出申请，按照省、自治区、直辖市规定的批准权限，由县级以上地方人民政府批准；其中，涉及占用农用地的，依照本法第四十四条的规定办理审批手续。

第六十二条　农村村民一户只能拥有一处宅基地，其宅基地的面积不得超过省、自治区、直辖市规定的标准。

农村村民建住宅，应当符合乡（镇）土地利用总体规划，并尽量使用原有的宅基地和村内空闲地。

农村村民住宅用地，经乡（镇）人民政府审核，由县级人民政府批准；其中，涉及占用农用地的，依照本法第四十四条的规定办理审批手续。

农村村民出卖、出租住房后，再申请宅基地的，不予批准。

第六十三条　农民集体所有的土地的使用权不得出让、转让或者出租用于非农业建设；但是，符合土地利用总体规划并依法取得建设用地的企业，因破产、兼并等情形致使土地使用权依法发生转移的除外。

第六十四条　在土地利用总体规划制定前已建的不符合土地利用总体规划确定的用途的建筑物、构筑物，不得重建、扩建。

第六十五条　有下列情形之一的，农村集体经济组织报经原批准用地的人民政府批准，可以收回土地使用权：

（一）为乡（镇）村公共设施和公益事业建设，需要使用土地的；

（二）不按照批准的用途使用土地的；

（三）因撤销、迁移等原因而停止使用土地的。

依照前款第（一）项规定收回农民集体所有的土地的，对土地使用权人应当给予适当补偿。

第六章　监督检查

第六十六条　县级以上人民政府土地行政主管部门对违反土地管理

法律、法规的行为进行监督检查。

土地管理监督检查人员应当熟悉土地管理法律、法规，忠于职守、秉公执法。

第六十七条　县级以上人民政府土地行政主管部门履行监督检查职责时，有权采取下列措施：

（一）要求被检查的单位或者个人提供有关土地权利的文件和资料，进行查阅或者予以复制；

（二）要求被检查的单位或者个人就有关土地权利的问题作出说明；

（三）进入被检查单位或者个人非法占用的土地现场进行勘测；

（四）责令非法占用土地的单位或者个人停止违反土地管理法律、法规的行为。

第六十八条　土地管理监督检查人员履行职责，需要进入现场进行勘测、要求有关单位或者个人提供文件、资料和作出说明的，应当出示土地管理监督检查证件。

第六十九条　有关单位和个人对县级以上人民政府土地行政主管部门就土地违法行为进行的监督检查应当支持与配合，并提供工作方便，不得拒绝与阻碍土地管理监督检查人员依法执行职务。

第七十条　县级以上人民政府土地行政主管部门在监督检查工作中发现国家工作人员的违法行为，依法应当给予行政处分的，应当依法予以处理；自己无权处理的，应当向同级或者上级人民政府的行政监察机关提出行政处分建议书，有关行政监察机关应当依法予以处理。

第七十一条　县级以上人民政府土地行政主管部门在监督检查工作中发现土地违法行为构成犯罪的，应当将案件移送有关机关，依法追究刑事责任；不构成犯罪的，应当依法给予行政处罚。

第七十二条　依照本法规定应当给予行政处罚，而有关土地行政主管部门不给予行政处罚的，上级人民政府土地行政主管部门有权责令有关土地行政主管部门作出行政处罚决定或者直接给予行政处罚，并给予有关土地行政主管部门的负责人行政处分。

第七章　法律责任

第七十三条　买卖或者以其他形式非法转让土地的，由县级以上人民政府土地行政主管部门没收违法所得；对违反土地利用总体规划擅自将农用地改为建设用地的，限期拆除在非法转让的土地上新建的建筑物和其他设施，恢复土地原状，对符合土地利用总体规划的，没收在非法转让的土地上新建的建筑物和其他设施；可以并处罚款；对直接负责的主管人员和其他直接责任人员，依法给予行政处分；构成犯罪的，依法追究刑事责任。

第七十四条　违反本法规定，占用耕地建窑、建坟或者擅自在耕地上建房、挖砂、采石、采矿、取土等，破坏种植条件的，或者因开发土地造成土地荒漠化、盐渍化的，由县级以上人民政府土地行政主管部门责令限期改正或者治理，可以并处罚款；构成犯罪的，依法追究刑事责任。

第七十五条　违反本法规定，拒不履行土地复垦义务的，由县级以上人民政府土地行政主管部门责令限期改正；逾期不改正的，责令缴纳复垦费，专项用于土地复垦，可以处以罚款。

第七十六条　未经批准或者采取欺骗手段骗取批准，非法占用土地的，由县级以上人民政府土地行政主管部门责令退还非法占用的土地，对违反土地利用总体规划擅自将农用地改为建设用地的，限期拆除在非法占用的土地上新建的建筑物和其他设施，恢复土地原状，对符合土地利用总体规划的，没收在非法占用的土地上新建的建筑物和其他设施，可以并处罚款；对非法占用土地单位的直接负责的主管人员和其他直接责任人员，依法给予行政处分；构成犯罪的，依法追究刑事责任。

超过批准的数量占用土地，多占的土地以非法占用土地论处。

第七十七条　农村村民未经批准或者采取欺骗手段骗取批准，非法占用土地建住宅的，由县级以上人民政府土地行政主管部门责令退还非法占用的土地，限期拆除在非法占用的土地上新建的房屋。

超过省、自治区、直辖市规定的标准，多占的土地以非法占用土地论处。

第七十八条　无权批准征用、使用土地的单位或者个人非法批准占用土地的，超越批准权限非法批准占用土地的，不按照土地利用总体规划确定的用途批准用地的，或者违反法律规定的程序批准占用、征用土地的，其批准文件无效，对非法批准征用、使用土地的直接负责的主管人员和其他直接责任人员，依法给予行政处分；构成犯罪的，依法追究刑事责任。非法批准、使用的土地应当收回，有关当事人拒不归还的，以非法占用土地论处。

非法批准征用、使用土地，对当事人造成损失的，依法应当承担赔偿责任。

第七十九条 侵占、挪用被征用土地单位的征地补偿费用和其他有关费用，构成犯罪的，依法追究刑事责任；尚不构成犯罪的，依法给予行政处分。

第八十条 依法收回国有土地使用权当事人拒不交出土地的，临时使用土地期满拒不归还的，或者不按照批准的用途使用国有土地的，由县级以上人民政府土地行政主管部门责令交还土地，处以罚款。

第八十一条 擅自将农民集体所有的土地的使用权出让、转让或者出租用于非农业建设的，由县级以上人民政府土地行政主管部门责令限期改正，没收违法所得，并处罚款。

第八十二条 不依照本法规定办理土地变更登记的，由县级以上人民政府土地行政主管部门责令其限期办理。

第八十三条 依照本法规定，责令限期拆除在非法占用的土地上新建的建筑物和其他设施的，建设单位或者个人必须立即停止施工，自行拆除；对继续施工的，作出处罚决定的机关有权制止。建设单位或者个人对责令限期拆除的行政处罚决定不服的，可以在接到责令限期拆除决定之日起十五日内，向人民法院起诉；期满不起诉又不自行拆除的，由作出处罚决定的机关依法申请人民法院强制执行，费用由违法者承担。

第八十四条 土地行政主管部门的工作人员玩忽职守、滥用职权、徇私舞弊，构成犯罪的，依法追究刑事责任；尚不构成犯罪的，依法给予行政处分。

第八章 附则

第八十五条 中外合资经营企业、中外合作经营企业、外资企业使用土地的，适用本法；法律另有规定的，从其规定。

第八十六条 本法自1999年1月1日起施行。

附录三

《中华人民共和国土地管理法》（2019年）

《中华人民共和国土地管理法》于1986年6月25日第六届全国人民代表大会常务委员会第十六次会议通过，根据1988年12月29日第七届全国人民代表大会常务委员会第五次会议《关于修改〈中华人民共和国土地管理法〉的决定》第一次修正，1998年8月29日第九届全国人民代表大会常务委员会第四次会议修订，根据2004年8月28日第十届全国人民代表大会常务委员会第十一次会议《关于修改〈中华人民共和国土地管理法〉的决定》第二次修正，根据2019年8月26日第十三届全国人民代表大会常务委员会第十二次会议《关于修改〈中华人民共和国土地管理法〉、〈中华人民共和国城市房地产管理法〉的决定》第三次修正。

第一章 总则

第一条 为了加强土地管理，维护土地的社会主义公有制，保护、开发土地资源，合理利用土地，切实保护耕地，促进社会经济的可持续发展，根据宪法，制定本法。

第二条 中华人民共和国实行土地的社会主义公有制，即全民所有制和劳动群众集体所有制。

全民所有，即国家所有土地的所有权由国务院代表国家行使。

任何单位和个人不得侵占、买卖或者以其他形式非法转让土地。土地使用权可以依法转让。

国家为了公共利益的需要，可以依法对土地实行征收或者征用并给予补偿。

国家依法实行国有土地有偿使用制度。但是，国家在法律规定的范围内划拨国有土地使用权的除外。

第三条　十分珍惜、合理利用土地和切实保护耕地是我国的基本国策。各级人民政府应当采取措施，全面规划，严格管理，保护、开发土地资源，制止非法占用土地的行为。

第四条　国家实行土地用途管制制度。

国家编制土地利用总体规划，规定土地用途，将土地分为农用地、建设用地和未利用地。严格限制农用地转为建设用地，控制建设用地总量，对耕地实行特殊保护。

前款所称农用地是指直接用于农业生产的土地，包括耕地、林地、草地、农田水利用地、养殖水面等；建设用地是指建造建筑物、构筑物的土地，包括城乡住宅和公共设施用地、工矿用地、交通水利设施用地、旅游用地、军事设施用地等；未利用地是指农用地和建设用地以外的土地。

使用土地的单位和个人必须严格按照土地利用总体规划确定的用途使用土地。

第五条　国务院自然资源主管部门统一负责全国土地的管理和监督工作。

县级以上地方人民政府自然资源主管部门的设置及其职责，由省、自治区、直辖市人民政府根据国务院有关规定确定。

第六条　国务院授权的机构对省、自治区、直辖市人民政府以及国务院确定的城市人民政府土地利用和土地管理情况进行督察。

第七条　任何单位和个人都有遵守土地管理法律、法规的义务，并有权对违反土地管理法律、法规的行为提出检举和控告。

第八条　在保护和开发土地资源、合理利用土地以及进行有关的科学研究等方面成绩显著的单位和个人，由人民政府给予奖励。

第二章　土地的所有权和使用权

第九条　城市市区的土地属于国家所有。

农村和城市郊区的土地，除由法律规定属于国家所有的以外，属于农民集体所有；宅基地和自留地、自留山，属于农民集体所有。

第十条　国有土地和农民集体所有的土地，可以依法确定给单位或者个人使用。使用土地的单位和个人，有保护、管理和合理利用土地的义务。

第十一条　农民集体所有的土地依法属于村农民集体所有的，由村集体经济组织或者村民委员会经营、管理；已经分别属于村内两个以上农村集体经济组织的农民集体所有的，由村内各该农村集体经济组织或者村民小组经营、管理；已经属于乡（镇）农民集体所有的，由乡（镇）农村集体经济组织经营、管理。

第十二条　土地的所有权和使用权的登记，依照有关不动产登记的法律、行政法规执行。

依法登记的土地的所有权和使用权受法律保护，任何单位和个人不得侵犯。

第十三条　农民集体所有和国家所有依法由农民集体使用的耕地、林地、草地，以及其他依法用于农业的土地，采取农村集体经济组织内部的家庭承包方式承包，不宜采取家庭承包方式的荒山、荒沟、荒丘、荒滩等，可以采取招标、拍卖、公开协商等方式承包，从事种植业、林业、畜牧业、渔业生产。家庭承包的耕地的承包期为三十年，草地的承包期为三十年至五十年，林地的承包期为三十年至七十年；耕地承包期届满后再延长三十年，草地、林地承包期届满后依法相应延长。

国家所有依法用于农业的土地可以由单位或者个人承包经营，从事种植业、林业、畜牧业、渔业生产。

发包方和承包方应当依法订立承包合同，约定双方的权利和义务。承包经营土地的单位和个人，有保护和按照承包合同约定的用途合理利用土地的义务。

第十四条　土地所有权和使用权争议，由当事人协商解决；协商不成的，由人民政府处理。

单位之间的争议，由县级以上人民政府处理；个人之间、个人与单位之间的争议，由乡级人民政府或者县级以上人民政府处理。

当事人对有关人民政府的处理决定不服的，可以自接到处理决定通知之日起三十日内,向人民法院起诉。

在土地所有权和使用权争议解决前,任何一方不得改变土地利用现状。

第三章　土地利用总体规划

第十五条　各级人民政府应当依据国民经济和社会发展规划、国土整治和资源环境保护的要求、土地供给能力以及各项建设对土地的需求,组织编制土地利用总体规划。

土地利用总体规划的规划期限由国务院规定。

第十六条　下级土地利用总体规划应当依据上一级土地利用总体规划编制。

地方各级人民政府编制的土地利用总体规划中的建设用地总量不得超过上一级土地利用总体规划确定的控制指标,耕地保有量不得低于上一级土地利用总体规划确定的控制指标。

省、自治区、直辖市人民政府编制的土地利用总体规划,应当确保本行政区域内耕地总量不减少。

第十七条　土地利用总体规划按照下列原则编制:

(一)落实国土空间开发保护要求,严格土地用途管制;

(二)严格保护永久基本农田,严格控制非农业建设占用农用地;

(三)提高土地节约集约利用水平;

(四)统筹安排城乡生产、生活、生态用地,满足乡村产业和基础设施用地合理需求,促进城乡融合发展;

(五)保护和改善生态环境,保障土地的可持续利用;

(六)占用耕地与开发复垦耕地数量平衡、质量相当。

第十八条　国家建立国土空间规划体系。编制国土空间规划应当坚持生态优先,绿色、可持续发展,科学有序统筹安排生态、农业、城镇等功能空间,优化国土空间结构和布局,提升国土空间开发、保护的质量和效率。

经依法批准的国土空间规划是各类开发、保护、建设活动的基本依据。已经编制国土空间规划的,不再编制土地利用总体规划和城乡规划。

第十九条　县级土地利用总体规划应当划分土地利用区,明确土地用途。

乡（镇）土地利用总体规划应当划分土地利用区，根据土地使用条件，确定每一块土地的用途，并予以公告。

第二十条　土地利用总体规划实行分级审批。

省、自治区、直辖市的土地利用总体规划，报国务院批准。

省、自治区人民政府所在地的市、人口在一百万以上的城市以及国务院指定的城市的土地利用总体规划，经省、自治区人民政府审查同意后，报国务院批准。

本条第二款、第三款规定以外的土地利用总体规划，逐级上报省、自治区、直辖市人民政府批准；其中，乡（镇）土地利用总体规划可以由省级人民政府授权的设区的市、自治州人民政府批准。

土地利用总体规划一经批准，必须严格执行。

第二十一条　城市建设用地规模应当符合国家规定的标准，充分利用现有建设用地，不占或者尽量少占农用地。

城市总体规划、村庄和集镇规划，应当与土地利用总体规划相衔接，城市总体规划、村庄和集镇规划中建设用地规模不得超过土地利用总体规划确定的城市和村庄、集镇建设用地规模。

在城市规划区内、村庄和集镇规划区内，城市和村庄、集镇建设用地应当符合城市规划、村庄和集镇规划。

第二十二条　江河、湖泊综合治理和开发利用规划，应当与土地利用总体规划相衔接。在江河、湖泊、水库的管理和保护范围以及蓄洪滞洪区内，土地利用应当符合江河、湖泊综合治理和开发利用规划，符合河道、湖泊行洪、蓄洪和输水的要求。

第二十三条　各级人民政府应当加强土地利用计划管理，实行建设用地总量控制。

土地利用年度计划，根据国民经济和社会发展计划、国家产业政策、土地利用总体规划以及建设用地和土地利用的实际状况编制。土地利用年度计划应当对本法第六十三条规定的集体经营性建设用地作出合理安排。土地利用年度计划的编制审批程序与土地利用总体规划的编制审批程序相同，一经审批下达，必须严格执行。

第二十四条　省、自治区、直辖市人民政府应当将土地利用年度计划的执行情况列为国民经济和社会发展计划执行情况的内容，向同级人民代表大会报告。

第二十五条　经批准的土地利用总体规划的修改，须经原批准机关批准；未经批准，不得改变土地利用总体规划确定的土地用途。

经国务院批准的大型能源、交通、水利等基础设施建设用地，需要改变土地利用总体规划的，根据国务院的批准文件修改土地利用总体规划。

经省、自治区、直辖市人民政府批准的能源、交通、水利等基础设施建设用地，需要改变土地利用总体规划的，属于省级人民政府土地利用总体规划批准权限内的，根据省级人民政府的批准文件修改土地利用总体规划。

第二十六条　国家建立土地调查制度。

县级以上人民政府自然资源主管部门会同同级有关部门进行土地调查。土地所有者或者使用者应当配合调查，并提供有关资料。

第二十七条　县级以上人民政府自然资源主管部门会同同级有关部门根据土地调查成果、规划土地用途和国家制定的统一标准，评定土地等级。

第二十八条　国家建立土地统计制度。

县级以上人民政府统计机构和自然资源主管部门依法进行土地统计调查，定期发布土地统计资料。土地所有者或者使用者应当提供有关资料，不得拒报、迟报，不得提供不真实、不完整的资料。

统计机构和自然资源主管部门共同发布的土地面积统计资料是各级人民政府编制土地利用总体规划的依据。

第二十九条　国家建立全国土地管理信息系统，对土地利用状况进行动态监测。

第四章　耕地保护

第三十条　国家保护耕地，严格控制耕地转为非耕地。

国家实行占用耕地补偿制度。非农业建设经批准占用耕地的，按照"占多少，垦多少"的原则，由占用耕地的单位负责开垦与所占用耕地的数量和质量相当的耕地；没有条件开垦或者开垦的耕地不符合要求的，应当按照省、自治区、直辖市的规定缴纳耕地开垦费，专款用于开垦新的耕地。

省、自治区、直辖市人民政府应当制定开垦耕地计划，监督占用耕地的单位按照计划开垦耕地或者按照计划组织开垦耕地，并进行验收。

第三十一条 县级以上地方人民政府可以要求占用耕地的单位将所占用耕地耕作层的土壤用于新开垦耕地、劣质地或者其他耕地的土壤改良。

第三十二条 省、自治区、直辖市人民政府应当严格执行土地利用总体规划和土地利用年度计划，采取措施，确保本行政区域内耕地总量不减少、质量不降低。耕地总量减少的，由国务院责令在规定期限内组织开垦与所减少耕地的数量与质量相当的耕地；耕地质量降低的，由国务院责令在规定期限内组织整治。新开垦和整治的耕地由国务院自然资源主管部门会同农业农村主管部门验收。

个别省、直辖市确因土地后备资源匮乏，新增建设用地后，新开垦耕地的数量不足以补偿所占用耕地的数量的，必须报经国务院批准减免本行政区域内开垦耕地的数量，易地开垦数量和质量相当的耕地。

第三十三条 国家实行永久基本农田保护制度。下列耕地应当根据土地利用总体规划划为永久基本农田，实行严格保护：

（一）经国务院农业农村主管部门或者县级以上地方人民政府批准确定的粮、棉、油、糖等重要农产品生产基地内的耕地；

（二）有良好的水利与水土保持设施的耕地，正在实施改造计划以及可以改造的中、低产田和已建成的高标准农田；

（三）蔬菜生产基地；

（四）农业科研、教学试验田；

（五）国务院规定应当划为永久基本农田的其他耕地。

各省、自治区、直辖市划定的永久基本农田一般应当占本行政区域内耕地的百分之八十以上，具体比例由国务院根据各省、自治区、直辖市耕地实际情况规定。

第三十四条 永久基本农田划定以乡（镇）为单位进行，由县级人民政府自然资源主管部门会同同级农业农村主管部门组织实施。永久基本农田应当落实到地块，纳入国家永久基本农田数据库严格管理。

乡（镇）人民政府应当将永久基本农田的位置、范围向社会公告，并设立保护标志。

第三十五条　永久基本农田经依法划定后，任何单位和个人不得擅自占用或者改变其用途。国家能源、交通、水利、军事设施等重点建设项目选址确实难以避让永久基本农田，涉及农用地转用或者土地征收的，必须经国务院批准。

禁止通过擅自调整县级土地利用总体规划、乡（镇）土地利用总体规划等方式规避永久基本农田农用地转用或者土地征收的审批。

第三十六条　各级人民政府应当采取措施，引导因地制宜轮作休耕，改良土壤，提高地力，维护排灌工程设施，防止土地荒漠化、盐渍化、水土流失和土壤污染。

第三十七条　非农业建设必须节约使用土地，可以利用荒地的，不得占用耕地；可以利用劣地的，不得占用好地。

禁止占用耕地建窑、建坟或者擅自在耕地上建房、挖砂、采石、采矿、取土等。

禁止占用永久基本农田发展林果业和挖塘养鱼。

第三十八条　禁止任何单位和个人闲置、荒芜耕地。已经办理审批手续的非农业建设占用耕地，一年内不用而又可以耕种并收获的，应当由原耕种该幅耕地的集体或者个人恢复耕种，也可以由用地单位组织耕种；一年以上未动工建设的，应当按照省、自治区、直辖市的规定缴纳闲置费；连续二年未使用的，经原批准机关批准，由县级以上人民政府无偿收回用地单位的土地使用权；该幅土地原为农民集体所有的，应当交由原农村集体经济组织恢复耕种。

在城市规划区范围内，以出让方式取得土地使用权进行房地产开发的闲置土地，依照《中华人民共和国城市房地产管理法》的有关规定办理。

第三十九条　国家鼓励单位和个人按照土地利用总体规划，在保护和改善生态环境、防止水土流失和土地荒漠化的前提下，开发未利用的土地；适宜开发为农用地的，应当优先开发成农用地。

国家依法保护开发者的合法权益。

第四十条　开垦未利用的土地，必须经过科学论证和评估，在土地利用总体规划划定的可开垦的区域内，经依法批准后进行。禁止毁坏森林、草原开垦耕地，禁止围湖造田和侵占江河滩地。

根据土地利用总体规划，对破坏生态环境开垦、围垦的土地，有计划有步骤地退耕还林、还牧、还湖。

第四十一条　开发未确定使用权的国有荒山、荒地、荒滩从事种植业、林业、畜牧业、渔业生产的，经县级以上人民政府依法批准，可以确定给开发单位或者个人长期使用。

第四十二条　国家鼓励土地整理。县、乡（镇）人民政府应当组织农村集体经济组织，按照土地利用总体规划，对田、水、路、林、村综合整治，提高耕地质量，增加有效耕地面积，改善农业生产条件和生态环境。

地方各级人民政府应当采取措施，改造中、低产田，整治闲散地和废弃地。

第四十三条　因挖损、塌陷、压占等造成土地破坏，用地单位和个人应当按照国家有关规定负责复垦；没有条件复垦或者复垦不符合要求的，应当缴纳土地复垦费，专项用于土地复垦。复垦的土地应当优先用于农业。

第五章　建设用地

第四十四条　建设占用土地，涉及农用地转为建设用地的，应当办理农用地转用审批手续。

永久基本农田转为建设用地的，由国务院批准。

在土地利用总体规划确定的城市和村庄、集镇建设用地规模范围内，为实施该规划而将永久基本农田以外的农用地转为建设用地的，按土地利用年度计划分批次按照国务院规定由原批准土地利用总体规划的机关或者其授权的机关批准。在已批准的农用地转用范围内，具体建设项目用地可以由市、县人民政府批准。

在土地利用总体规划确定的城市和村庄、集镇建设用地规模范围外，将永久基本农田以外的农用地转为建设用地的，由国务院或者国务院授权的省、自治区、直辖市人民政府批准。

第四十五条　为了公共利益的需要，有下列情形之一，确需征收农民集体所有的土地的，可以依法实施征收：

（一）军事和外交需要用地的；

（二）由政府组织实施的能源、交通、水利、通信、邮政等基础设施建设需要用地的；

（三）由政府组织实施的科技、教育、文化、卫生、体育、生态环境和资源保护、防灾减灾、文物保护、社区综合服务、社会福利、市政公用、优抚安置、英烈保护等公共事业需要用地的；

（四）由政府组织实施的扶贫搬迁、保障性安居工程建设需要用地的；

（五）在土地利用总体规划确定的城镇建设用地范围内，经省级以上人民政府批准由县级以上地方人民政府组织实施的成片开发建设需要用地的；

（六）法律规定为公共利益需要可以征收农民集体所有的土地的其他情形。

前款规定的建设活动，应当符合国民经济和社会发展规划、土地利用总体规划、城乡规划和专项规划；第（四）项、第（五）项规定的建设活动，还应当纳入国民经济和社会发展年度计划；第（五）项规定的成片开发并应当符合国务院自然资源主管部门规定的标准。

第四十六条 征收下列土地的，由国务院批准：

（一）永久基本农田；

（二）永久基本农田以外的耕地超过三十五公顷的；

（三）其他土地超过七十公顷的。

征收前款规定以外的土地的，由省、自治区、直辖市人民政府批准。

征收农用地的，应当依照本法第四十四条的规定先行办理农用地转用审批。其中，经国务院批准农用地转用的，同时办理征地审批手续，不再另行办理征地审批；经省、自治区、直辖市人民政府在征地批准权限内批准农用地转用的，同时办理征地审批手续，不再另行办理征地审批，超过征地批准权限的，应当依照本条第一款的规定另行办理征地审批。

第四十七条 国家征收土地的，依照法定程序批准后，由县级以上地方人民政府予以公告并组织实施。

县级以上地方人民政府拟申请征收土地的，应当开展拟征收土地现状调查和社会稳定风险评估，并将征收范围、土地现状、征收目的、补偿标准、安置方式和社会保障等在拟征收土地所在的乡（镇）和村、村民小组范围内公告至少三十日，听取被征地的农村集体经济组织及其成员、村民委员会和其他利害关系人的意见。

多数被征地的农村集体经济组织成员认为征地补偿安置方案不符合法律、法规规定的，县级以上地方人民政府应当组织召开听证会，并根据法律、法规的规定和听证会情况修改方案。

拟征收土地的所有权人、使用权人应当在公告规定期限内，持不动产权属证明材料办理补偿登记。县级以上地方人民政府应当组织有关部门测算并落实有关费用，保证足额到位，与拟征收土地的所有权人、使用权人就补偿、安置等签订协议；个别确实难以达成协议的，应当在申请征收土地时如实说明。

相关前期工作完成后，县级以上地方人民政府方可申请征收土地。

第四十八条　征收土地应当给予公平、合理的补偿，保障被征地农民原有生活水平不降低、长远生计有保障。

征收土地应当依法及时足额支付土地补偿费、安置补助费以及农村村民住宅、其他地上附着物和青苗等的补偿费用，并安排被征地农民的社会保障费用。

征收农用地的土地补偿费、安置补助费标准由省、自治区、直辖市通过制定公布区片综合地价确定。制定区片综合地价应当综合考虑土地原用途、土地资源条件、土地产值、土地区位、土地供求关系、人口以及经济社会发展水平等因素，并至少每三年调整或者重新公布一次。

征收农用地以外的其他土地、地上附着物和青苗等的补偿标准，由省、自治区、直辖市制定。对其中的农村村民住宅，应当按照先补偿后搬迁、居住条件有改善的原则，尊重农村村民意愿，采取重新安排宅基地建房、提供安置房或者货币补偿等方式给予公平、合理的补偿，并对因征收造成的搬迁、临时安置等费用予以补偿，保障农村村民居住的权利和合法的住房财产权益。

县级以上地方人民政府应当将被征地农民纳入相应的养老等社会保障体系。被征地农民的社会保障费用主要用于符合条件的被征地农民的养老保险等社会保险缴费补贴。被征地农民社会保障费用的筹集、管理和使用办法，由省、自治区、直辖市制定。

第四十九条　被征地的农村集体经济组织应当将征收土地的补偿费用的收支状况向本集体经济组织的成员公布，接受监督。

禁止侵占、挪用被征收土地单位的征地补偿费用和其他有关费用。

第五十条　地方各级人民政府应当支持被征地的农村集体经济组织和农民从事开发经营，兴办企业。

第五十一条　大中型水利、水电工程建设征收土地的补偿费标准和移民安置办法，由国务院另行规定。

第五十二条　建设项目可行性研究论证时，自然资源主管部门可以根据土地利用总体规划、土地利用年度计划和建设用地标准，对建设用地有关事项进行审查，并提出意见。

第五十三条　经批准的建设项目需要使用国有建设用地的，建设单位应当持法律、行政法规规定的有关文件，向有批准权的县级以上人民政府自然资源主管部门提出建设用地申请，经自然资源主管部门审查，报本级人民政府批准。

第五十四条　建设单位使用国有土地，应当以出让等有偿使用方式取得；但是，下列建设用地，经县级以上人民政府依法批准，可以以划拨方式取得：

（一）国家机关用地和军事用地；

（二）城市基础设施用地和公益事业用地；

（三）国家重点扶持的能源、交通、水利等基础设施用地；

（四）法律、行政法规规定的其他用地。

第五十五条　以出让等有偿使用方式取得国有土地使用权的建设单位，按照国务院规定的标准和办法，缴纳土地使用权出让金等土地有偿使用费和其他费用后，方可使用土地。

自本法施行之日起，新增建设用地的土地有偿使用费，百分之三十上缴中央财政，百分之七十留给有关地方人民政府。具体使用管理办法由国务院财政部门会同有关部门制定，并报国务院批准。

第五十六条　建设单位使用国有土地的，应当按照土地使用权出让等有偿使用合同的约定或者土地使用权划拨批准文件的规定使用土地；

确需改变该幅土地建设用途的，应当经有关人民政府自然资源主管部门同意，报原批准用地的人民政府批准。其中，在城市规划区内改变土地用途的，在报批前，应当先经有关城市规划行政主管部门同意。

第五十七条　建设项目施工和地质勘查需要临时使用国有土地或者农民集体所有的土地的，由县级以上人民政府自然资源主管部门批准。其中，在城市规划区内的临时用地，在报批前，应当先经有关城市规划行政主管部门同意。土地使用者应当根据土地权属，与有关自然资源主管部门或者农村集体经济组织、村民委员会签订临时使用土地合同，并按照合同的约定支付临时使用土地补偿费。

临时使用土地的使用者应当按照临时使用土地合同约定的用途使用土地，并不得修建永久性建筑物。

临时使用土地期限一般不超过二年。

第五十八条　有下列情形之一的，由有关人民政府自然资源主管部门报经原批准用地的人民政府或者有批准权的人民政府批准，可以收回国有土地使用权：

（一）为实施城市规划进行旧城区改建以及其他公共利益需要，确需使用土地的；

（二）土地出让等有偿使用合同约定的使用期限届满，土地使用者未申请续期或者申请续期未获批准的；

（三）因单位撤销、迁移等原因，停止使用原划拨的国有土地的；

（四）公路、铁路、机场、矿场等经核准报废的。

依照前款第（一）项的规定收回国有土地使用权的，对土地使用权人应当给予适当补偿。

第五十九条　乡镇企业、乡（镇）村公共设施、公益事业、农村村民住宅等乡（镇）村建设，应当按照村庄和集镇规划，合理布局，综合开发，配套建设；建设用地，应当符合乡（镇）土地利用总体规划和土地利用年度计划，并依照本法第四十四条、第六十条、第六十一条、第六十二条的规定办理审批手续。

第六十条　农村集体经济组织使用乡（镇）土地利用总体规划确定的建设用地兴办企业或者与其他单位、个人以土地使用权入股、联营等形式共同举办企业的，应当持有关批准文件，向县级以上地方人民政府自然资源主管部门提出申请，按照省、自治区、直辖市规定的批准权限，由县级以上地方人民政府批准；其中，涉及占用农用地的，依照本法第四十四条的规定办理审批手续。

按照前款规定兴办企业的建设用地，必须严格控制。省、自治区、直辖市可以按照乡镇企业的不同行业和经营规模，分别规定用地标准。

第六十一条 乡（镇）村公共设施、公益事业建设，需要使用土地的，经乡（镇）人民政府审核，向县级以上地方人民政府自然资源主管部门提出申请，按照省、自治区、直辖市规定的批准权限，由县级以上地方人民政府批准；其中，涉及占用农用地的，依照本法第四十四条的规定办理审批手续。

第六十二条 农村村民一户只能拥有一处宅基地，其宅基地的面积不得超过省、自治区、直辖市规定的标准。

人均土地少、不能保障一户拥有一处宅基地的地区，县级人民政府在充分尊重农村村民意愿的基础上，可以采取措施，按照省、自治区、直辖市规定的标准保障农村村民实现户有所居。

农村村民建住宅，应当符合乡（镇）土地利用总体规划、村庄规划，不得占用永久基本农田，并尽量使用原有的宅基地和村内空闲地。编制乡（镇）土地利用总体规划、村庄规划应当统筹并合理安排宅基地用地，改善农村村民居住环境和条件。

农村村民住宅用地，由乡（镇）人民政府审核批准；其中，涉及占用农用地的，依照本法第四十四条的规定办理审批手续。

农村村民出卖、出租、赠与住宅后，再申请宅基地的，不予批准。

国家允许进城落户的农村村民依法自愿有偿退出宅基地，鼓励农村集体经济组织及其成员盘活利用闲置宅基地和闲置住宅。

国务院农业农村主管部门负责全国农村宅基地改革和管理有关工作。

第六十三条 土地利用总体规划、城乡规划确定为工业、商业等经营性用途，并经依法登记的集体经营性建设用地，土地所有权人可以通过出让、出租等方式交由单位或者个人使用，并应当签订书面合同，载明土地界址、面积、动工期限、使用期限、土地用途、规划条件和双方其他权利义务。

前款规定的集体经营性建设用地出让、出租等，应当经本集体经济组织成员的村民会议三分之二以上成员或者三分之二以上村民代表的同意。

通过出让等方式取得的集体经营性建设用地使用权可以转让、互换、出资、赠与或者抵押，但法律、行政法规另有规定或者土地所有权人、土地使用权人签订的书面合同另有约定的除外。

集体经营性建设用地的出租，集体建设用地使用权的出让及其最高年限、转让、互换、出资、赠与、抵押等，参照同类用途的国有建设用地执行。具体办法由国务院制定。

第六十四条　集体建设用地的使用者应当严格按照土地利用总体规划、城乡规划确定的用途使用土地。

第六十五条　在土地利用总体规划制定前已建的不符合土地利用总体规划确定的用途的建筑物、构筑物，不得重建、扩建。

第六十六条　有下列情形之一的，农村集体经济组织报经原批准用地的人民政府批准，可以收回土地使用权：

（一）为乡（镇）村公共设施和公益事业建设，需要使用土地的；

（二）不按照批准的用途使用土地的；

（三）因撤销、迁移等原因而停止使用土地的。

依照前款第（一）项规定收回农民集体所有的土地的，对土地使用权人应当给予适当补偿。

收回集体经营性建设用地使用权，依照双方签订的书面合同办理，法律、行政法规另有规定的除外。

第六章　监督检查

第六十七条　县级以上人民政府自然资源主管部门对违反土地管理法律、法规的行为进行监督检查。

县级以上人民政府农业农村主管部门对违反农村宅基地管理法律、法规的行为进行监督检查的，适用本法关于自然资源主管部门监督检查的规定。

土地管理监督检查人员应当熟悉土地管理法律、法规，忠于职守、秉公执法。

第六十八条　县级以上人民政府自然资源主管部门履行监督检查职责时，有权采取下列措施：

（一）要求被检查的单位或者个人提供有关土地权利的文件和资料，进行查阅或者予以复制；

（二）要求被检查的单位或者个人就有关土地权利的问题作出说明；

（三）进入被检查单位或者个人非法占用的土地现场进行勘测；

（四）责令非法占用土地的单位或者个人停止违反土地管理法律、法规的行为。

第六十九条 土地管理监督检查人员履行职责，需要进入现场进行勘测、要求有关单位或者个人提供文件、资料和作出说明的，应当出示土地管理监督检查证件。

第七十条 有关单位和个人对县级以上人民政府自然资源主管部门就土地违法行为进行的监督检查应当支持与配合，并提供工作方便，不得拒绝与阻碍土地管理监督检查人员依法执行职务。

第七十一条 县级以上人民政府自然资源主管部门在监督检查工作中发现国家工作人员的违法行为，依法应当给予处分的，应当依法予以处理；自己无权处理的，应当依法移送监察机关或者有关机关处理。

第七十二条 县级以上人民政府自然资源主管部门在监督检查工作中发现土地违法行为构成犯罪的，应当将案件移送有关机关，依法追究刑事责任；尚不构成犯罪的，应当依法给予行政处罚。

第七十三条 依照本法规定应当给予行政处罚，而有关自然资源主管部门不给予行政处罚的，上级人民政府自然资源主管部门有权责令有关自然资源主管部门作出行政处罚决定或者直接给予行政处罚，并给予有关自然资源主管部门的负责人处分。

第七章 法律责任

第七十四条 买卖或者以其他形式非法转让土地的，由县级以上人民政府自然资源主管部门没收违法所得；对违反土地利用总体规划擅自将农用地改为建设用地的，限期拆除在非法转让的土地上新建的建筑物和其他设施，恢复土地原状，对符合土地利用总体规划的，没收在非法转让的土地上新建的建筑物和其他设施；可以并处罚款；对直接负责的主管人员和其他直接责任人员，依法给予处分；构成犯罪的，依法追究刑事责任。

第七十五条 违反本法规定，占用耕地建窑、建坟或者擅自在耕地上建房、挖砂、采石、采矿、取土等，破坏种植条件的，或者因开发土地造成土地荒漠化、盐渍化的，由县级以上人民政府自然资源主管部门、农业农村主管部门等按照职责责令限期改正或者治理，可以并处罚款；构成犯罪的，依法追究刑事责任。

第七十六条　违反本法规定，拒不履行土地复垦义务的，由县级以上人民政府自然资源主管部门责令限期改正；逾期不改正的，责令缴纳复垦费，专项用于土地复垦，可以处以罚款。

第七十七条　未经批准或者采取欺骗手段骗取批准，非法占用土地的，由县级以上人民政府自然资源主管部门责令退还非法占用的土地，对违反土地利用总体规划擅自将农用地改为建设用地的，限期拆除在非法占用的土地上新建的建筑物和其他设施，恢复土地原状，对符合土地利用总体规划的，没收在非法占用的土地上新建的建筑物和其他设施，可以并处罚款；对非法占用土地单位的直接负责的主管人员和其他直接责任人员，依法给予处分；构成犯罪的，依法追究刑事责任。

超过批准的数量占用土地，多占的土地以非法占用土地论处。

第七十八条　农村村民未经批准或者采取欺骗手段骗取批准，非法占用土地建住宅的，由县级以上人民政府农业农村主管部门责令退还非法占用的土地，限期拆除在非法占用的土地上新建的房屋。

超过省、自治区、直辖市规定的标准，多占的土地以非法占用土地论处。

第七十九条　无权批准征收、使用土地的单位或者个人非法批准占用土地的，超越批准权限非法批准占用土地的，不按照土地利用总体规划确定的用途批准用地的，或者违反法律规定的程序批准占用、征收土地的，其批准文件无效，对非法批准征收、使用土地的直接负责的主管人员和其他直接责任人员，依法给予处分；构成犯罪的，依法追究刑事责任。非法批准、使用的土地应当收回，有关当事人拒不归还的，以非法占用土地论处。

非法批准征收、使用土地，对当事人造成损失的，依法应当承担赔偿责任。

第八十条　侵占、挪用被征收土地单位的征地补偿费用和其他有关费用，构成犯罪的，依法追究刑事责任；尚不构成犯罪的，依法给予处分。

第八十一条 依法收回国有土地使用权当事人拒不交出土地的，临时使用土地期满拒不归还的，或者不按照批准的用途使用国有土地的，由县级以上人民政府自然资源主管部门责令交还土地，处以罚款。

第八十二条 擅自将农民集体所有的土地通过出让、转让使用权或者出租等方式用于非农业建设，或者违反本法规定，将集体经营性建设用地通过出让、出租等方式交由单位或者个人使用的，由县级以上人民政府自然资源主管部门责令限期改正，没收违法所得，并处罚款。

第八十三条 依照本法规定，责令限期拆除在非法占用的土地上新建的建筑物和其他设施的，建设单位或者个人必须立即停止施工，自行拆除；对继续施工的，作出处罚决定的机关有权制止。建设单位或者个人对责令限期拆除的行政处罚决定不服的，可以在接到责令限期拆除决定之日起十五日内，向人民法院起诉；期满不起诉又不自行拆除的，由作出处罚决定的机关依法申请人民法院强制执行，费用由违法者承担。

第八十四条 自然资源主管部门、农业农村主管部门的工作人员玩忽职守、滥用职权、徇私舞弊，构成犯罪的，依法追究刑事责任；尚不构成犯罪的，依法给予处分。

第八章 附则

第八十五条 外商投资企业使用土地的，适用本法；法律另有规定的，从其规定。

第八十六条 在根据本法第十八条的规定编制国土空间规划前，经依法批准的土地利用总体规划和城乡规划继续执行。

第八十七条 本法自 2020 年 1 月 1 日起施行。

笔者注：因 1998 年和 2019 年修订的《土地管理法》涉及中国改革开放后农地增值收益分配制度变革的核心内容，也是本书重点引用和分析的法律文本，特在附录中将两个版本的《土地管理法》全文列出。其中，1998 年的《土地管理法》转引自卞耀武、李元主编《中华人民共和国土地管理法释义》，北京：法律出版社，1998，第 237~257 页。2019 年的《土地管理法》转引自魏莉华《新〈土地管理法实施条例〉释义》，北京：中国大地出版社，2021，第 424~441 页。

图书在版编目(CIP)数据

历史钟摆：中国农地增值收益分配制度变革研究：1978~2022 / 陈颀著. -- 北京：社会科学文献出版社，2024.5
ISBN 978-7-5228-3380-4

Ⅰ.①历… Ⅱ.①陈… Ⅲ.①农业用地-土地制度-研究-中国 Ⅳ.①F321.1

中国国家版本馆CIP数据核字(2024)第055722号

历史钟摆：中国农地增值收益分配制度变革研究（1978~2022）

著　　者 / 陈　顾

出 版 人 / 冀祥德
责任编辑 / 杨桂凤
文稿编辑 / 张真真
责任印制 / 王京美

出　　版 / 社会科学文献出版社·群学分社（010）59367002
　　　　　 地址：北京市北三环中路甲29号院华龙大厦　邮编：100029
　　　　　 网址：www.ssap.com.cn
发　　行 / 社会科学文献出版社（010）59367028
印　　装 / 三河市尚艺印装有限公司

规　　格 / 开　本：787mm×1092mm　1/16
　　　　　 印　张：15.25　字　数：240千字
版　　次 / 2024年5月第1版　2024年5月第1次印刷
书　　号 / ISBN 978-7-5228-3380-4
定　　价 / 108.00元

读者服务电话：4008918866

版权所有 翻印必究